中觀金鑑

——詳述應成派中觀的起源與其破法本質

——中冊

——孫正德老師 著

ISBN:978-986-5655-07-5

目次

第四章　假藏傳佛教應成派中觀思想否定如來藏之主要論點……225

中冊：

下冊：

平實導師序

此書篇幅之所以鉅大者，實因應成派中觀廣作佛法名相攀引所致，亦由其廣作誤引與扭曲故，亦由其歷代著作極多而皆錯說故，必須一一檢視及辨正，篇幅即無可避免的增加，故不得不分為上、中、下三冊。

自古以來不承認 佛說八識心王同時並存者，最有名者厥為六識論者，此類人假借中觀為名，否定八識心王並行運作之法界事實與聖教，只承認有六識並行運作，世稱六識論者，與常見外道異口同聲否定 佛說八識心王並存之聖教。如是六識論者，大分為二派，謂應成派中觀及自續派中觀，密宗諸「法王」皆屬此二派所攝，皆無能自外於此二派邪見。時至今日，此二種六識論之中觀邪見已流毒於顯教之中，台灣、大陸顯教大法師俱皆修學此二邪見而落入意識心中，咸以意識離念作為證悟標的，永無實證第八識如來藏之可能，自無實證涅槃本際之日，則將永遠自外於般若中道觀之實證，永沈生死苦海而無出期，皆坐此二種六識論中觀邪見所致；當代之代表人物，即是被台灣慈濟、佛光、法鼓等三大山頭奉為導師之印順法師。而今應成派中觀師佛護、月稱、安惠……等人之著作，已被後代未具慧眼的編輯者列入大藏經中；自續派清辨等人的著作亦已同被列入大藏經中，以致流毒至今猶在全面肆虐中。以古方今、以今鑑後，知彼影響必然深遠，遺毒後人將無窮盡，信其法者皆將永無實證解脫道及佛菩提道之可能，故必須正視此一後果；印順之中觀實即西藏密宗之中觀，觀乎密宗所有中觀見，除古時覺囊派的如來藏他空見中觀以外，都不外於常見、斷見戲論，故必須廣破之，以免繼續遺毒今人與後人。

又密宗雙身法之邪理，既自稱為遠超於顯教般若、種智，標榜為報身佛境界，自稱遠高於 釋迦佛之智慧及證量，又何須以彼所貶更低境界之 釋迦佛所說顯教經典乃至菩薩論著引作證明？何須以此「低階」之經論證明其「高階」之實證？為何不能直接顯示自身之勝妙而必須援引彼所謂低階之顯教經論用以自高？豈非多此一舉？密宗之作為顯然不合邏輯且自相矛盾！更何況密宗自稱為最高階之實證者，為何卻處處誤會彼所謂低階而易懂之顯教經論眞義，悉皆不能實證而處處誤會、扭曲其義？顯然是對彼等所宣稱為「低階」之顯教經論，都尚未能親證，則彼等所說密宗爲最高階、遠勝顯教之說法，以及密宗解釋顯教經論之言論……等，皆成小兒牙牙學語之戲論；甚而宣稱必須完成顯教法義之修證以後才有資格修學密教，所說之理自相顛倒、殊爲可笑，亦皆無可利益學人！故密教專有之「經、續」，學人顯然已無一閱之必要，唯除貪著淫樂一心追求閨房技藝之世俗人。

近年密宗喇嘛私下常有是言以告初學之密宗信徒：「法尊喇嘛及餘人所譯之密宗經、續，並不正確，故正覺同修會根據彼等所譯而作之種種破斥，都無意義。」果眞如是，則彼等喇嘛說此語已，即應迅速針對百年來普皆錯譯之西藏密宗中譯書籍加以指正，以正視聽，並應以大量新譯廣爲流通，拯救廣被「**錯**」譯書籍誤導籠罩之現代密教學人。然而密教諸法王、活佛、喇嘛等人，顯然都無此意圖，並且仍然放縱「**錯**」譯之書籍繼續誤導學人，彼等也都繼續依「**錯**」譯之書籍傳授錯誤之六識論中觀邪見，亦仍繼續有「**妄**」傳雙身法而爆發性醜聞之事件常常發生；可見錯譯、錯傳之說，只是密教無法面對正覺同修會所作法義辨正的狡辯飾詞，由此證明法尊等人所譯密教書籍，並無不符密教法義之處。今時及可以預見的未來，密教仍將不會針對「**錯**」譯諸書提出更正及新譯，也不會改變常見外道六識論的中觀邪見，更不會摒棄雙身法的繼續實修及傳授，因爲法尊等人的翻譯其實並未違背密教原有的經、續。

而密宗當代掌權的黃教達賴喇嘛也常常私下傳授雙身法，並已公然載於自己所寫的書中；其創教始祖宗喀巴所著的《密宗道次第廣論》全部內容，及《菩提道次第廣論》中的止觀內容，在在處處都已指稱雙身法的樂空雙運是密宗的中心主旨，是一切密宗法王、喇嘛自始至終想要達到的目標；證據明確而無可抵賴，是故密宗仍將以口頭流傳方式宣稱雙身法不是密宗的教義，卻將繼續實傳實修雙身法，繼續以此雙身法及六識論中觀常見外道法來取代佛教八識論正法，仍將以李代桃僵的手法蠶食佛教乃至最後完全取代佛教，如同古時的天竺密宗手法無二。

如今密宗邪說隨著達賴的流亡而廣爲流傳，全球普布；爲救護諸方已被密教誤導的大師及學人，應將正確的中觀正理廣爲宣揚，引用密宗自傲的凡夫古人佛護、月稱……等人所造「中觀」論著，作爲顯示邪說之教材，宣示眞正中道觀行之正理，故應造此書，以爲中觀學者邁步中道之資。正德老師此一著作，直探中觀學派創始之本源，細論誤會中觀之代表人物及其法義，所述中觀正理既深且廣，允爲修學中觀正理者之寶鑑，故余名之爲《中觀金鑑》。

佛子 **平實** 謹序

公元二〇〇七年秋分 於竹桂山居

自序

佛法中觀之立論乃至中道之履踐，皆是眞實可證、務實可行而有其不可攻破、不可毀壞、常不變異之眞實理爲根基。此眞實理無論佛出世或不出世，皆常常時、恆恆時，法性安住、法住法界，而有其法爾如是、永不顚倒之理成就性與如成就性。眞實法性如是安住於法界，在在處處所呈現者皆是其無二之實性，有二者則非實性，有二者則落於兩邊之一邊，或具足兩邊而不涉中道；若不能處中而含攝兩邊，並且不落於一邊者，即非實性。意即具有實性之法性，方能處中而含攝兩邊，不餘一法而不墮一法，才是中觀立論之依據，才是中道履踐之行跡，才是佛於經中所說之古仙人道、古仙人逕、古仙人道跡。

所謂二法者，例如：常、無常，生死、涅槃，有、無；或如空、有，我、無我等等，皆是二法，凡是因緣所生法皆是落於二法中者，不涉中道；五蘊、十二處、十八界、四念處等三十七道品皆是因緣所生法，皆不是能夠含攝二法而不落於一邊者。例如色受想行識五蘊，是無常之法、是生死之法、是世俗之有、無眞實我之法。因爲，五蘊是因緣所生念念生滅變異故爲無常法，五蘊乃本無今有而有生相與死滅相故爲生死法，五蘊乃三界中之有法故爲世俗有，五蘊乃爲人我法故有妄計之我相、眾生相、壽者相，非無相之無我法。五蘊之法相既是無常生滅有爲，從其無常、不住、不自在、不堅固、緣生緣滅之體性，以比量而說五蘊之體性爲緣起性空，故一切有爲法之緣起性空仍然是落於有爲法屬性之一邊，此中道理乃是運用世間之邏輯思考即可輕易歸類而得知者，並非親證實相者所得之般若智慧。五蘊法無有眞實常住之實體與自性，故五蘊法落於無常邊，從五蘊法之生滅現象歸類而得之緣起性空，必然是依附於無常的五蘊而存在的法性，當然不可能超越五蘊法之體性，故緣起性空不可能反而成爲有眞實體與自性之常住不壞法，緣起性空更沒有道理成爲能夠含攝空有二法不落於空或有一邊之無二中道法性。

若以緣起性空爲中道法，則緣起性空應屬於實體法之體性，亦應是出生五蘊等法而可表顯爲世出世間法之實相，是則應當不屬於因所作之法，應是能持諸業種不壞隨眾緣之聚集而成就諸法者，才能雙具常與無常、生死與涅槃、空與有等無二實性。然而色受想行識五蘊法中每一法皆不離因所作，皆無有常住之實體以及自性，故五蘊法中無有一法常住而能成爲緣起性空究竟所依之實體；故緣起性空雖依五蘊而存在，而五蘊實依另一能出生五蘊之實體而存在，此實體方是緣起性空之究竟所依；所以者何？若無五蘊即無緣起性空故，若無實體如來藏心即無五蘊故。

緣起性空純粹是有爲法之現象，依於無常有爲之五蘊而存在，是能依之法，所依爲五蘊；故不能憑空想像其另外具有常、涅槃等無爲體性，故緣起性空無有堪能成爲中觀之立論根本。一切法緣起故無有自體性之無自性空，並非常住不滅之空性；無自性空乃是緣起法不可改變之本質，然而無自性空並無任何功能與體性可稱爲空性，乃是諸有爲法緣起無常生滅、無自體性之現象，故緣起性空乃是依無常生滅之法而存在者，並無自體性，不應建立爲萬法之根本，當然不可說爲實相或中道。若說緣起諸法之生住異滅是由於無自性空卻有法性作用而產生，則無自性空應爲緣起諸法生起之所依，亦應當能夠持緣起諸法，應當是世尊於經中所說能遍興造一切趣生之如來藏，則如來藏成爲緣起法、成爲無常之法；然無常之法如何可稱爲如來之藏？無自性空又如何能出生萬法？故緣起法是無有自性之無常空，並非有眞實法性而能出生萬法之空性，空性乃是指如來藏所具有無二實性之眞如佛性。

具有無二實性者，表示此法體同時具有我與無我之眞性、生死與涅槃之眞性、空與有之眞性，雙照二邊而不墮二邊、眞實不虛理不顚倒，才可稱爲具有中道性之法體，才可使實證此法體者能現前觀察其不落於兩邊之中道性而稱爲中道觀行——中觀。何種法性可稱爲我之眞性？應知即是具有眞如體性者，此心體性非因所作而得，此心體性常不變異，於一切境中從不動心，永遠如如不動而自在，並能應物現形而生萬法，具有此眞實與如如體性者方可稱爲眞如之法，方屬常住不壞之眞我。要須法體本身猶如金剛不可沮壞燒滅，理體眞實不虛非假名安立不妄倒者始稱爲眞；法體本身要能隨順一切業緣而成就呈現業果，不於所呈現之業果內容有所欲貪或厭捨，要恆隨順眾生、不於一切六塵中見聞覺知，不與種種煩惱相應、體性不受染污，清涼寂靜涅槃體性常不變異，故稱爲如。

十方諸佛皆說具有眞如體性者，即是各各有情皆有之如來藏阿賴耶識，又名異熟識、阿陀那識、無垢識，或稱爲本識、入胎識、第八識，或稱爲心、眞如。故具有眞如體性者乃是心體，如來藏心體因爲具有眞如性與佛性，故於經中世尊以眞如佛性稱爲眞我。此如來藏心體非從因所作，而眼耳鼻舌身意六識，皆需要依止根塵觸之方便才能生起，若有一緣不具足則無從現起，六識現起後才有接續之受想思心所法運行，非能獨自存在者；五根更需要藉父精母血、業緣、四大養分及心眞如之運作才能成熟長養，染污意根末那識亦需無明、我執煩惱爲因及心眞如之流注種子，才能現前不斷；故五蘊皆是從因所作，五蘊無有常住之體性，則依五蘊而有之緣起性空亦非常住法，當知絕非眞如。非因所作之法體乃是本來無生者，既無有生則無有滅，不生不滅者才是常住法體，常住法體不可毀壞，故能任持各各有情無始劫以來所造一切善惡業種而不壞不失，故能貫穿三世而如實成就因果，故常住法體具有眞如佛性才可稱爲眞我。

如來藏心體即是常住法體，其眞如佛性常不變異，而心體所持之有漏法種隨於所生現之五蘊十八界法之熏習而變異，故如來藏心體含攝了常法與無常法，卻不墮於單純之常邊或者無常邊。如來藏心體本來無生故無有死，不生不滅故無有生死；而如來藏心體執持著藉業緣所變生之五蘊，使之生住異滅而顯示五蘊之緣起性空，故緣起性空是枝末法而非實相法。由於如來藏心體不生不滅，故五蘊得以生死、死生不斷，故說涅槃與生死皆是因如來藏心體而施設，故如來藏法性即是涅槃與生死不二之實性。而如來藏心體之眞如體性同時具有二種無我之眞性，如何是無我之眞性？人無我與法無我即是無我之眞性，本來具足而非經由修除煩惱才生現者方爲眞性。繫於三界之五蘊乃是因爲人我執未斷故不能止息於生，若將緣於五蘊而得之人我執斷除，於此出生五蘊人無我之解脫智慧，因此而斷除後有五蘊出生之因；如是之無生乃攝屬滅而無生，所生人無我之智慧與滅而無生，皆屬從因所作者，故不得稱爲人無我之眞性。如來藏阿賴耶識藉眾緣變生五蘊人我法，心體自身不於五蘊人我執爲實我，僅是隨順於五蘊人我等法而運行，一向如是從不改易之體性稱爲大乘人無我，或稱爲人我空所顯眞如，才是所說之人無我眞性。單純五蘊本身僅爲人我之範圍，經論中所說之法我皆與阿賴耶識性與異熟性有關，故法我執即是屬於染污末那識遍計執如來藏心體之各類功能體性爲我與我所相所產生；如來藏心體一向離於言說與諸想，自心如來藏所現之似能取與所取諸法本來即無常住不壞之實我相，故此隨緣生現諸法之離言法性，即是大乘法無我眞性，或稱爲法我空所顯眞如。

由於如來藏心體之眞如法性常不變異，故以此而稱爲我之眞性；此我之眞性即是勝義有而非世俗有，又眞如法性即是人我空與法我空所顯之實性，故以此而稱爲無我之眞性；此無我之眞性即是勝義空性而非世俗有之緣起性空，故說如來藏心體之眞如法性雙具實我之眞性與無我之眞性，同時具有實我與無我無二之性、空有無二之性，此無二之性才是實性，才是永遠不墮斷常二邊之中道性。實證如來藏心體之所在，而能夠現前觀察如來藏心體實我與無我無二之性、空有無二之性者，方能眞正遠離空有二邊而雙照空有二邊，才是眞實之中觀行者。眾生依止於五蘊中眼等六識之見聞覺知，而分別五蘊爲我與我所，五蘊法乃生滅無常，無有眞實自在之體性，非眞實我。故緣於五蘊妄分別爲實我與我所者即稱爲我見，我見乃惡見煩惱所攝，是因爲無明而顚倒分別所得者。二乘聖者斷除我見我執以後所得之無我智慧，乃至所證之有餘依涅槃與無餘依涅槃，皆是依於如來藏心體—**阿含中說爲住胎出生名色之識**—而施設者，因爲五蘊法滅後之無生乃是空無，空無即是斷滅，空無本身無有實體與法性可稱涅槃，若空無與滅相本身即是涅槃，則世尊不應訶責外道之五現涅槃，何以故？若以空無爲涅槃之實際，是爲戲論；若明知是戲論法，外道已皆不能接受，如何能夠接受世尊訶責彼等尚存世俗有之五現涅槃？又戲論法，佛弟子亦不能接受，若非實有如來藏心體之本來涅槃法體爲涅槃之實際，則緣起性空即難免墮於斷滅戲論，則世尊所宣說之苦滅解脫道有本際、眞實、法、如……不生不滅，即成妄說；如是必無佛弟子願意滅除五蘊中識蘊之我見，亦必定無有佛弟子能證阿羅漢果而於捨報入無餘涅槃，故知常住不滅之實體方是二乘解脫道所證涅槃之根本依，能令二乘涅槃不墮斷滅空故，法界實相本來如此故。

眞如佛性眞我之性，自從世尊於二千五百多年前示現於天竺，對佛弟子開示悟入而流布於世間，未能實證如來藏心體者對於此眞我之性百般思惟揣測之後，或有以大自在天爲常住能生一切法之眞我，或有以老母娘爲常住能生一切法之眞我，或有以極微爲常住能生一切法之實體，或有以意識心所受、所想、所思之境界爲眞我等等。眞如佛性中道之性爲一切於無常有爲法中欲尋求依止者所思慕著，古來儒家、道家亦崇尚於理想之中道無我境界而作詩興文；然而皆未能如實了知五蘊虛妄之內涵，仍不具五蘊無我之佛法正知見，往往認取五蘊中之意識爲眞實不壞我，非是能斷我見、具足初分解脫知見者；如是諸人所思、所想、所說之無我境界，皆不離於我見所繫之妄想所成，故將意識處於種種差別境界之心境稱爲無我眞如空性者，古今大有人在。意識心境界乃是一般我見堅固難壞而錯悟之凡夫所能到之最終邊際，若欲隨於般若經、方廣唯識經典說般若空乃至三界唯心、萬法唯識，僅能以意識或者六識領受六塵之粗細差別，作爲想像具有空有不二之般若空性境界。

世尊於經中處處宣說般若空性不生不滅，而意識心於現實面之體驗與醫學常識經驗中，皆認定是可中斷之法，世尊於三轉法輪中皆說意識是意法爲緣所生之法，或說意識是根塵觸三法方便所生；在這樣的前提下，以意識爲中心宗旨者，即不得不想像著有較細之意識存在，稱其爲細意識。說此細意識不生不滅，能夠執持業種從過去世入胎來到現在世，又能從現在世持種去到未來世。隨即住於意識之境界中想像著有細意識存在，於是有主張於定中一念不生之意識、離念靈知之意識、領受虛空粉碎或者大地落沉境界之意識、放下我所煩惱之意識等等即爲不生不滅之細意識，妄言實證此等意識細心者即是實證般若空性，堅持般若空性即是細意識之清淨體性。實質上，意識乃是緣起所生之法，此乃一切南傳北傳學人所不能否定者，卻又無法理解及接受，於是矛盾地將此意識之緣起想像而歸屬於細意識所具般若空性所生之自體；故自世尊大般涅槃以來，由於聲聞佛教部派之發展演變過程中，一直未能如大乘佛教諸菩薩們實證如來藏之存在，而以六識論作爲佛法實相最終之論述者，即對於五蘊緣起法大加推崇，否定另有眞實如來藏阿賴耶識之存在，所說緣起性空之內容，皆不離於意識乃緣起所生，而想像細意識具般若空性不生不滅，當他們如是誤會解脫道而歌頌著緣起甚深極甚深之時，卻不知是完全墮於意識境界之我見繫縛中，此乃千年以來令一切大乘護法菩薩悲憫不忍之處。

無著菩薩、世親菩薩、龍樹菩薩、提婆菩薩、玄奘菩薩等人，皆於其所處之年代中，以其實證如來藏並發起道種智而欲護法救濟眾生之悲勇胸懷與聖智，致力於破除如是六識論惡見、惡取空法者。其中龍樹菩薩所造之《中論》，即是以如來藏阿賴耶識本來具足之眞如佛性中道空性爲立論之根本，論述辨別有爲法之緣起無自性空、無爲法之勝義無自性空，以破斥彼等惡取緣起之五蘊有爲空爲不生不滅之法者。然而，卻有傳承於聲聞部派佛教，認取六識爲佛法根本之清辨、佛護、安慧等人，以其惡取空法之惡見而造論扭曲龍樹菩薩之《中論》義，以意識心之境界曲解其義而妄說中觀，將意識境界想像之緣起中觀推崇爲最究竟。復有天竺密教之月稱繼承於佛護釋義龍樹菩薩《中論》之諸多主張，並造《入中論》推崇彼等所錯解之中觀爲成就佛道之究竟法義，並公然毀謗如來藏阿賴耶識爲方便說而非實有，後由宗喀巴另造《入中論善顯密意疏》作爲推廣之傳承；傳至今時，由印順主動繼承其六識論邪見，反而誣衊眞正中道實相之如來藏心爲外道神我。實修雙身法之月稱及其傳承者寂天、阿底峽、宗喀巴、達賴等人，以及未修雙身法之印順法師，皆欲以彼等所錯解之中觀非破他人於佛法之正確主張，藉著破斥他人之過失來凸顯自宗無他人之過失，宣稱彼所立中觀之宗旨能夠成立，如是而稱其所宗之中觀爲「**應成派中觀**」。

應成派中觀由實質爲西藏喇嘛教之蓮花戒、阿底峽、宗喀巴等接續傳承下來，以練寶瓶氣、明點脈氣、拙火、虹光身、男女雙身合修等種種索隱行怪之修法爲行門（詳細內容請參閱平實導師所著《狂密與眞密》共四輯），卻以其應成派中觀惡取空法來破壞佛法之本質，攀緣於佛教般若中觀教理，打著大乘佛教之旗幟，成爲現代無眼凡夫所推崇之「藏傳佛教」，本質全與佛教教義及實修無關，屬於「非佛教」。應成派中觀自月稱以來（尤以宗喀巴爲甚），慣常於抄襲彌勒、龍樹、無著等菩薩論著之文字作爲彼等著作之內容，再加以曲解，成爲彼等意識境界妄想所成之法義，並且大膽的妄下定論說是龍樹等菩薩之眞意，如是使一切無擇法眼之顯教阿師信以爲眞，紛紛熱衷於修學彼等以意識爲宗旨之應成派中觀邪論。佛陀以如來藏眞如佛性般若空性中道爲根本之教法，由西藏喇嘛教（西藏密宗）披著佛法之外衣吸取佛教之資源，而由顯教出家法師受大眾對如來生信所給予之供養，以佛教僧寶之身分否定如來藏阿賴耶識正法，其所依據之根本即是應成派中觀以意識爲宗旨之種種謬論。近年已故之印順比丘即是弘揚應成派中觀之集大成者，所著《成佛之道》、《唯識學探源》、《中觀今論》等妙雲集之書籍，皆是以應成派中觀之理論爲基礎，再予以傳承流布，現今臺灣與內地之佛學院所修學者，多數是印順比丘爲弘傳應成派中觀六識論所寫之著作，如是惡取空破壞佛法之藏毒幾乎將佛法破壞殆盡，此絕非受到藏密應成派中觀所攀緣附會之彌勒、龍樹、無著、世親等菩薩樂於見到的。

應成派惡取空中觀已滲入臺灣及內地各大寺院及大山頭，弘揚世尊如來藏阿賴耶識正法者，反而受到彼等之抵制與非毀；然由於世尊如來之威德力，正覺同修會大力弘揚如來藏正法而不鬆懈，使得各大寺院及大山頭之名聞利養受到動搖，彼等爲鞏固既有之勢力，一律禁止信眾閱讀平實導師所著弘揚如來藏正法之書籍，並以邪魔外道之稱妄加於平實導師，迫使信眾生起恐懼心而不得親近正法聽聞熏習與修學之，如是皆是以意識爲宗旨之應成派中觀藏毒所引生之病徵。應成派中觀之立論與月稱、蓮花戒、阿底峽、宗喀巴彼等所寫之書籍，夾雜著諸多大乘菩薩修學無生法忍道種智與大乘止觀之種種名相，將深妙法予以淺化俗化，再將彼等錯解之聲聞解脫道妄說爲成佛之道，以純意識之想像曲解佛法名相，顚倒妄說與想像之極成，即是應成派惡取空中觀的六識論邪見。由於月稱等人並非對佛與佛法有基本之正信，對於經典中佛所宣說之法義並不完全信受與認同，若遇經中提到如來藏、阿賴耶識、一切有情有第八識心等與彼等之立論不符者，即以彼經爲不了義或者隨意轉計爲非眞實經義，企圖模糊焦點及籠罩他人，是屬於嚴重缺乏佛法正知見之流，尤其匱乏阿含解脫道之基本知見，故彼等之信念中上師之地位高於佛教三寶，自創非佛法之法與禁戒（三昧耶戒——受密灌以後若有一日不修雙身法，即是犯戒），亦是彼等輕毀佛法之手段。

一切歸依佛教三寶、依止佛戒之顯教寺院，皆應回歸世尊如來藏阿賴耶識正法之教，首要即應將破壞佛法最嚴重之應成派中觀邪論予以揭露，並將長期以來被彼等混淆似是而非之一切法空、一切法無自性、有因有緣之緣起性空等眞實理予以辨正分明，以救護受到惡取空法矇騙而隨著誹謗菩薩藏——如來藏阿賴耶識之諸多無知受害者，能於今世因閱讀此書之緣而遠離惡見，並能懺悔所犯誹謗菩薩藏，成就一闡提罪之無間地獄業，發起善根護持正法、修學正法以求實證如來藏，奠定菩薩道正修行之根基，增長擇法覺分以驅逐密宗外道法於佛門之外，不令世尊正法受到玷污。爲令閱讀者能一覽應成派中觀立論根本皆屬意識境界之全貌，茲於序中略舉重點簡述如下：

一、主張我見之所緣為細意識而非五蘊

公然違背世尊於阿含四部所說五蘊爲我見之所緣，只因未曾了知我見之

內容，一向受到我見煩惱之繫縛與作用故。

二、主張分別所稱之假名我乃是源自於細意識

欲將分別所得之五蘊我與世尊所說之如來藏我混爲一談，只是要將意識細分之細意識偷天換日，取代世尊所說常住之本住法如來藏心。

三、主張細意識不可摧破，故依止細意識所假立之我性空唯名

認取細意識爲眞實常住法，稱五蘊假立之我唯有名無眞實自體性，欲以純虛妄法顚覆世尊所宣說之——以本識第八識眞實如來藏阿賴耶識（異熟識）所幻化之法爲假法的萬法唯識說。

四、主張意識及五識之能取境界自性爲本住法性，以成立其性空唯名而有作用之中道說

認爲我之名稱可破而六識之見聞等性不可破，故於受用男女邪淫身觸爲樂時，心中安住於無自性空之作意的當下，即稱之爲無我之樂空雙運境界，此乃一切欲界有情最粗重之欲界繫縛相貌，解脫且不得，何有般若中道可得？

五、主張外境實有，有極微實體為六識所緣

不許實有阿賴耶識故妄想六識能緣極微而變現外境，妄想六識具有阿賴耶識心體所具之大種性自性，然而六識實爲依他起性，無有眞實之自體性。

六、主張見聞等性無有假名我之無真實能取所取性故空

假名我唯有其名而無眞實體性，故而認取見聞等性能取與所取爲眞實，更無有異體爲能取與所取；此乃倣效世尊宣說本識第八識能生現七轉識見分與六塵相分，六識無有眞實之能取與所取性，六識所分別唯第八識所現非眞實外境。心體標的完全不同，法義完全濫用扭曲，見聞等性僅是六識之識性故，無有眞實常住之自性，非是般若空性，與本識第八識如來藏之眞如佛性體性截然不同故。

七、主張細意識是空性心能持業種入胎結生相續，能生能持蘊處界

細意識仍然是意識，屬於五蘊中識蘊所攝，是有生有滅之有爲法。而世尊說能持業種入胎結生相續之識，能興造變生及執持蘊處界者乃是第八識，不是意識乃至意識再細分之細意識。

八、主張意識之一分細意識假說為阿賴耶識

經中世尊處處宣說阿賴耶識，彼等為維護其以意識為宗旨之六識立論，否定實有阿賴耶識而以意識之一分細意識妄說之為實，以誑騙他人。

九、主張緣起無自性空——有空性，假說為如來藏

推崇緣起為究竟，骨子裡卻是暗將意識擴充其永不可能具有之中道空性，妄想意識為不生不滅，故否定實有如來藏以保其宗。

十、主張證得細意識我、破除假立之我性，即是破除法我執證得解脫成佛

自身陷於煩惱障與所知障中，妄想彼藏密之行門能夠即身成佛，妄想能夠於極短時間成佛故而勝過顯教三大阿僧祇劫之修證，不信受佛而所說非佛法並自許超越佛者，誠可信乎？

應成派中觀主張一切法緣起性空而有作用即是中道之法，此說與其所立「一切法空、無有纖毫自體性」之宗旨完全相違背。因為，見聞覺知性之作用亦是因緣所作而無有常住性，必定要有所依、所緣才能成就之自性，無有堅固性的緣故；因此，彼等之一切法緣起性空而有見聞等作用，全然屬於有爲有作之無常法，違背了彼宗自教所立中道之依憑，自宗已乖，所立又如何順成？見聞等性若是本住法性，亦與現量相違背，因爲現量中可知有情夜夜眠熟無夢時或者頭部受創悶絕時意識皆已斷滅，稱爲無有意識或失去意識，此時已無見聞覺知現前故；若屬本住法性則應有不生不滅之體性，故主張見聞等性爲本住法性者，於自相共相皆有現量相違之過失。應成派惡取空中觀所立宗旨不僅與自教相違、與現量相違，亦經常自語前後相違，對於意識時而說爲即蘊、時而說爲離蘊，反反覆覆，更與至教量相違，何以故？世尊於經中處處宣說意識乃意法爲緣所生、意識攝屬五蘊中之識蘊、眼見耳聞等覺知性皆屬於人我法，故意識以及見聞覺知性無有絲毫之本來自在性，意識以及見聞覺知性非常住之本住法性；應成派中觀所主張既然違背世尊之至教量，則不能入於佛法之流，違佛所教即不能歸屬於佛教之宗派。

惡取空者亦同時墮於增益執與損減執。於五蘊法中增益其中之意識具有常住之本住法性，又妄想緣起性空有能作用之空性不滅，故以五蘊法性空唯名有作用而稱中道，此即是增益執，因爲五蘊法自身之範圍是純有爲法而無有不滅之空性存在故。而增益執最主要的原因即是遍計執性所攝我見之作用而產生，由於我見之作用使得彼等應成派諸人難以否認意識之常住性，因此不許實有第八識如來藏阿賴耶識心體存在，皆以性空爲宗旨而將如來藏阿賴耶識心體及其無量功德法皆撥爲方便稱名所說，實無如來藏及其功德法，如是又墮於損減執中。既已損減如來藏阿賴耶識心體之眞實性，則所說之一切法空無有自性，皆成爲無依無憑之戲論；復將見聞覺知性增益爲不滅之空性，以此而妄行月旦一切正法，則已墮於惡見與見取見中。如是之應成派中觀既無中道之實質根本理體，所說之義，後不順前、義不符體，故應稱爲「喇嘛教應成派惡取空偏論」，方是彼等之正名。

承蒙佛菩薩之冥助與攝受，以及護法菩薩種種善巧之護持，正德得能以此不堅固之身命，運用平實導師傳授之種智知見，透過申論辨正佛菩薩經論之眞實意旨，將應成派諸多夾雜冒用世尊解脫道與佛菩提道正法名相，使人混淆不清、似是而非之鍍銅假金眞相，據實公諸於世，救護有緣佛子得以遠離彼等惡見；冀望佛之如來藏正法弘傳，能因遠離應成派藏毒之戕害而回歸正確之解脫道與佛菩提道之眞修實證，一切受到世尊正法攝受之眾生，能因此遠離三惡道之苦因與業報，正法法脈能於世間永不失滅，直到當來彌勒尊佛降生人間。願以此護持正法功德供養釋迦世尊，並期望能以供養世尊之功德，報答平實導師此世傳授如來藏正法之恩於千萬分之一；繫緣於正法，依止如來藏眞如佛性「空、無相、無願」所行之中道性，於涅槃生死無二、我無我無二之中觀履踐當中，行難行能行、難忍能忍之菩薩大行。

菩薩戒子 **正德** 謹序

公元二〇〇七年處暑 於正覺講堂

（承上冊第四章第二節之三）

第四章　假藏傳佛教應成派中觀思想否定如來藏之主要論點

第二節　應成派中觀以意識能取、能捨之行相僞證大乘之無分別智

當菩薩以應一切智智心——與一切種子智慧相應的意識心——來觀察眼處乃至意處皆空時，能夠現前領受到本識如來藏無得無失、無分別相，而在意識心中生起實相般若智慧；以如是應一切智智心而觀察六觸處時，即知本識所住實相境界中，於一切法都無所得，即證知六觸處中都無所得，亦無可依恃，名爲**以無所得爲方便**；如是修行般若波羅蜜多，才是**與一切智智心相應**、**以無所得爲方便**而能具足善觀般若波羅蜜多之菩薩。倘若菩薩修行般若波羅蜜多時，離於一切智智心相應之無所得般若方便而落入有所得的粗細意識境界中，雖觀察眼處耳處乃至意處等內六處空，觀察眼等內六處無有自性乃至此無有自性亦空，則意識心對於所觀察之眼處空乃至無性自性空，縱使口說無所得、無所倚恃，其實都將成爲有所得、有所倚恃；則未能以現前所領受

菩提心如來藏之無得無失為方便善巧，不能如實了知所觀察之眼等內六處空不可得、不空相亦不可得，乃至不能現觀無性自性空與不空相皆不可得，即成為以有所得為方便而修般若者，則不能生起實相般若智慧。菩薩於蘊處界諸法空的觀行若是落入意識境界而不知意識虛妄生滅者，必落入有所得、有所恃邪見中，必定無法斷我見，必不能取證聲聞解脫道之初果。如是修觀行者，於大乘法中更未能同時現觀能生、能持蘊處界法而與蘊處界同處所運為之離言菩提心如來藏之法性；亦必定未能遣除與意識心相應之言語施設「空」，如同月稱、宗喀巴、印順等人一般，意識心於「空」有所得、有所恃故，而有驚、有恐、有怖於般若波羅蜜多之無所得甚深空性，終究不得不建立五陰所攝之細意識生滅法為常住法，以自安心而不離我見，繼續住於凡夫對實相般若的妄想境界中。

而假藏傳佛教應成派中觀宗喀巴所說之無分別智，乃是指能夠觀察、思惟之意識心自身，一向與顯境名言相應或表義名言相應，而觀察眼處乃至意處緣起性空之時，意識之一分明瞭分仍然時時都與顯境名言相應，因為那一分明瞭分即是意識之受、想心所法；佛說「想亦是知」，「想」即是取相了別，住於離念靈知之當下就是顯境名言之分位故，甫一對境時即已了了而知故。因此說，縱然意識心以其極細之顯境名言分位證得五蘊空、無人我，並且斷除對於五蘊自性之執著而成為阿羅漢（這是必須全面否定五蘊所攝十八界等一切界的，也就是否定一切粗細意識，確定所有意識皆是生滅法），仍然不屬於本來言語道斷之大乘聖者所證無分別相，仍然沒有般若波羅蜜多的實質，咎在尚未親證中道心、涅槃本際如來藏阿賴耶識，故未能發起般若實相智慧。

假藏傳佛教應成派中觀諸傳承者試圖混淆學人視聽，以意識分出之一分明瞭分取代阿賴耶識，名之為「細意識」，將細意識說為常住法而否定阿賴耶識的實存；又說若能體驗意識離於表義名言（語言文字）之一分明瞭分者，即稱為證得細意識我，或說即是證得阿賴耶識。然而細意識絕對不是阿賴耶識，如前廣說意識無有堪能性成為持業種之一切種子識，亦無堪能入住母胎執取受精卵結生相續，故非阿賴耶識，故不應以意識之任何粗分、細分來取代阿賴耶識。細意識與阿賴耶識如來藏，一是所生法，一是能生法，互為隸屬而不可互相取代故。因此假藏傳佛教應成派中觀諸傳承者既不許如來藏阿賴耶識實存，卻又以意識之一分來取代阿賴耶識，建立阿賴耶識的實存以符聖教，而以意識心爲其一切立論之根本宗旨，因此必定於觀察蘊處界空時墮於意識境界中，成爲有所得、有所恃，故主張意識心只要「如理作意」觀察蘊處界緣起性空，即能出生無分別智。然而，如是觀察所得即是無般若方便，也是不如理作意，因爲意識本是所生法、緣生法，生滅性故，永遠不可能變爲常住法、本住法。由於假藏傳佛教應成派中觀主張意識心是不可摧破之本住法，故本質上乃是於意識心細分出來的細意識中見有實我，故若將其理論付諸於觀行實修時，必然會成爲般若經中所訶責之有所得爲方便而修觀行者，並非以無所得爲方便而修觀行者；必將以落在吾我中之意識心於色受想行識中住，無正確之般若方便善巧，純爲有所得、有所恃之意識境界法故。

假藏傳佛教應成派中觀師阿底峽說到實修無分別心時，即是以吾我心於色受想行識中安住，具足我見，乃是凡夫。舉示證據如下：

【是以，應當了知那些教法——如上的廣大教典和理論，並定解其意義，毫無疑惑地修習所謂「勝觀」的無分別心。

問：如何修習？

答：上師在《定資糧品》中說：「實法有兩種：有色及非有色。應當以諸大正因排除這兩種實法而修習之。再者，『攝一切法入心，繼攝心入身，再委身於法界』這就是口訣。」對於這樣的法界，心識絲毫不分別，絲毫不執取，斷除一切憶念與作意。乃至相敵尚未生起以前，應該住於如是法界。」[1]

阿底峽教人修習「勝觀」的無分別心，所引用之〈定資糧品〉，即是來自於蓮花戒所造《中觀修次第》三論，蓮花戒雖說「應當以諸大正因排除這兩種實法（有色及非色）而修習之」，而所傳之口訣卻恰好相反地入住於其中。其一，所謂攝一切法入心，就是意識心以觀察蘊處界無我及無我之自性（不於繩上作蛇解，意即無有蛇之自性可得）這樣的念安住；其二，接著攝心入身，就是以當時明了相、非沉沒相之意識心領受身觸之輕安樂受；其三，所謂委身於法界，就是再以意識心仔細觀察此受樂受之緣乃是不離眼根乃至身根法界（蓮花戒等不承認有意根，必定觀察不到意根法界，故彼等之十七法界不符合世尊於阿含中所說之十八法界），不離色塵乃至觸塵、法塵法界，不離眼識乃至意識能取境法界。這正是世尊於般若經所斥「以吾我心安住於色受想行識」而修觀行者，何以故？因爲月稱、蓮花戒、阿底峽、宗喀巴等乃是以意識之一分細意識我作為本住法者，在先已否定第七識意根及第八識本識以後，只剩下六識的情況下，恐怖意識全部斷滅故，必於生滅性的意識心誤見有實我；此乃因於我見而墮於常見中者，正是佛所斥責的有所得為方便而修般若者。

又實際上意識心乃是倚恃於名色中之五色根為緣，才能由意與法相觸為緣而生，是五色根、意根、法塵為緣所生之法，故必隨著名色毀壞而斷滅；彼等既以意識細分出來之細意識為實我，認為是不能摧破之法，本質上即是墮於常見與斷見中，與常見外道所見相同故，意識本質是生滅法故，雙具斷常二見。彼等由於恐怖斷滅故，以意識吾我心攝取一切法入意識自心，即是於識陰中住；又以意識吾我心攝入於身，即是於色陰中住；又以意識吾我心領受輕安樂受，即是於受、想、行陰中住；再以意識吾我心委身於法界，即是於色受想行識五陰等十八法界功能中住，明顯地落入五陰法界中，乃是具足我見之凡夫。

凡是認定意識心之全部或局部為常住法者，都是未斷我見之凡夫；凡夫之意識心實際上都是住於五取蘊中執取我、法，阿底峽正是此類凡夫。他為了將其具足我見之意識粉飾為大乘菩提心之無我、無分別法，以妄想而說：

能斷除一切五蘊中有我之憶念及作意，及斷除不分別五蘊我自性之憶念及作意，就能不執取法界而成為已無法執。他認為只要不生起語言文字，如是安住於雙身法之樂受中，就是修習無分別心之「勝觀」；而實際上，意識心僅能執取五蘊之自性而於五取蘊中安住，意識心無絲毫能力入於五陰法界或者十八法界而加以取受，反而是依五陰、十八法界而生起、存在、安住；是由五陰、十八法界取受意識心，然後意識反而妄執五陰、十八法界都歸祂所有，故說凡夫眾生都有無明，阿底峽的著作正好具足顯示他不曾離此無明。事實上意識心僅與心所法之心行相應，意識心乃是五根觸五塵時（此係以欲界之意識為例），再經由意根觸法塵而生起者，是依根塵才能存在者，本質上不能執受根塵故不能直接與色法相應。

當月稱以來之假藏傳佛教應成派中觀傳承者，妄想攝住意識吾我心入於身、入於法界之時，彼等都不知如是法界中的事實：出生其五陰法界、十八法界之菩提心如來藏，根本不需經由彼等意識吾我心之攝心作意，便能從入母胎時起，乃至出生、捨壽時止，一向都無間雜任何煩惱妄念，無一毫遺漏的執持攝受包含意識心在內之五陰、十八界於清淨涅槃法界中。不必如同月稱等假藏傳佛教應成派中觀師一般，刻意在意識吾我心中生起含攝之作意妄念而攝受之。凡是親證本有之菩提心如來藏阿賴耶識（異熟識）者，皆能以其意識覺知心現前領受菩提心如來藏含攝五蘊身心的事實，也能現前領受如來藏本來無得無失、非有非無、非知非不知、離見聞覺知之眞如無分別相，由此確實發起般若正觀。能夠這樣現前觀察者，才是眞修無分別智之「勝觀」者。

假藏傳佛教應成派中觀師月稱、蓮花戒、阿底峽、宗喀巴等人，完全不知大乘菩提心之無分別法，在彼等否定如來藏阿賴耶識的前提下，妄想以識陰所攝之意識心修成般若、方廣諸經所說菩提心之無分別相，妄認意識心住於顯境名言之受想分位時即是證得無分別智。如是抱持意識心之吾我心而不知其虛妄性者，不能眞實了知意識心乃是藉著每一世五根之緣而生，故意識心吾我必定入於色受想行識中住，都是緣於五取蘊而生之我見未斷故；必定以五取蘊爲我所，必定於五取蘊見我、異我、相在，世尊於四阿含中處處如是教導故。而宗喀巴等人將意識吾我心入住於五蘊十八法界中，乃是愛著於蘊處界而受繫縛之凡夫，所有之觀察皆不離世俗法見聞覺知之性及色聲香味觸法塵；如是對於修學解脫道最基本之我見都斷不了者，而高聲大談修習大乘勝妙之無分別勝觀，猶如扶著學步車之幼兒，大聲高唱「我能跑步及跳遠，世界第一」，有智之人都無法相信其所說是眞實語，而假藏傳佛教應成派中觀正是如此斷不了我見的凡夫。

由於宗喀巴不懂般若無分別相的緣故，故主張觀察蘊處界緣起性空就是正修般若度（其實都無力觀察蘊處界緣起性空，故執著意識爲常住心），爲了取信於人，讓他人相信其所說、所觀察思惟是正確的修行般若度之方法，而攀緣一段般若經之經文說：「菩薩摩訶薩，若行般若波羅蜜多，修習般若波羅蜜多，如是觀察如是思惟：何爲般若波羅蜜多？即此般若波羅蜜多，是誰所有？若無何法，若不可得，是名般若波羅蜜多耶？若如是觀察如是思惟。」

實際上，此段經文原本是出自《摩訶般若波羅蜜經》，而宗喀巴卻加以變造而附會之。舉示記載於《大正藏》中同一段經文如下：【復次，世尊！菩薩摩訶薩欲行般若波羅蜜，應如是思惟：「何者是般若波羅蜜？何以故名般若波羅蜜？是誰般若波羅蜜？」若菩薩摩訶薩行般若波羅蜜如是念：「若法無所有、不可得，是般若波羅蜜。」】[2]

經文中所說者，乃是應思惟：**何者是般若波羅蜜**？倘若安住於吾我心而修者，倘若有所得、有所恃者，則非般若波羅蜜，如前面所引般若經已廣說。再者，若所依所緣之法於六塵有覺有知，體性有間斷性、與種種煩惱相應而有雜染性，是「**此有故彼有，此滅故彼滅**」之緣起性空三界有等緣生法，則非般若波羅蜜。又應思惟：**法為何稱為般若波羅蜜**？若現前所觀察之法，不見聞覺知六塵，不與雜染相應，不與我見、我執、我所執等煩惱相應而無雜染性，一向清淨之體性從未間斷而不墮於三世中，非知六塵但又非不知其所執持之業種、根身等，亦非緣起性空之蘊處界所含攝之法，有其本來自在性與能生一切法之清淨自性；如是現觀而實證非斷非常、非有非無、非知非不知……等遠離二邊之勝妙菩提法性，故稱為般若波羅蜜。

又應思惟：**是誰領受而得此般若波羅蜜**？能領受此般若波羅蜜者，乃是能思惟、能觀察、能分別、能見聞覺知之意識心，而般若波羅蜜之根源卻不是意識心，而是能夠出生包括意識心在內之五蘊身心之菩提心如來藏阿賴耶識（異熟識），現前所領受之菩提性皆是此菩提心之本來清淨自性，並非能覺能知、能觀察之意識自身所擁有之法性。如是觀察以後，菩薩應當以菩提心之本來自在、離言語道、無得無失、無我、無我所之無所得為方便，轉易能領受般若波羅蜜之意識心，消除對於五蘊諸法及意識自身有所得、有所恃之虛妄分別自性，如是修習般若波羅蜜者才是眞實般若波羅蜜。

而宗喀巴攀引此段般若經之經文，卻排除經文中的眞實義，僅是強調經文中之思惟觀察，使人誤信彼等所說之觀察思惟是與經文相符合的。事實上，前述所引般若經所強調者，是應思惟觀察**何者是般若波羅蜜？為何名為般若波羅蜜？是誰證得般若波羅蜜？**而不是在**有思惟觀察**或者**無思惟觀察**上著墨。假藏傳佛教應成派中觀之宗旨一向都沒有般若法，一向都是以生滅法、緣起性空非實有法之意識心，假冒為般若諸經所說的不生不滅、無間斷、無雜染性、成就緣起性空諸法之中道實相心如來藏阿賴耶識；因此假藏傳佛教應成派中觀所說只能矇騙一般學人，其本質破綻百出，終究通不過世尊聖言教證及理證上之檢驗，只是越發凸顯其錯謬之處而已。

四、揭露吐蕃僧諍記之法義事實

由於假藏傳佛教應成派中觀自月稱以來之傳承者，皆把識蘊中生滅性之意識心當作是不生不滅之中道心，因此於穿鑿附會大乘般若無分別智時，僅能以不離意識心分位差別之分別相貌，而高談引發無分別智或者悟入無分別。假藏傳佛教聲稱蓮花戒於八世紀時，在西藏與中國禪宗住持和尚對於所悟之空性興起諍辯，以假藏傳佛教應成派中觀之意識心為宗旨的無分別、蘊處界空相法，摧破中國禪宗和尚所主張禪宗所悟菩提心如來藏之無分別[3]。今姑且不論當時事件發生之確切性，純粹就法義上是否符合世尊之聖教為準則，來檢驗蓮花戒是否眞的摧破了中國禪宗所悟之無分別心如來藏阿賴耶識（異熟識）？茲舉示記載於《頓悟大乘正理決》中雙方之若干往來問答，作為解析判別之根據：【問曰：今看心。除習氣，出何經文？謹答：准《佛頂經》云：「一根既反源，六根成解脫」。據《金剛經》及諸大乘經皆云，離一切妄想習氣則名諸佛。所以，令「看心」，除一切心想、妄想、習氣。】[4]「《頓悟大乘正理決》是巴黎國立圖書館第四六四六號伯希和敦煌漢文寫本」[5]，其所記載者，乃是八世紀時中國僧人釋摩訶衍與印度僧人蓮花戒，雙方在西藏拉薩對於禪觀之來往問答質難；由法國戴密微先生加以註解，取名為《吐蕃僧諍記》。筆者所引用者純粹為兩者之問答文字，去除戴密微先生之註解以免失去重點；其中問者即是蓮花戒，作答者即是釋摩訶衍，假藏傳佛教應成派中觀稱其爲支那（中國）和尚堪布（住持）。

釋摩訶衍這一位唐朝和尚在西藏的地位如何，是否受到政治勢力之操控，爲何與印度僧人進行法義之諍等等，都不是此處探討之重點。釋摩訶衍到西藏所傳之法，乃標榜爲中國禪宗之禪法，由於當時之唐朝已如中國禪宗初祖達摩大師所預言「**明道者多，行道者少；說理者多，通理者少；潛符密證，千萬有餘**」一般，到達禪風鼎盛時代。約與釋摩訶衍同時期之唐朝禪師，即有多位有名而常爲後人所稱揚者，如百丈懷海、溈山靈祐、黃檗希運、南泉普願、趙州從諗、龐蘊居士及藥山惟嚴等眞悟禪師。由於禪風鼎盛的緣故，所以處處有人說禪；但是說禪者卻不一定是眞悟者，猶如黃檗禪師所說：「**大唐國內無禪師。不道無禪，只道無師。**」道出了歷來一向是眞悟者少、錯悟者多的禪宗古來事實。由於眞悟之禪師常常以所悟之自心如來藏阿賴耶識之體性作爲開示之內容，有時說此自心如來爲無心——**無六識覺知心之相貌**，或說此自心如來爲無念——**不於六塵起見聞覺知之念**，以引導座下之學人於悟前能於心中安立一個入處作爲所緣，有助於悟入；或者於悟後能轉依本識之清淨性與涅槃性而修除煩惱，然而多著重於闡示自心如來之本來自在、不假修證之本來解脫及本來清淨性。許多未悟或者錯悟之學人，聽聞這樣的開示以後，往往誤以爲將意識覺知心住於遠離五塵之攀緣分別，制心一處時之靈明覺了，就是禪師所說、所悟之自心如來。

例如，百丈懷海禪師有一段開示這麼說：【僧問：「如何是大乘頓悟法門？」師曰：「汝等先歇諸緣，休息萬事，善與不善、世出世間一切諸法，莫記憶，莫緣念。放捨身心令其自在，心如木石無所辨別，心無所行；心地若空，慧日自現；如雲開日出相似，俱歇一切攀緣。貪瞋愛取、垢淨情盡。對五欲八風，不被見聞覺知所縛，不被諸境所惑，自然具足神通妙用，是解脫人。對一切境，心無靜亂，不攝不散；透一切聲色，無有滯礙，名爲道人。但不被一切善惡垢淨、有爲世間福智拘繫，即名爲佛慧。是非好醜，是理非理，諸知見總盡，不被繫縛，處心自在，名初發心菩薩便登佛地。」】6

有僧人問百丈禪師「如何是大乘頓悟法門」，百丈禪師說：「先歇諸緣：一切諸法，莫記憶，莫緣念。放捨身心令其自在，心如木石無所辨別，心無所行；心地若空，慧日自現。」等開示語句，錯悟者常會以爲此處百丈禪師所說者，是讓意識心不憶念諸法、空掉諸法之攀緣、住於不分別諸法的境界中，誤以爲當時之靈明覺了心境就會猶如慧日一樣的顯現，就是悟得與禪師一樣之本來面目。然而，事實上此處百丈禪師所說者，乃是學人於悟前應專心一志參禪，不攀緣一切與五蘊我與我所相應之事務，放捨對於五蘊身心之我與我所見，讓意識心暫時忽略五塵之分別，猶如木石一般；若能如是放捨諸法，兼以其餘條件具足，意識心自能於電光石火之機緣中，一念相應第八識自心如來之所在而生起實相般若智慧；因此而能以意識心現前觀察，自心如來不受五欲八風、見聞覺知所繫縛，自然具足諸多眾生所日用而不知之神通妙用功德法。此自心如來是本來自在解脫者，面對一切五欲八風之境，意識心觀察到自心如來隨順眾生心而應現諸法，卻又不於所現諸法中愛著、取捨或貪厭。一切法皆是自心如來藉緣所現，唯此眞如一心自在圓通無礙，故能透一切聲色諸法，不爲一切諸法所拘所礙；如是自心如來於因地時，便已具足之無染離垢心行才眞正是道，才眞正是一切佛法修行之根本所依。能夠這樣現前觀察自心如來者，轉依親證自心如來所發起之根本無分別智，不落於五蘊有及斷滅無之邊見中，不畏懼五蘊分段生死，已了知涅槃之本際，故不受生死所繫縛；稱這樣悟後現前觀察而修至初地者是初發心菩薩，已經如實了知成佛之道的內涵，自此以後必定能夠地地增上而修至佛地。

基於保護實相般若密意之佛誡，禪師開示時一定不會說得極明白清楚，是以讀者、聞者往往產生或多或少之誤會；百丈禪師這樣的開示，未悟者或錯悟者之解讀，必定依於意識覺知心之揣度，而以爲禪師所說現前觀察之心是意識心自身；以爲能達到歇息諸緣、放下萬緣便是目的，而以意識心住於似乎不受五欲八風所擾動之境界，自稱當時所觀察到意識心之靈明覺了就是慧日之顯現。又因爲當時之意識心有一分靈知故似「非不知」，對於五欲五塵似乎不分別故似「非知」；意識心皆能夠作意及分別五蘊互攝之運行，故以爲當時就是意識心之神通妙用；若意識心能夠長時住於該離念靈知的境界，即自稱到達不受煩惱繫縛、如如不動之聖境，這些都是古今禪宗錯悟者常可看見的現象。因此，眞悟禪師悟後觀行所觀之心是如來藏阿賴耶識（異熟識），以能思惟能分別之意識心觀察根本無分別智之智體如來藏心，以如來藏心體處於五欲八風中一向如如不動之無分別相，對治一向受五欲八風所牽引與繫縛之意識心，來伏除意識、意根的執著與煩惱；而錯悟者自以爲所悟與眞悟禪師相同，但其觀行時所觀之心卻是意識自心，也就是觀察意識心自己之起心動念，並以作意力使意識心捨離五欲八風，住於相似不分別、不思惟中，以爲如此就能夠捨離煩惱與習氣，就如同禪師所說無有滯礙之道人，其實是將蝦作魚、魚蝦不分。

因此，眞悟者之看心除習氣，與錯悟者之看心除習氣，是迥然不同之法；前者所依所緣之心是不生不滅、本來自在之第八識心如來藏，後者所依所緣乃是因緣所生、只有一期生死之五蘊法中識蘊所攝之意識心。由是，針對拉薩僧諍，我們首應探討的是：與蓮花戒相諍之唐僧釋摩訶衍所說之禪觀，究竟是眞悟者之看心除習氣？或者是錯悟者之看心除習氣？倘若是錯悟者之看心除習氣，那麼蓮花戒與釋摩訶衍兩者之落處是相同的，都是落於不離見聞覺知之意識心中，皆未曾親證無分別智之智體——如來藏阿賴耶識（異熟識）；故於當時所發生之僧諍聚會，到底誰勝誰負？皆不應援引爲證據而月且中國禪宗所悟內容與所傳禪法。所以應當從彼等問答中，先行檢驗：所謂中國禪宗的釋摩訶衍到底是眞悟者或是錯悟者？

舊問：若離想不思不觀，云何得一切種智？

答：若妄心不起離一切妄想者，眞性本有及一切種智自然顯現。如《花嚴》及《楞伽經》等云：如日出雲，濁水澄清，鏡得明淨，如銀離礦等。

新問第十，問：此言是實，乃是已成就具勢力者之法，非是非夫（凡夫）之法者。

答：此義前者已答了，今更再問！譬如蓮花出離淤泥，皎潔清淨離諸塵垢，諸天貴人見之稱敬。阿賴耶識亦復如是，出習氣泥而得明潔，爲諸佛菩薩天人所重，凡夫眾生，亦復如是，若得出離無量劫來三毒妄想分別習氣淤泥，還得成就大力之勢。凡夫緣有三毒妄想蓋覆，所以不出得大勢之力。

舊問：若觀智，云何利益眾生？

答：不思不觀，利益眾生者，《入如來功德經》中廣說，由如日月光照一切，（如）如意寶珠具出一切，大地能生一切。[7]

從蓮花戒所問之內容就可以了知，蓮花戒不但沒有親證一切種智之智體——如來藏阿賴耶識（異熟識），也完全不能瞭解：禪宗不離教門所悟之六入不會、於六入無覺無知之心，與參禪者能覺能觀、能見聞覺知、能取能捨六入之意識心並不是同一個心。出生五蘊而與五蘊非一非異，與五蘊同處所之第八識自心如來，一向不會六入、不於六入中起見聞覺知，無我與我所，不與一切煩惱相應，以無三界法故說自心如來空；又第八識自心如來具足能圓滿世間法、出世間法、世出世間法之自性功德，故自心如來不空；眞悟者以其能想、能思、能觀之意識三界心，如此現觀第八識自心如來雙具空與不空，才是修學一切種智乃至證得一切種智。無論一切有情眾生意識心中之語言妄想起或不起，不論意識心受到煩惱所擾動或者住於定中，其自心如來空與不空之眞性，皆是本來具足之法，無始劫以來從無一剎那懈怠或間斷，不是修行改變以後才如此，世尊於經中已說菩提性是從來無間雜性故，謂其如是自性從來不曾變異故。若是等到意識心離妄想或者住於無想定、眠熟等不現前之無心五位，完全沒有顯境及表義名言時，自心如來之本有眞性才顯現，則菩提性就有間斷性，不能符合世尊所說至教量及法界現量，也不符合一切親證自心如來者所實證之法界現量境界；由此證實釋摩訶衍並未證得中國禪宗所悟的第八識自心如來，誤將離念靈知意識認作常住不壞的自我，是未斷我見的凡夫，不是禪宗眞悟者。

百丈懷海禪師說：「有一人，長不喫飯，不道饑；有一人，終日喫飯，不道飽。」此一人就是本來解脫之解脫人，是本來自性清淨涅槃之眞正道人；百丈禪師述說此解脫人與道人，卻是不離五欲煩惱中之吃飯俗事；以此本來解脫之解脫人而說「所謂吃飯，即非吃飯，是名吃飯」，同於《金剛般若波羅蜜經》中所說：【須菩提！於意云何？佛可以具足色身見不？須菩提言：不也！世尊！如來不應以色身見。何以故？如來說具足色身，即非具足色身，是故如來說名具足色身。】與此般若經句全然無異，因爲百丈禪師所悟者即是般若智體金剛心如來藏阿賴耶識（異熟識）。此金剛心雖處於污濁之五蘊煩惱泥中，其本有之清淨涅槃自性則是如金在礦，卻從未受此煩惱泥所染污；一切有情不分小身大身、無足、兩足、多足等等，同有此心，皆本來而有、圓滿清淨，故金剛心之本有眞性普現一切眾生界中，並非如蓮花戒所說是已成就具勢力者才能具有之法，更非如同釋摩訶衍所說妄心不起、離一切妄想，才得以顯現眞性。

由於釋摩訶衍並非眞悟之禪師，僅是撿拾眞悟禪師悟後看心修習氣之言句，誤以爲意識心不起妄念、離一切五塵妄想分別時之靈明覺了分，就是顯現了本有之眞性，而以生起妄念及妄想分別時之意識心稱爲妄心；當妄心意識覺知自己具有能捨五塵境而又靈明覺了一切法之分位時，釋摩訶衍就稱當時已經自然顯現一切種智；此乃是完全不懂眞心、完全不懂意識是生滅性的妄心，也是完全不懂一切種智的凡夫，而且是錯執意識爲本住法的未斷我見凡夫。釋摩訶衍與蓮花戒之差異點，在於釋摩訶衍心中接受大乘經典所說阿賴耶識之存在，但是卻無緣於禪風鼎盛之唐朝値遇眞悟之善知識幫助，未蒙南泉、趙州……一類眞悟禪師之幫助而致未能開悟[8]，卻又自以爲悟而入藏地欲弘禪宗；對於禪師接引學人悟前之開示及悟後修道之指引，皆顢頇不稍簡擇地運用於其錯悟之意識心差別境界中，據此更向人廣說相似禪法，本質上正是眞悟禪師口中所斥之野狐，自以爲已證阿賴耶識如來藏。野狐釋摩訶衍說阿賴耶識如蓮花出離淤泥，皎潔清淨離諸塵垢，爲諸佛菩薩所重，乃是以其錯悟看心除習氣之行，使得意識心長時住於妄想不起之境界中，比擬成經中世尊所說阿賴耶識本已出離三毒妄想分別之習氣淤泥，而說爲得以成就大力之勢，顯現一切種智。

但一切種智乃是：菩薩之意識心證得金剛心如來藏阿賴耶識以後，緣於金剛心之空與不空眞性所發起之般若實相智慧，基於此實相般若智慧而進修觀察實證阿賴耶識所含藏之一切種子，方能獲得一切種智；此一切種智即是佛菩提智中最重要之智慧（初地以上未到達究竟佛地之前，稱爲道種智——修道位所證之一切種智），同時以所發起之道種智斷除煩惱障所含攝之我執習氣煩惱及所知障所攝一切上煩惱隨眠。初地菩薩已有能力斷除分段生死煩惱之現行，因大悲願故再起一分思惑以潤未來生，名爲留惑潤生，世世受生於三界中而利樂有情，使得初地菩薩之阿賴耶識得以於地地增上之過程中，逐漸清淨其所執藏之分段生死染污習氣種子。七地滿心將進入八地時，菩薩之阿賴耶識去除故意所留最後一分執藏分段生死之阿賴耶識性以後，亦斷盡煩惱障所攝之一切習氣種子，成爲唯存無記異熟性及種子變異之異熟識；乃至進修至佛地，意識心具足證知第八識所含藏之一切種子而圓滿一切種智，此時已修除無記之異熟性及種子變異性故，第八識金剛心之異熟識名稱不復存在，改稱爲佛地純善之無垢識；如是圓滿具足親證者，方是證得一切種智，與凡夫釋摩訶衍所說全然不同。釋摩訶衍不但沒有一切種智之絲毫，連阿賴耶識所在都無所知；又落入意識境界中，我見未斷，連聲聞初果的證境都無，怎能代表中國禪宗？故其說法大異經中佛說，今舉經中世尊之開示佐證之：【譬如蓮花出離淤泥，皎潔清淨離諸塵垢，諸天貴人見之珍敬；阿賴耶識亦復如是，出習氣泥而得明潔，爲諸佛菩薩大人所重。如有妙寶世所希絕，在愚下人邊常被污賤，智者得已獻之於王，用飾寶冠爲王所戴，阿賴耶識亦復如是，是諸如來清淨種性，於凡夫位恒被雜染，菩薩證已斷諸習氣，乃至成佛常所寶持。】9

菩薩親證金剛心阿賴耶識以後，修斷一切煩惱障及所知障所含攝之習氣種子隨眠，乃至成佛時仍然是這一個金剛心，因爲阿賴耶識因地本有之清淨涅槃自性，只有親證之菩薩緣於此金剛心之本有眞性，才能於七住以後經十住、十行、十迴向而入於初地，再歷經兩大阿僧祇劫地地增上之修證，方能成就佛地一切種智；這一切都由親證阿賴耶識心體的所在而開始，都依阿賴耶識心體的本來自性清淨涅槃而修行，方能成就，故世尊說阿賴耶識「是諸如來清淨種性」。如今釋摩訶衍不僅以**對境心不起**，**妄念不生**、**無妄想分別**之意識心境，自以爲悟得自心如來阿賴耶識；又錯解眞悟禪師所說初發心菩薩登入（修學）佛（道之）地，或者一悟即至佛地（所悟之金剛心乃是佛地金剛心之因地心）之方便開示，以爲當時靈明覺了之意識心已經如日出雲、濁水澄淨，誤以爲如斯相應定境法塵之意識心已能顯現佛地一切種智。如此之野狐加上狂禪，自然不免招來蓮花戒質疑「若離想不思不觀，云何得一切種智」之質問。

蓮花戒雖然同樣是認取意識心之明瞭分（細意識）爲常住法，然而應成派中觀所傳承之中心思想，一向本即強調意識心不得住於沉沒相（也就是意識心不得住於不觀察六塵之無記中）；乃是要以能思能想能覺能觀之意識心來清清楚楚領受男女合修時身根樂觸之覺受爲主修，並於其中思惟該樂觸之受無自性故是空，同時觀察受樂時之意識亦非物質故亦是空性，並推求能取境界之細意識我是虛幻假立之我不可得，故假名我之自性亦不可得，此乃假藏傳佛教所稱證得無我、無自性之中觀般若。由於假藏傳佛教蓮花戒等應成派所有中觀師所修所證，皆不離於意識思惟分別之想陰與受陰，以其同是落入意識心中，同是錯誤之中觀般若，卻更質疑錯悟者釋摩訶衍所說意識心不思不觀之「一悟即至佛地」，故又以「若觀智，云何利益眾生」而責難於野狐狂禪釋摩訶衍，猶如某甲賊人指責某乙賊人之竊盜行爲，並無差異。

由於釋摩訶衍以爲意識心離妄想分別、不思不觀之際即是阿賴耶識，即得成就一切種智；然而現見一切賢聖現前觀察所親證之第八識金剛心而得根本無分別智乃至道種智，以該根本無分別智或者道種智之觀智利益眾生時，皆於有思有觀之際運行；釋摩訶衍遭受此等質難，雖引用經典中「如日月光、如如意寶珠」而作辯解，卻無助於自身續墮負處中。此因經中所說者，乃是眞實親證能生一切法之法身如來藏阿賴耶識（異熟識）之菩薩，以其能思惟、能觀察之意識心轉依於不思不觀六塵之如來藏，現觀如來藏法身具足無量無邊妙法，如如意寶珠具出一切，如大地能生一切法；菩薩之意識心轉依此法身而證一切不思議三昧及一切種智，是基於能觀之意識心與所觀之能生萬法的阿賴耶識。釋摩訶衍則是能觀與所觀同是一心——意識，他所說之不思不觀仍是能思能觀之意識心；倘若意識心住於不思不觀之離念靈知境界，又如何觀察眾生所需而利益之？一切眞悟者皆不能認同之，是故蓮花戒逮到機會，當然亦不能放過釋摩訶衍，且再看後續之問答以增加瞭解。

> 問：萬一或有人言：十二部經中說云三毒煩惱合除，若不用對治准用？無心想離三毒煩惱不可得。《寶積經》中說了貪病用不淨觀藥治，了嗔病用慈悲藥醫治，了愚癡須因緣和合藥醫治。如是應病與藥以對治，爲藥各依方。藥治，則三毒煩惱始除得根本。……若枷鎖等以衣裳覆之，雖目不見鎖，其

人終不得解脫。既知如此，准修無心想擬除煩惱者，數時不見，不能除得根本。有如是說，將何對？

答：准《涅槃經》云：有藥名阿伽陀，若有眾生服者，治一切病。藥喻無思無觀。三毒煩惱忘（妄）想皆從思惟分別變化生，所言縛者：一切眾生已來，皆是三毒煩惱妄想習氣繫縛。非是鐵葉索繫縛在獄須得繩索糧食等，此則是第二重邪見。妄想請除，卻是故總不思惟，一切三毒煩惱妄想習氣一時總得解脫。

蓮花戒質疑釋摩訶衍：意識心住於無心想中而修不思不觀，就好像將枷鎖以衣裳覆蓋一樣，雖然看不見枷鎖，但卻仍無法解開其繫縛；意識心住於無心想之境界中，雖然不能觀見貪瞋癡三毒煩惱，但是卻除不了煩惱之根本。只有像釋摩訶衍這般錯悟者，且誤以爲一悟即是究竟佛之狂禪，方能容得未悟之蓮花戒以這樣的問題來責難而無法摧破蓮花戒的邪問。釋摩訶衍不懂阿伽陀藥之藥性，以常見之毒藥取名爲阿伽陀，正是裹著糖衣之毒藥製造者。經中所說之阿伽陀藥，是指能夠治癒眾生一切諸惡重病之藥，意即眾生本具之金剛心、菩提心、本識、如來藏、阿賴耶識（異熟識）；親證本識金剛心者即能發起佛菩提智，以此佛菩提智能夠破除一切邪想、能治療五欲毒、能散壞一切蓋障、治癒輪迴三界分段生死之病、能除一切無明翳等等，而入一切智城。

唐僧釋摩訶衍卻將經中世尊所說阿伽陀藥之譬喻，錯解為意識無思無觀，認為只要於一切時中不思惟，入住於一念不生、靈明覺了之境界，則能一時除去一切貪瞋癡煩惱與妄想習氣，就能獲得解脫。這就是典型的錯悟者東施效顰之「**看心除習氣**」，總以為讓意識心保持在不思惟、不觀察的靈知中，就是符合眞悟禪師轉依如來藏而說之本來自在之解脫人。為再次證明釋摩訶衍乃是錯悟者，再舉示與其同時期之唐代黃檗希運禪師所留下之語錄檢驗之：【問：「如何得不落階級？」師云：「終日喫飯，未曾咬著一粒米；終日行，未曾踏著一片地；與麼時，無人我等相，終日不離一切事，不被諸境惑，方名自在人。更時時念念不見一切相，莫認前後三際，前際無去、今際無住、後際無來，安然端坐任運不拘，方名解脫。」】11

凡一切與色受想行識五蘊相應之法皆落於階級中，以人類眾同分而言，即有士農工商等階級之區分，於「士」中又有學士、碩士、博士等階級；有情中又有人、天、修羅、畜生、餓鬼、地獄六道之區分，「天」中又有欲界六天、色界諸天等等階級。三界中僅有一法不落於階級，就是一切有情身中本來自在、不生不滅之解脫人——如來藏阿賴耶識（異熟識），此本來自在不生不滅之解脫人，無有色受想行識五蘊之法相，故遠離一切與五蘊相應之煩惱與妄想習氣。阿賴耶識是本來即遠離煩惱、妄想習氣者，與意識經由不思惟之修法以為能除卻煩惱、妄想習氣，兩者本質上是完全不同之法；況且若強將意識處於不思惟中，必定須離於一切往來、作務之煩惱事，以求不受境界之惑亂。如今黃檗禪師卻說：「終日喫飯，未曾咬著一粒米；終日行，未曾踏著一片地；與麼時，無人我等相，終日不離一切事，不被諸境惑，方名自在人。」明明吃飯時、行走時，意識心都得思惟觀察，倘若意識心不思惟與觀察，又如何能吃飯與行走？這些都是現象界不可推翻之事實；黃檗禪師卻說有一終日吃飯卻未曾咬著一粒米者，有一終日行走而未曾踏著一片地者；此心終日不離一切作務煩惱之事，卻無人相、我相、眾生相、壽者相，不被六塵境界所惑亂，本無煩惱妄想習氣；必須是具足這樣的法相，才是本來自在的解脫者。

反觀釋摩訶衍所說，要以意識心於一切事皆不思惟，即已落於黃檗禪師所說之認取前後三際者；若要調練此自性善於思惟觀察分別之意識心，於一切事皆不思惟，就得不斷訶責已過去之心念，並不斷作意現前之心念使之捨去思惟，又必須期望未來之心念能到達預設之境界，正是黃檗禪師所斥責的前念有去、今念有住、後念有來者。釋摩訶衍所「悟」的意識，正是如此墮於三際之念者，受到五根與五塵之拘束，受到意根作意之拘束，受到我見之拘束，受到欲心所、勝解心所、念心所、定心所與慧心所之拘束，時時念念皆見一切相，故無法任運不拘，不是黃檗禪師所說本來解脫之心。

釋摩訶衍以住於無思無觀、不思惟之境界的意識為本來自在的解脫者，絕對不能通過百丈、黃檗等當代眞悟禪師之檢驗，更通不過經中世尊所說一切眾生本有如來藏阿賴耶識正理之檢驗，故釋摩訶衍不是眞悟之禪師；他既非眞悟之中國禪師，則蓮花戒聲稱摧破中國僧人釋摩訶衍及摧破中國禪宗，其主張即不能成立。意即蓮花戒雖然破了野狐狂禪，然而並未摧破中國禪宗所悟之法，與當時的中國禪宗無關。故八世紀時的西藏容有吐蕃僧諍之實，然而宗喀巴說：【支那和尚堪布，解了空性未達扼要。以是因緣，謗方便分，遮止一切作意思惟，損減教法，為蓮華戒大阿闍黎善破滅已。】[12]根本無義。因為宗喀巴之說，猶如打敗了一個假冒為中國的邊疆小國，然後聲稱已經擊敗中國了，成為在虛妄假立之事上自說已經爭得勝利了。唐僧釋摩訶衍所說之法雖不是眞實禪法，但應成派中觀蓮花戒等有作意思惟觀察之法亦非無分別方便分，與釋摩訶衍皆是墮於意識心之分位差別中，同以意識之變相境界而互相攻擊諍勝，本質同樣是意識：應成派中觀欲純以意識心修成無分別智，以為就是無分別方便分，其實所用之藥本乃同於釋摩訶衍，同是生滅性而依他起之意識妄心，卻指鹿為馬而說為摧破支那和尚堪布，妄稱為摧破中國禪宗的住持者（藏語「堪布」意謂為住持），其理不應成。

五、應成派中觀錯用奢摩他之無分別影像作為證無分別之根據

應成派中觀雖然不許唐僧之意識無思無觀、無分別，實際上卻仍然妄想著：若能滅除意識所有妄想分別，即可成就般若經中世尊所說之無分別智。因此攀緣於大乘經及彌勒菩薩所說大乘奢摩他、毘缽舍那之修法，曲解論中所說證奢摩他之無分別定即是證得一切法無自性性，即是證得無分別智之智

體。因此蓮花戒於《修次中篇》中說：「若不修習以慧觀察諸法自性，唯一修習棄捨作意，終不能滅所有分別，終不能證無自性性，無慧光故。」[13] 蓮花戒雖不許唐僧之唯一修習棄捨作意，彼等亦不能否定經中所說菩提性之無覺無知、無分別相等法義；爲使他人認定彼等所修所證屬於大乘佛法，便以般若之無分別作爲假想標的，因此於名相上說要滅除意識之所有分別，以爲就能符合經中所說之無分別菩提性。然而，應成派中觀之中心思想是：若不於繩上計蛇，即無蛇及蛇之自性可分別，只要了知無此蛇之執著境，就是無蛇之念及無蛇之作意，當時若能這樣觀察，所得之智慧就是無分別智，故意識不可不思惟、分別與觀察；而其所說之「滅所有分別」，乃是指滅除對於繩上妄計假立之蛇與蛇自性之所有分別與作意。其中所說之「繩」即是五陰，「蛇」乃是我之執著；而我見之所緣，應成派中觀所主張者乃是意識之細意識分，此細意識分是不可摧破之本住法；故彼等主張如果意識心於能思、能觀、能作意之當時，只要作意不分別有「蛇」我，就能滅除一切「蛇」我之分別；一旦能滅除一切「蛇」我之分別，就能證得一切法無「蛇」我之自性。這其實是以自己建立之一法，取代佛所說之法，然後再摧破自己所建立之法，就謊稱於佛所說的法義已經實證了；完全是施設而成立的戲論，全無法界眞相的本質，於三乘菩提中並無絲毫的實證。

再舉蓮花戒《修次下篇》中所說爲證：「故正法中，凡說無念及無作意，當知皆以審察爲先。何以故？由審觀察乃能無念，能無作意，非餘能爾。」[14]假藏傳佛教應成派中觀月稱、蓮花戒、阿底峽、宗喀巴、印順等人，完全以意識之審察思惟作意爲先；印順更基於此一理念，故以學術研究之思惟等法作爲實證般若之方法。彼等假藏傳佛教中觀師企圖於意識所攝之細意識分我見中，假想作意此細意識我非五蘊我，無有五蘊我之自性；以爲能達到這樣的結果，就是無念及無作意。爲何彼等於強調以意識之審察思惟作意爲先之時，卻又要使用無念、無作意這樣的名相？這是由於應成派中觀自天竺的佛護、月稱等傳承以來，皆認定緣起性空之無常空即是世尊於般若經中所說之空性，然而世尊所說之空性乃是一切種子識、空性心、如來藏、阿賴耶識（異熟識）之體性。

般若經中處處說此空性心無漏法「無自性則無所有、無所有則不可念」、「無相、無念、無作意」故，是說實相心如來藏無三界有之自性故無所有，無所有則不可念；亦是說如來藏於六塵萬法中是無相、無念、無作的。但佛護、月稱等應成派中觀的始創者及傳承者，悉皆未證此一切種子識空性心，即以意識之細意識分假想成一切種子識空性心，以意識緣生法之緣起性空本質假想成空性，已將細意識取代空性心如來藏，並將空性心及其所顯之空性割裂成不完整的二法；又以私心揣度佛心，自認為觀察第六意識所攝之細意識分達到無我之自性（實質上墮於我見中而不自知），則已符合世尊所說第八識空性心之無自性、無相、無念、無作意。故彼等企圖引用《寶雲經》證明其所說與經意相符，但仍是誤引、攀緣。宗喀巴如是引用：【如《寶雲經》云：『毘缽舍那善思擇故，了達無性悟入無相』：設若不須審觀察者，世尊如是彼彼經中，宣說多種審諦觀察，皆與相違。】[15]經查《大正藏》所收藏諸經，並無宗喀巴所引用之經句，出處應是《大乘寶雲經》；為求真實經句之意涵，茲舉示與宗喀巴引用有關之前後經文如下，以便釐清淆訛：

> 菩薩摩訶薩具足十法攝心與理相應，何者為十？所謂多修不淨觀，多修慈悲觀，多修十二因緣觀，善識污心之法，多修空相，多修無相，多修攝心，無所願求，恒修不息不令悔恨，具足戒品。……云何菩薩善知污心之法？菩

薩摩訶薩觀是污法，若在自心若在他心不可量度，爲滅是等因緣法故當觀察之。何者是耶？所謂不敬佛、不敬法、不敬僧、不敬戒律、不敬同學，若老若少並不恭敬，是名染污心法；唯重自身輕蔑他人，於諸境界馳騁散亂……樂於戲論耽著嬉戲，如是等事名染污法。能染污心而善知之，爲滅一切諸戲論故，多修於空而入禪定，以調其心。如是修空，於此境界隨心著處，當尋是處求其體性遂無所有，無所有故通達於空。所緣之境及能緣心並須觀察，作觀察已，心境二法悉無所有而通達空。通達空故爲修無相，而攝其心入於禪定，一切相貌顯現相似，善觀察之則見非相，既了非相不得己身則無身相，得無相已不著己身，不著身故不得一切外諸境相，於諸外境不作分別不更移心。於內外相心既不動，爲滅無相之相故，於修觀行不生憂喜，雖得是定習氣尚多，爲滅習氣恒修是定，心心相續無令休息猶如鑽火，住於奢摩他毘婆舍那中。毘婆舍那者如實法觀，奢摩他者一心寂默，得心定故後不致悔，不致悔故生歡喜心。何故歡喜？由戒清淨，一切菩薩具足戒品，清淨攝心與理相應。何以故？持戒清淨故攝心得成，是故說名與理相應。16

此段《大乘寶雲經》中世尊之開示，乃是針對已經親證空性心、一切眾生如來藏阿賴耶識（異熟識）之菩薩，應如何於悟後修除我執煩惱習氣：多修不淨觀以斷除對色身之貪愛，多修慈悲觀以滅除對怨親之瞋恚，多修因緣觀而以因緣觀智對治貪欲與瞋恚之生起；善於識別能染污心之染污法，修學空、無相、無願三三昧以調練其心斷除習氣。菩薩如此觀察對治染污之煩惱習氣，使覺知心能夠趨於寂靜而安住，亦能以親證空性心之智慧如實觀察：**能安住於境界之心乃是空性心藉緣所生法，無有眞實自性；此心所緣之法塵境亦是空性心藉緣所現，了知能緣之心與所緣之境皆無有眞實自性，通達此心與境無有眞實，自性空而不著於空。**

菩薩依於此等空三昧之眞實智慧觀察，唯見所親證空性心之法相，不見一切五蘊十八界法之相貌，故無色受想行識相（亦無一切粗細意識相）、無人相我相、無色聲香味觸相，所觀察者唯是第八識空性心之法相，不受五塵等外境所牽動，亦不轉移而去分別外五塵境，因修學此無相三昧而能證得無分別定。由於習氣尚未完全除盡的緣故，菩薩證悟實相般若以後尚需持續不斷地觀修此無分別定，使得覺知心能夠止息對五蘊我之執著及對五塵境之分別擾動而一心寂靜；同時能以如實法於其中觀察、思惟、對治，不於所作有所掉悔，最後成就無願（無作）三昧。菩薩成就無願三昧即得無作戒，不需經過訶責與作意自然不犯戒行，戒行清淨而成就非擇滅無爲；這樣具足戒行的清淨心，相應於菩薩所親證空性心理體之本來無作體性，因此說親證空性心之菩薩修習不淨觀、空無相無作三三昧等十法而具足者，與其所觀察空性心本來無我無作之眞如理相應。

然而應成派中觀宗喀巴卻以剪接經文之方式說：「如《寶雲經》云：『毘缽舍那善思擇故，了達無性悟入無相』…設若不須審觀察者，世尊如是彼彼經中，宣說多種審諦觀察，皆與相違。」這是移花接木而符合意識必須觀察與作意才能了達意識心所緣之緣生法無自性，乃至到達細意識分之無念、無作意、無分別。《大乘寶雲經》中世尊說「毘婆舍那者如實法觀」，所觀之法必需是常住、眞實不壞之法，才能稱爲「如實法」；所觀之法必須是非常非無常、非有非無，是中道之法，才能稱爲「如實法」；此時意識所觀者爲中道心眞實正觀之法，才是意識所修之「**毘婆舍那者如實法觀**」。但應成派中觀自佛護創立時起，由月稱、寂天、阿底峽、蓮花戒、宗喀巴代代傳承以來，皆是墮於無常法與有法之蘊處界意識中，亦墮於因蘊處界而有之緣起性空爲所觀之無法中，始終不離意識層面而落入我見中；甚至取著識蘊所含攝細意識分領受之身觸樂受境界成爲所觀之標的，以爲能夠藉雙身法樂明無念之觀察修證，使意識成爲無念、無作意、無分別，即能符合經中世尊所開示菩薩親證空性心如來藏、阿賴耶識所證之無分別智，全屬誤會一場。菩薩悟後修學奢摩他、毘婆舍那（也就是大乘止觀），證得對五塵境不作意分別之無分別定，並非證得無分別智之智體，經文中說得非常清楚；但是應成派中觀所有傳承者卻妄自剪接經文，甚至擅自擷取符合其主張之經句或者菩薩論文，以斷章取義、斷句取義之極端不善手段，企圖誤導他人取信其所言「**毘婆舍那必需觀察，觀察、作意後乃能成爲不作意、不分別**」的修行方式是符合經意的無分別智修證方法。

由於假藏傳佛教應成派中觀主張：若能不於繩上分別有蛇，以無蛇故蛇之自性不可得；若能在意識心住於雙身法中領受身觸之樂時，同時得此蛇自性不可得（無蛇自性）之觀察，即證得甚深空義。也就是於五蘊上不錯計另有一實存之法，以無另計實存之法故該法自性不可得，而認定五蘊是眞實存在之法；則彼等藉著大乘止觀之名義，以意識心住於色身領受雙身法樂觸之時即稱爲修奢摩他，於當時修無蛇及無蛇自性之觀察稱爲修毘鉢舍那，意即不必否定五蘊等法，只需在領受雙身法中身觸之樂時即能修得彼等所妄想之甚深空性、無分別智。但在實質上，彼等應成派中觀之古今傳承者，未曾有人眞實修得初禪止觀[17]；由於彼等實修所依所緣乃是男女兩根之和合身觸，取著此等身觸之法者皆是欲界中人，正是不能證得色界境界所攝初禪之現行煩惱，亦是遮障初禪實證之五蓋之首的貪欲蓋所攝；既不能脫離欲界所纏之現行煩惱與遮障，又如何能證得超越欲界之初禪境界？此理之邏輯，任何具備基本佛法三界知見者，一經思惟即能確認無誤。因此假藏傳佛教所推崇之歷代雙身法祖師，譬如月稱、寂天、阿底峽、蓮花生、宗喀巴、達賴……等人，事實上都未證得根本禪定；由這些未能發起初禪之密宗祖師所傳的修道方法，都不離長時男女和合而修之內容，亦不離修練氣脈、空點等幫助男性欲身可以長時和合而修之相關內容。彼等認爲只有經過久修以後，有能力長時住於男女和合樂觸中，才能使得意識心證得色等諸境薄淨如霓虹之如幻境界，意識所取淫樂覺受之境界就能遠離質礙之身觸，得以引生色等無自性之空解道理（也就是證得樂空雙運、大樂光明）。宗喀巴所著之《密宗道次第廣論》[18]

即是其中一個明顯實例。摘錄其著作中若干文字如下，以茲證明：

此與聖派有多差別，説由修此之力，能達一切諸法皆如幻等。於此之前當修密點，即降心間空點下至密處摩尼（男根之龜頭）任持，於此點中修能依所依圓滿曼陀羅。（頁四五〇）

此中樂空之空是世俗身，樂是契入勝義之智，與餘經中所説樂空略有不同。由繫身中菩提令無漏洩（精液不漏洩），不變妙樂最圓滿時，一切粗界悉皆永盡，界亦無存，爾時界（界是指種子，暗喻精液）與妙樂，能所依之關係，皆已滅故。（頁四五四）

不變妙樂，名不變者，非説因緣所不能生，上曾屢説界（精液）向外洩名爲變壞，故是繫界不漏名爲不變。從此所生之樂，非謂於繫界從身內可意觸起身樂受，亦非以此爲無間緣意適悅相所有樂受，又非依於樂受爲因所發無分別定。是以通達諸法無性正見爲親因緣，繫界不漏增上緣，所生通達眞實之妙樂也。（頁四五七）

「若謂《中觀論》等説無分別智現前，一切二取相悉清淨，然此《續疏》説於無分別定前有種種（〈時輪〉明妃之名）空色相現，故二相違。」此亦非理，以空色相與證無性之智體性無別，能緣所緣各別現者，現相與體性非如實相符。故異生地境智各別現時，能知所知有別係屬。現證無自性時，則滅係屬成平等味。如《第五品》〈大疏〉明顯說云：「於無生滅自心所現，合智爲一。智與自心所現平等一味，非有能知所知係屬。」然此是說於聖無分別智，不現空色之相，非說爾時全無空色。如《集密》云：「從眞際起已，當得無二智。」說雙運位如虹之身與入光明之意，自體不可分之爲二，於入光明智前，三相皆淨故無二取，然於爾時非無身相。若不爾者，說空色爲有得，不變樂爲無得，不應道理。要有種種相現乃名有得，在得聖者不變樂前，亦要有種種相現故，以是當知，爾時雖有，然於無分別智之前爲無，義不相違。

（頁四六三）

圓滿次第時修二靜慮者，如兩派集密說，是於眾多風點瑜伽獲得能力時修。若風與點先未堪能，其收情器世界（男根、女根）入光明中，較之生起次第所修，全無增上力故。……其先依印（事業手印、智慧手印，皆是指明妃）引生四喜，即滿摩尼次第。此有四印、三昧耶印，謂依所修智印引生歡喜，是前加行。業印，謂依眞實明妃引生妙樂，是爲正行。法印，謂憶所受守護其樂，是爲結

行。大印，謂依彼等修眞實義。（頁四七〇—四七一）

《密宗道次第廣論》中宗喀巴說，依實體明妃修雙身法，引生繫住精液不漏洩（以此稱爲不變壞）之身觸妙樂，乃是證成佛智身之正修行。而隨時憶持著、守護著這樣的身觸之樂，並且依於這樣的雙身實修中不漏洩爲增上緣，觀察能觸之色身與所觸之樂觸；由於身中之精液不漏洩的緣故，不會有因緣產生受精卵，則受精卵能變異成長之十八界色身即能永盡，名爲漏盡；於此觀想中同時妄想色身即已如虹如幻（實際上乃是意識心全神貫注於雙身修法中身根領受極喜身觸之樂時，只餘少分之粗略分別能力於樂觸以外之法，其餘境界自然比較杳茫，故自以爲如幻，其實完全不同於轉依自心如來而現觀之大乘般若中觀如幻觀），以此「如幻」之身現前領受身觸之樂，即以爲受樂之意識已經離於男女身觸之質礙相，已經滅除與色身之能依、所依繫屬，就是契入勝義之智（此等觀察，未曾觸及不於繩上計蛇之法；要能夠不於繩上計蛇，得要如實觀察五蘊法一一蘊內涵之虛妄不實、無常、不自在、苦、空、無我，方得斷除分別五蘊爲我之見解，才是眞實不於繩上計蛇。而不於繩上計蛇，不於五蘊計我，僅屬於斷除我見與我執之解脫智，亦不觸及勝義之智）。宗喀巴所謂勝義之智，就是指妄想著滅除身觸妙樂與色身之能所依繫屬時，即是證得佛之智身——《心經》所說「色即是空，空即是色」之空色；達到其所謂四喜之「不變妙樂」時，由於專心緣於樂觸而不分別外境，亦說爲證得無分別定；若同時妄想樂受與色身無能依所依之關係，即說爲證得無自性；認爲能證知此無自性之智，是細意識無生滅心之所現，故無能知與所知之繫屬；住於當下細意識之覺知中，即是平等一味，就說已證無分別智。

宗喀巴很明顯的主張，不以觀想明妃而修，要以實體明妃而引生身觸妙樂，並且應當時時憶持守護此樂；又睜眼說瞎話的說，所生之樂不屬於身觸可意樂觸所生之樂受；雙身法從初喜到四喜的可意樂觸都是依色身二根而引生，竟說不屬於身觸引生的可意樂觸，如斯瞎語詭辯不僅是欲蓋彌彰，也嚴重地否定世尊在阿含諸經所說十二因緣法中「六入緣觸、觸緣受」之教法；本質上正是藉由援引與曲解佛經中的各種佛法名相，企圖把一切應成派中觀之徒眾帶向沒有思惟能力及隱沒基本佛法知見之貪淫深坑中。宗喀巴又自稱這樣的修法與顯教諸經中世尊所說不同，是高於世尊所傳的佛法；換句話說，宗喀巴認爲這樣藉由雙身修法追求樂空雙運以達四喜之極點，並非應身佛釋迦世尊乃至十方諸佛所傳授之佛法修證行門，而是更高層次的報身佛專為根器更利、福德更上的欲界眾生，亦即假藏傳佛教無上瑜伽修行者所教導的法義！

但宗喀巴卻忘了一個法界事實：報身佛所住是色界天之頂，色界天人下至梵眾天，全都已斷淫欲而生色天中，都無男女根，純一中性身；不僅對最粗重之男女二根相接成淫，或者較輕之擁抱、執手相觸成淫，乃至兩眼相視成淫之最輕欲貪莫不已斷，如何更有二根相入成淫之欲界法存在？而報身佛處於色界頂，何能有男女二性互相貪愛，何能有二根相入而受淫樂？又，能夠親聞色究竟天中報身佛說法者，唯有貪欲已盡之地上菩薩，只有位居色界天頂五淨居天中最高層次之色究竟天聖人得以聽聞，其餘色界天人都不能到，何況聽聞，怎會有報身佛教導大眾下墮於欲界淫觸之中？五淨居天以下之色界諸天一切有情，生來即是中性身，皆無男女身相差別，亦皆遠離濁劣的欲界一切淫觸貪愛，方能生在色界天，但仍不得聽聞報身佛說法；假藏傳佛教喇嘛卻聲稱是由報身佛專為彼等凡夫演說「樂空雙運無上瑜伽」，這完全與色界天清淨無欲的現量境界悖離相違之欲界淫穢外道教法、修法，更不可能是由居色究竟天為諸地上菩薩說法之報身佛所說。假藏傳佛教法義如是荒唐可笑，自己不曾絲毫覺知，竟更自我高推，妄稱憑此欲界最濁最劣男女兩根相入之欲界淫觸有漏有為法，竟可以令人證得解脫三界有愛，乃至可以令人即身、即生成就報身佛。如斯邪法，其實只是假藏傳佛教應成派中觀等人展轉承襲自天竺密宗所修的印度教性力派學說，即是現代新名詞所說的「譚崔」邪教教義；加上西藏歷代師承自意妄想所增添創造之喇嘛教教法，卻假名為「**藏傳佛教**」；探究其所修所證則屬顛倒至極，與出離三界生死全然無關，亦與佛教正法三乘菩提之修證毫無關聯，與成佛之道毫無瓜葛，卻處處穿鑿套用大乘佛法修道之名相，欺瞞蠱惑沒有擇法眼之佛教四眾學人同入三塗。世尊遺法被滲入此千年之毒，清涼解脫甘露竟然在假藏傳佛教手中大變而成貪淫火坑地獄！一切修學佛陀正法者，豈可不知簡擇邪正慎選善知識，以保法身慧命不受邪說毒害乎！

親證自心如來之行者，其生滅性之意識覺知心，於領受色聲香味觸之同時，即能現前觀察無生滅心—**自心如來**—本來即對六塵無覺無知，且時時顯現其無分別相之眞如體性，並非如同六識論之應成派中觀師宗喀巴等所說：

「以妄想滅除覺知六塵與色身之能依所依關係以後，當時專注於領受身觸快樂之細意識生起觀察所得『無性之智』，這個『無性之智』與此細意識心合一而無能知與所知，就是證得無生滅心細意識我（彼等以此生滅心細意識我，取代世尊所說之如來藏我）。」

按照應成派中觀師自己建立的理論來看，此細意識需藉五根身、明妃、繫精不漏之拙火、氣功，以及每日八時（十六小時）勤練雙身法而獲得初喜乃至第四喜等諸緣，才能顯現於假藏傳佛教密宗行者面前。這樣須藉緣而修成的細意識若可以成爲實相，那麼能使細意識成就的五根身、明妃、拙火、氣功、身觸之樂受、不漏洩之精液，也都應該是實相，甚至比第四喜的至高樂觸更有資格說是實相法，彼是第四喜及大樂光明之所依故。又此細意識乃世尊所說「諸所有意識」所攝，不外於意識，正是藉意法爲緣所生；若此細意識就是實相，則意根與法塵更應該是實相。然此諸多「實相」皆不是本來自在之法，都是因緣和合所生之法，均係可壞、可滅之法，眾有智者皆知；假藏傳佛教所說此一實相，卻是實相之外更有實相，完全不符世尊與十方諸佛之教理與教證，應將其區隔於佛教之外，回歸其喇嘛教之名稱，不可於佛教中以魚目而混寶珠。

因此，應成派中觀所有傳承者所說之止觀（奢摩他、毘缽舍那），都在追求男女根擴及全身的最粗大樂觸，不符佛法中所說的止觀，也不符共通外道的四禪八定的止觀，僅屬於竊取佛法名相而依附攀緣；實質上是以其極下劣之欲界男女性交身觸邪淫中法，藉止觀、三摩地之名目包裝，當作是佛法中證悟無分別智之標的與手段，誤導學人以為同於經中世尊所說菩薩悟後轉依自心如來所修、伏除煩惱習氣之大乘止觀方便善品。彼等為了達到混淆之目的，以斷章取義、移花接木的方式，抄襲《瑜伽師地論》及《解深密經》中「無分別影像」、「盡所有性」、「如所有性」之佛法名相，主張應以意識心修習其所誤解之解脫道止觀及佛菩提道（之）大乘止觀；復將正法中禪定之等至與等持行相，曲解為雙身法樂空雙運、大樂光明之專心受樂不起妄想之境界；再將其中不緣外塵而短暫不對外塵分別的境界，說為菩提心阿賴耶識（異熟識）不於六塵見聞覺知之無分別相；將其喇嘛與明妃男女雙身實修中攝精不漏洩之「一切粗界（精液）永盡」，包裝成證得佛法中的「盡所有性」；妄想著身觸妙樂與色身無能依與所依之繫屬並曲解為勝義無自性性，將之包裝成證解佛法中的「如所有性」；而將專注於四喜身觸淫欲妙樂之細意識緣於樂觸及受樂觸之色身時，不作意、不分別此爲我、此爲我身受樂觸，包裝成證得佛法中的「無分別智」。這些行爲都是以假代眞、移花接木的手段，以種種外道法在眾人不知不覺之間取代了佛教正法，從佛教內部、從根本教義上來消滅佛教正法，使天竺、西藏的佛教只剩下佛教表相與佛法名目，實質上已經變成外道了。所有修學佛陀正法者，皆應於此詳加審細檢驗，以避免被其裹著大乘佛法名相糖衣之邪見所欺瞞；若不知此一事實，反而大力護持之，則成爲以護法之名行破法之行，而成就了毀法、謗佛的大惡業，甚可憫。茲舉示例證說明之：

【如世尊言，修瑜伽師有四所緣，謂周偏所緣，淨行所緣，善巧所緣，淨惑所緣。周偏所緣復有四種，謂有分別影像，無分別影像，事邊際性，所作成辦。就能緣心立二影像，初是毘缽舍那所緣，二是奢摩他所緣。言影像者，謂非實所緣自相，唯是內心所現彼相。由緣彼相正思擇時，有思擇分別故，名有分別影像。若心緣彼不思擇住，無思擇分別故，名無分別影像。又此影像爲何所緣之影像耶，謂是五種淨行所緣，五種善巧所緣，二種淨惑所緣之影像。就所緣境立事邊際，此有二種，如云唯爾更無餘事，是盡所有事邊際性，如云實爾非住餘性，是如所有事邊際性。其盡所有性者，謂如於五蘊攝諸有爲，於十八界及十二處攝一切法，四諦盡攝所應知事，過此無餘。如所有性者，謂彼所緣實性眞如理所成義。就果安立所作成辦，謂於如是所緣影像，由奢摩他毘缽舍那，作意所緣，若修若習若多修習，遠離粗重而得轉依。」[19]

此段文字摘錄自宗喀巴所著《廣論》中，這樣的敘述看似宗喀巴以自身之證解而造者，實際上卻是抄自《瑜伽師地論》，於原文整段中挑選字句組合而成者，然而未見說明引用於何處，即有意圖竊據爲己說之嫌。宗喀巴雖曾於《廣論》之開頭聲稱，其菩提道次第門是來自「至尊慈氏」（也就是彌勒菩薩）所造《現觀莊嚴論》之教授，以及阿底峽之《菩提道炬》（或稱爲《菩提道燈》），然而僅見宗喀巴引用一兩句《現觀莊嚴論》中與法義無關者[20]，整本《廣論》中卻處處可見「瑜伽師地論說、如聲聞地、菩薩地、攝決擇分」這樣的說法；而《瑜伽師地論》本地分之聲聞地與菩薩地及〈攝決擇分〉已經含攝了整部論之九成分量，因此宗喀巴之《廣論》應該說是多數抄錄自《瑜伽師地論》加以組合並曲解之，企圖以附和其主張意識心為佛法宗旨之邪說，達到讓人信以為真之目的。[21]

六識論之應成派中觀師月稱、蓮花戒、阿底峽、宗喀巴等人，指鹿為馬而說意識即是無分別智之智體，而以攀緣佛菩薩解說意識於止觀中之心相為手段，使人信以為是諸佛與菩薩之聖意，使其男女雙身修邪淫之意識境界法合理化，乃是極端不誠實的不善行為。為正解「無分別影像」之眞實義，顯示與宗喀巴所說截然不同，先舉示彌勒菩薩於《瑜伽師地論》所說，以昭公信：

【云何所緣？謂有四種所緣境事。何等為四？一者、遍滿所緣境事，二者、淨行所緣境事，三者、善巧所緣境事，四者、淨惑所緣境事。

云何遍滿所緣境事？謂復四種：一、有分別影像，二、無分別影像，三、事邊際性，四、所作成辦。云何有分別影像？謂如有一，或聽聞正法，或教授教誡為所依止，或見，或聞，或分別故，於所知事同分影像，由三摩呬多地毘鉢舍那行，觀察簡擇、極簡擇、遍尋思、遍伺察。所知事者，謂或不淨，或慈愍，或緣性緣起，或界差別，或阿那波那念，或蘊善巧，或界善巧，或處善巧，或緣起善巧，或處非處善巧，或下地麁性上地靜性，或苦諦、集諦、滅諦、道諦，是名所知事。此所知事，或依教授教誡，或聽聞正法爲所依止，令三摩呬多地作意現前，即於彼法而起勝解，即於彼所知事而起勝解。彼於爾時於所知事，如現領受勝解而轉，雖彼所知事非現領受和合現前，亦非所餘彼種類物，然由三摩呬多地勝解領受相似作意領受，彼所知事相似顯現，由此道理名所知事同分影像。修觀行者，推求此故，於彼本性所知事中，觀察審定功德過失，是名有分別影像。云何無分別影像？謂修觀行者，受取如是影像相已，不復觀察簡擇、極簡擇、遍尋思、遍伺察，然即於此所緣影像，以奢摩他行寂靜其心。即是九種行相令心安住，謂令心內住、等住、安住、近住、調伏、寂靜、最極寂靜、一趣、等持，彼於爾時成無分別影像所緣。即於如是所緣影像，一向一趣安住其念，不復觀察簡擇、極簡擇、遍尋思、遍伺察，是名無分別影像。即此影像亦名影像，亦名三摩地相，亦名三摩地所行境界，亦名三摩地口，亦名三摩地門，亦名作意處，亦名內分別體，亦名光影，如是等類當知名爲所知事同分影像諸名差別。】[22]

彌勒菩薩此段所開示者，乃是指示：修出離者有四種所緣境事，於其中之遍滿所緣境事中提到有分別影像境事與無分別影像境事之內容。有分別影像境事，是指修出離之觀行者，依止善知識聽聞正法，或接受善知識之教授，對於所聽聞或所教授之所知事，於心專注一境中，觀察、思惟、簡擇而得以生起勝解，該所緣、所觀、所分別之所知事，即稱爲有分別影像。以下筆者運用聽聞平實導師教導解說四加行，於所取之六塵唯有名與義及自性之假施設故所取空之心得，舉例說明所知事之有分別影像相貌。於聽聞以後即如是專注思惟：蚊蟲咬到之癢乃身所觸之觸塵所攝，爲身觸中逼迫、不適悅之觸的觸塵相，意識攝取領受此等苦受之觸塵相，假立此等觸塵相爲「癢」，「癢」即是**名**；爲令世間起想、起見、生起言說，故以此**名**表示所觸蚊蟲咬到逼迫不適悅之身觸。倘若於此身觸逼迫、不適悅之觸，不假建立「癢」之**名**，即不能於此身觸逼迫、不適悅之觸起想、起見、起言說；不於「癢」之事生起言說，則無有執著；於「癢」之事無有執著，則能安住於此苦受而不對蚊蟲生起瞋心。

又延續思惟著：此身觸逼迫、不適悅觸之法，本來就離於言說、不可言說，並非因於假立「癢」之**名**而有，雖以中文立爲「癢」，卻仍然有英文、日文、德文等不同假立之**名**，故唯有離於言說之事，實無假立之**名**，如是了知**名**之眞義，是謂**名義**。再進而思惟：身所觸之癢觸，乃是由如來藏藉身根觸此癢觸之緣而使得色身產生變異，並顯現此變異之內相分由身識及意識領受；故色身產生變異相似顯現身觸之癢觸，而癢觸並非色身產生變異之**自性**，色身之變異及癢觸亦皆非如來藏本體之**自性**，故「癢」觸之**自性**乃是假立，非眞實有。經過持續專注之思惟，即於癢觸之**義**（癢事）可言說之**性**、假立之**名**、假立之**自性**不眞實，勝解其非有性，即知**名義自性**。法離於言說之性本來自在，勝解此法非無性；勝解身識與意識領受到身所觸之癢觸，故非無見；如來藏藉身根觸蚊蟲之咬觸，如實顯現身根變異之癢觸相分，而如來藏卻不領受此癢觸，癢觸僅是相似顯現並非如來藏自體，如來藏不見此癢觸，故非有見。

如是於專注中持續作意思惟**名**、**義**（事）、**自性**之實質，於其中廣作思惟與現觀，即知種種世間、出世間法中亦得如是作種種**名**，使有情都能藉**名**而了知種種**義**，藉義而了知種種**自性**，於是即有種種名義自性**差別**之假施設，如是現觀即是實證四加行，具足了知**名義自性差別**。繼續如理作意思惟觀察之，即知有情於種種**名**、**義**、**自性**、**差別**中運轉時，能藉**名義自性**之**差別**而於聽聞「癢」一名時，對身觸中之癢觸一名生起勝解而了知其義，進而了知該蚊蟲所咬之癢觸雖然並非於思惟時現前而轉，然而自己以前曾經體驗過之癢觸境界就是所知事；經過專注一境，以所聽聞熏習善知識善巧解說所得之知見作意思惟，於曾領受過的蚊蟲咬之癢觸就好像現前領受一般，這就是彌勒菩薩所說之**所知事同分影像**。修學觀行者，於此同分影像推求曾於蚊蟲螫咬之癢觸生起瞋心之過失，觀察審思後發現乃是因於執著苦受之痛癢，經過聽聞善知識方便善巧解說四加行中四尋思之方法，與善知識種智證量之攝受，得以於思惟該**所知事同分影像**中得到勝解；不僅於其中伏除一分苦受所生之瞋，並得以勝解所親證之自心如來不離中道而於眾緣中相似顯現六塵諸法之勝妙功德，以及自心如來不離非有非無、非有見非無見等中道性而生現諸法，卻又不與貪瞋癡等煩惱相應之道理。這樣的觀行過程，所緣之**所知事同分影像**或者法之功德、過失，皆稱爲**有分別影像**，因爲過程中不離境界分別、領受分別、言說之虛妄分別及實義分別故。

而所謂之**無分別影像**境事，是指勝解以上所說之**所知事同分影像**境事以後，不再作任何之觀察或者簡擇，因爲對於如來實法已經由意識心生起勝解：自心如來乃是自所親證，不是想像所得之不確定者，如是現觀親證方得謂爲於此一法具足慧心所。曾領受之癢觸境界亦非想像而有，所親近之善知識所說之法要與諸佛菩薩之經論皆不相違背，故於現前所勝解之勝妙功德及所伏除之過失沒有絲毫猶豫及掉悔，故能心得決定，具足獲得定心所。即以此勝解而永遠具足此法之念心所，生起善法欲而能令心安住，具足欲心所。再以修止之方法持續加行，心心無間安住此念，使得意識心能夠調伏、安住於現前不再觀察思惟所知事同分影像之念，令心趣向寂靜、最寂靜之境界。彌勒菩薩說此等意識心安住於智慧作意一念，而不再觀察、思惟、簡擇之相貌，稱爲**三摩地所行境界**；而相對於先前之持續觀察、思惟、簡擇之有分別影像，此時意識所安住之念即稱爲**無分別影像**，而此無分別影像亦稱爲**影像**，**即是內法塵相分**，以其是意識所作意、所緣、分別之處，也是離於外五塵分別之內分別體，但仍具有意識作意安住不動之時間過程行相，故名影像。也就是說，雖稱爲**無分別**影像，然而還是分別心—**意識心**—之心行所攝，是意識心所作意之處，即是意識心所分別而決定安住之處，仍有證自證分等存在而非全無分別；但相對於六塵中之種種分別而施設爲無分別，於究竟法中其實仍是有分別。彌勒菩薩說該**無分別影像**是三**摩地所行境界**，即是說該無分別影像就是意識所緣之**定境法塵**。住於定境法塵中之意識由於顯現出寂靜之心相，乃是相較於領受五塵境之粗略喧鬧；若有人以細意識稱之，所指仍然是具分別體性之意識心，只是住於已分別完成之念心所所成就之作意中，並不是外於意識心而另有心體可以稱名爲細意識。

如今應成派中觀師宗喀巴竊取「心緣彼不思擇性，無思擇分別故，名無分別影像」之佛法名相，套用於其男女雙身修法中，以領受四喜樂觸之意識心多分住於身觸樂受時，僅能以少分意識攝取杳茫外境，即聲稱當時之意識已達到緣外境有不思擇性；於杳茫之外境無思擇分別（能力），當時之樂受乃因於精液不漏洩而誤以爲與身根之觸已脫離能依所依，妄說證得色等法無自性。將這樣荒謬的男女淫樂法之極致境界，說爲佛法中之無分別影像，這與彌勒菩薩所說之有分別影像、無分別影像境事之實質法義及修證內涵，全然南轅北轍、了不相干，佛門中之學人應於此仔細辨別、思惟、簡擇。

應成派中觀宗喀巴等人，又竊取佛教經論中「盡所有性」及「如所有性」之名相，企圖讓他人相信其所修所證爲佛教中的眞實大乘止觀及甚深空法。

宗喀巴於《廣論》中大談止觀、奢摩他與毘鉢舍那，如是而說：

道所修證最究竟者，如敬母阿闍黎云：「慧中如徧智，」謂能無雜簡擇一切如所有性，盡所有性，即是慧故。（卷二，五十六頁）

故說引發三乘一切功德，皆須二事，一除善所緣心不餘散，專一而住眞奢摩他或其隨順。二善觀察善所緣境，如所有性盡所有性，毘缽舍那或其隨順。（卷六，一五六頁）

般若波羅蜜多教授論云：「盡所有性如所有性無分別影像者，是止所緣。盡所有性如所有性有分別影像者，是觀所緣。」此說於如所有性盡所有性不分別住名奢摩他，思擇二境名毘鉢舍那。解深密經云：「世尊！幾是奢摩他所緣？告曰一種，謂無分別影像。幾是毘鉢舍那所緣？告曰一種，謂有分別影像。幾是俱所緣？告曰有二，謂事邊際所作成辦。」集論於事邊際，開說如所有性及盡所有性之二。寂靜論師如前所說止觀皆能俱緣如所有性盡所有性。是故止觀非就所緣境相而分，既有通達空性之止，亦有不達空性之觀。（卷十四，三三九—三四〇頁）

應成派中觀以識陰六識爲中心的實修法門中，男女和合之雙身修法及到達第四喜之淫觸極樂，是其最究竟成就「（抱身）佛」之道，故將雙身修法中之受樂境界標上「止、觀」或者「奢摩他、毘鉢舍那」之名相；又佛法中之修證，講求的是解脫智慧或佛菩提智慧，故假藏傳佛教密宗解說雙身法的止觀時，必定會夤緣引用到主張修學止觀能證無上正等正覺的顯教《解深密經》，以便爲己添信作證，此經便成爲應成派中觀竭盡所能、極力攀附之經典；這是自稱爲遠勝於顯教的密教，極力攀緣已被自己貶爲低劣顯教經典的眞實例證。然而，《解深密經》〈分別瑜伽品〉中所說者，乃是指已經親證本識如來藏阿賴耶識（異熟識）之菩薩，如何緣於第八識本識之眞如法相而修止、觀，勝解此本識之種子（功能差別）以破除所知障及伏除我執煩惱，並已斷離男女淫貪的欲界愛，於時時間思惟、觀察、審定而勤修漸修八識心王唯識種智，然後證得初地；並於後後地中以如來藏爲中心而修此大乘止觀，精勤修道，永害一切雜染煩惱之現行與習氣種子隨眠，同時亦分分斷除所知障上煩惱隨眠，最後證得無上正等正覺。修此大乘止觀之菩薩，必須要現觀了知本識如來藏及其種子，亦須了知本識如來藏所生法之世俗及勝義等二諦之眞實義。《解深密經》中的盡所有性與如所有性，乃是了知法眞實義其中之兩種法相，全都以第八識如來藏及其種子爲根本，與密宗假藏傳佛教雙身法中的精液不漏、住於淫樂中如如不動的欲界貪愛法完全無關。

盡所有性者，世尊於《解深密經》卷三中這麼說：**【善男子！盡所有性者，謂諸雜染清淨法中，所有一切品別邊際，是名此中盡所有性；如五數蘊、六數內處、六數外處。】**彌勒菩薩在《瑜伽師地論》卷二十六中這麼解釋：**【云何名爲盡所有性？謂色蘊外更無餘色，受想行識蘊外更無有餘受想行識，一切有爲事皆五法所攝，一切諸法界處所攝，一切所知事四聖諦攝，如是名爲盡所有性。】**佛與等覺菩薩所說之「**盡所有性**」，指的是：一切四大所聚集之法皆是變壞相之色蘊所含攝，例如眼、耳、鼻、舌、身、色、聲、香、味、觸及法處所攝色；所有受皆是領納相，不離苦受、樂受、不苦不樂受，不離苦、樂、憂、喜、捨受；三界一切小想、大想、無量想、有相想、無相想，皆不離能取一切境界之想——不離一切取相了別之了知相；一切身口意行，都不離眼觸所生思乃至意觸所生思之造作相；一切分別六塵之心，雖有領受之差別、採境之差別、分位之差別，但皆是從境界、作意、分別而生；除受想行識以外，別無受想行識。菩薩於修止觀之前，對於五蘊法、十八界法、十二處法之廣狹粗細內容，以及有漏有爲之蘊處界法爲一大苦蘊之理、苦蘊聚集之因、如何修道解脫苦蘊之聚集及繫縛、苦滅及煩惱滅之眞實寂靜境界等，皆能如實了知無誤；然後觀察三界一切有爲之事都屬五蘊法所攝，三界一切諸法全都由十二處、十八界所攝，三界一切所知之事也都歸於四聖諦攝，如是盡知已，才算是眞正了知一切雜染與清淨法之**盡所有性**。

但六識論的應成派中觀師月稱、寂天、蓮花戒、阿底峽、宗喀巴等，不能了知色等一切色蘊所含攝之法，皆由於其因緣所生性、不能常住性而說色蘊空；此空僅屬於無常空，乃世俗法緣起性空之眞實道理所攝，不涉及大乘常住法、非因緣所生之勝義空，不涉及四阿含所說能生名色之本住法——本識如來藏之勝義空。彼等妄想於男女和合行淫而繫住精液不漏洩之有爲法中，自稱所受用之兩根相觸細滑淫樂爲最圓滿不變壞之樂；妄認爲精液不漏洩即是能使一切粗界永盡、種子永斷；是不懂欲界粗重法，亦不懂色界細色法，更不懂無色界受想行識，名爲不懂五蘊生滅法之欲界凡夫；亦是不懂唯識增上慧學所說種子義，錯將增上慧學所說種子（如來藏之功能差別）誤認作能使女人生子之種子（精液），硬將牛頭逗上馬嘴，與《解深密經》所說「如所有性、盡所有性」全無交集；亦是完全不懂《瑜伽師地論》所說「一切有爲事皆五法所攝，一切諸法界處所攝」之凡夫，自墮於五蘊生滅法中，亦墮於十二處、十八界生滅法中，都不知樂空雙運淫樂境界正是苦聖諦所說之苦，亦是不知「一切所知事四聖諦攝」之愚人；由此證明宗喀巴等六識論者，完全不懂「盡所有性」。

彼等妄計於色蘊等法中增益色之自性；妄想證得身觸極樂時不注意於色陰，即說爲受樂之身已空，說此爲空、爲清淨；而不知男女二根之樂完全是身觸所攝，墮於色陰之中，不懂色陰的盡所有性。又於受蘊中增益受陰之自性，將壞苦、行苦所攝之淫樂覺受計著爲永恆不壞之樂，再度墮於受陰中；不知男女二根之樂全然不離受陰，墮於受陰之中，不懂受陰的盡所有性。又於想陰之中益增其領受淫樂之知，欲長時間清醒領受淫樂而不昏沈，計爲佛地之正遍知；不知對男女二根淫樂之知全然不離想陰，墮於想陰之中，不懂想陰的盡所有性。又於身行及識陰六識之識行中，不斷以識行而觀察淫樂是否常保於最大最強之狀態，於是不斷地增益身行而保持最大淫樂之觸覺；如是時時增益身行與識行才能長時間領受淫樂，不知對男女二根淫樂之保持，必須身行與識行持續不斷，全然不知自己已經墮於行陰之中，不懂行陰的盡所有性。又於識陰六識中增益六識之勢力，保持六識覺知心離念而長時間專心享受淫樂，欲使識陰六識常住不壞，期能永劫領受淫樂而常住不變，妄計為佛法中報身佛之快樂果報；不知能領受男女二根樂覺之離念靈知心正是識陰，正墮於識陰之中，不知應滅除識陰而離三界生死苦，是不懂識陰的盡所有性。如是完全不懂五陰的盡所有性，亦是不懂苦聖諦之凡夫，竟援引等覺菩薩之果位修證名目，自欺欺人而號稱可以即身成佛，謊稱可以證得報身佛果；是完全不懂盡所有性的凡夫，也是完全不懂佛法的附佛法外道。

由彼等不能值遇眞善知識之教授，或雖值遇而不信受，故對經論中所說色蘊外更無餘色、受蘊外更無餘受，乃至識蘊外更無其餘識蘊之正知見，全然誤計，處處墮於增益五蘊虛妄自性之我見中，又如何能夠跳脫我見之繫縛而如實了知蘊處界之眞實內涵？一切應成派中觀師皆墮於六識論邪見中，悉皆執著識陰全部或識陰中之意識為常住法，其實皆是未曾斷我見之凡夫，連聲聞初果修證的正知見都不具足，何況能證聲聞初果？又否定第八識如來藏，何況能證第八識如來藏而進入大乘見道位中？竟然奢言其修證更高於顯教之佛！如同低賤貧乞小兒自稱爲王，自取僭滅，未來無量世果報堪憂。

若究其實，彼等所思所想仍然攝屬於繩上計蛇之法，尚未能知繩之所以爲繩，何況能知繩上所計之蛇爲妄！又如何能夠眞實了知菩薩所證見惑思惑之現行、修斷及隨眠永斷之盡所有性？更如何理解菩薩所修所知障隨眠永斷之盡所有性？古天竺密宗祖師及假藏傳佛教祖師，於男女雙身實修中，以「**由繫身中菩提**（精液）**令無漏洩，不變妙樂最圓滿時**（達到性高潮中的第四喜全身遍樂時），**一切粗界悉皆永盡**（精液說爲粗界，淫液說爲細界）」的師徒合修下流境界，作爲證得顯教最後身菩薩的盡所有性，實際上乃是不離行苦及壞苦，並非宗喀巴所說的「**不變妙樂**」，墮於一大苦蘊之聚集法中，而且是墮於欲界最低層次、最粗重執著的下流境界中；竟然抄襲彌勒菩薩論著中所說等覺菩薩果地修證之佛法名相，大談止觀與盡所有性等法，無疑是以誑語欺騙善良之學佛人墮入鄙陋之世俗淫欲深坑中，還讓人誤以爲是在正修成佛之法，目的只是在誤導佛教徒枉費一切身心與資財而不斷支援邪淫之假藏傳佛教喇嘛，可以永續地遂行彼等淫人妻女、廣淫天下美女之目的罷了，全都與佛法的修證無關。

如所有性者，世尊於《解深密經》卷三中這麼說：【如是，一切如所有性者，謂即一切染淨法中所有眞如，是名此中如所有性。此復七種：一者流轉眞如，謂一切行無先後性；二者相眞如，謂一切法補特伽羅無我性及法無我性；三者了別眞如，謂一切行唯是識性；四者安立眞如，謂我所說諸苦聖諦；五者邪行眞如，謂我所說諸集聖諦；六者清淨眞如，謂我所說諸滅聖諦；七者正行眞如，謂我所說諸道聖諦。】

菩薩除了如實知諸雜染清淨法中**盡所有性**以外，以其親證自心如來所引發之佛菩提智慧，現前觀察自心如來所親生之異熟五蘊身，及流轉於三世而有五蘊身生起之先後性。例如：名色緣六入、六入緣觸、觸緣受等先後性，而自心如來之眞如法性於名色等諸法先後生起之中，從亙古以來即是一類相續、從不變異、無先後性。菩薩又以自心如來非有性、非無性之中道性，現前觀察有情人我實非常住不壞之人我，現觀一一蘊假合而成，虛妄不實，成就人無我之現觀；又觀察五蘊諸法並非眞實有我，現觀五蘊諸法虛妄不實，成就法無我之現觀；然後於其中現觀一切染淨法中所有第八識的眞實與如如法相，親證眞如實相，名爲親證一切染淨法中所有眞如；於一切染淨法中所顯現之第八識如來藏的眞如法性，即是如所有性。菩薩如實了知五蘊諸法皆由自心如來直接、間接或展轉所生，自心如來是本識如來藏而恆時顯現其眞如法性故；然七轉識皆是本識之見分所攝，一切之分別唯是本識所現之見分與本識藉五根觸五塵所現之內相分、外相分，以外即無任何一法可得；而此諸法雖有染淨，其中所顯之第八識如來藏卻是恆時皆如，是名如所有性。

菩薩又現前觀察一切苦之實體，乃是由有情之自心如來支援一切果報體功德法，故成就一大苦蘊，方有五蘊流轉之三界生死苦，是苦之眞實道理；由於第八識自心如來於阿賴耶識位，能執藏一切雜染業種，所執藏種子亦永不毀壞而與三界苦相應，是一切苦積集之眞實道理。菩薩又現前觀察自心如來一向無我、無我所，一向不與六塵中之一切三毒相應，一向不與雜染煩惱相應，本來具足眞如之清淨涅槃法性，由是轉依，斷除一切煩惱習氣執著、滅了五蘊之後有，還是以自心如來之本來清淨涅槃法性而說無餘涅槃。所有一切解脫道或者佛菩提道所修止觀中，眞實之智慧三昧定心主體仍是自心如來，於三昧中所觀寧靜之法塵相亦是自心如來所現之內相分，恆處三昧中之自心如來方是道之眞實道理；而自心如來恆於一切法中如如而不動其心，卻能隨緣應物而生顯一切法。菩薩對於一切染淨法中之眞如法相如是現觀、如實了知，即是了知及親證**如所有性**。

月稱乃至宗喀巴等應成派中觀之一切傳承者皆是六識論者，不承認實有第七識意根與第八識如來藏，不離識陰六識範疇而以欲界凡夫之心，妄想於男女和合中所受身觸樂受，於長時行淫而攝精不洩之連續高潮中，冀能永盡一切精液漏洩，編造謊言而說當時之身觸妙樂與色身無所關聯，說其樂觸覺受已脫離色身而不再有能依與所依之繫屬關係，故自稱「樂觸」無五蘊之自性，妄稱已盡一切界之「空身」亦無五蘊之自性，妄稱該「樂」、「空」即是如所有性；其實未盡一切界，未離五蘊自性，未知第八識於一切染淨法中顯示出來之如所有性。彼等竊取諸多佛法名相，未曾信受世尊於經中所說之阿含解脫道法，亦不信受方廣唯識諸經所說之佛菩提道法，竊取《般若經》中所說之勝義空名相及菩薩根本論中之佛法名相作爲掩護，其修行核心主要還是依循密教（喇嘛教）男女雙身法實修之一切淫樂極致境界，與佛法全然無關。

再從人間色蘊之事相上來說，且不論佛法修證：彼等縱使已練就攝精不洩、或洩後回收之本事，仍然只是依於色蘊之身根法界及四陰法界而修，其樂空雙運之境界完全墮於色陰與受陰之中，仍被色蘊、受蘊所陰蓋；若年老色壞而沒有了身根界，就沒有所謂攝精不洩之事；若年老色衰而無法生起樂觸，就失去了第四喜極樂，乃至連初喜都不可得，又有何假藏傳佛教所說的盡所有性及如所有性可說？任何一位沒有佛法知見背景的理性者，皆不能否定此事，何況有佛法正知見之人。身根細滑觸之樂受，乃是長養身根界後有種子之法；在努力修練雙身法時，欲界貪愛的種子起現行、現行熏種子已經成就，如何能以虛妄之法而想要盡一切界時就能盡一切界？更何況所盡的界並非佛法中所說的煩惱障及所知障的煩惱功能等界？更欺騙自己及世人而說：**當時之身已盡一切界，故是《般若經》所說之無色受想行識之空**。眞可謂荒唐至極！

身根細滑觸所生之樂受，完全不離五蘊中之色陰、受陰自性，又因爲不能捨離色陰、受陰而一心趣向，很明顯地墮於同時增益識蘊中能取境界自性爲眞實不滅自性之我見與我所執之中；這種男女雙身合修而得之樂空雙運淫樂境界，其實不離能依之識陰六識及所依之色身男女二根，具足能依與所依；然而假藏傳佛教應成派中觀卻又編造「樂、空與色身已無能依與所依之繫屬」，故自稱已領受「無五蘊之自性故無五蘊我（意即得無蛇之念與無蛇之作意）」，自稱已滅一切五蘊我（蛇）之分別，與佛法內涵完全相悖。不於繩上計蛇解，亦是假藏傳佛教應成派中觀竊取佛法名相恣意使用之手段，彼等完全不如實知五蘊我之內涵，處處墮於增益五蘊自性之我見中；妄談不於繩上作蛇解，妄言「無蛇之念、無蛇之作意、滅除一切蛇之分別」，實乃佛法妄想專家，亦是佛法名相盜用專家，此之稱號應由假藏傳佛教諸喇嘛獨得，無人可以分得！

雙身法中身根樂觸之樂受，是經由身識及意識心領納，取樂觸之相而了知，經由作意而不斷領受；領受之時即是分別，這樣的過程皆不離、亦皆必須依於男女身根之相觸與變異性之磨合、摩觸，不離能依與所依；不論是男女二根或後來遍及全身之樂受，皆依於色陰身根之摩觸才有樂觸，樂觸依於身識攝取身根之觸塵而有，故具足能依與所依，未曾脫離身根之繫屬。但應成派中觀諸傳承者盜用佛法名相卻指鹿爲馬、顛倒黑白，憑空想像《般若經》

中所說空中無色受想行識等名相，就假想攝精不洩（不變壞）受四喜之樂時，於忘卻色身之身心杳茫中，錯認爲此即符合《般若經》所說空中無色受想行識，妄說「樂、空」與色身已脫離繫屬關係。然彼等之所思、所見，其實未曾脫離五蘊之自性及五蘊我見之繫縛，解脫道中最基本之斷我見能力尚且無法達到，五蘊空之世俗道理絲毫未能如實了知，更何況能了知含攝空與不空之大乘勝義空？

未曾知、未曾證勝義空之應成派中觀諸傳承者，墮於五蘊自性中，否定第八識的眞如法性，又如何能知解經中所說第八識於一切染淨法中所顯示之安立眞如、邪行眞如、流轉眞如之義理？遑論窺覷了別眞如、清淨眞如及正行眞如之內涵？彼等以欲界五欲所纏之凡夫身，高談阿羅漢所不知之大乘止觀奢摩他與毘缽舍那，妄想自己已有智慧能簡擇一切法之如所有性及盡所有性。就好像身無分文之乞兒一般，拾得粗石而換取卵石之後，妄想自己是財寶豐饒之長者，處處與人談論自身所未曾見之珠寶色澤與光彩，以爲自己眞能辨別一切珠寶之眞假。而宗喀巴更是不掩其愚癡，抄錄經文字句及引用應成派中觀前輩論師所說雙身法之奢摩他與毘缽舍那、無分別影像等似是而非之說法以後，其實完全不知經中所說無分別影像、盡所有性、如所有性之義理內涵，卻下了這樣的結論：「**是故止觀非就所緣境相而分，既有通達空性之止，亦有不達空性之觀。**」這就是自己沒有能力修證止觀，亦未曾知解勝義空者，卻不知自己之所墮，而以經論中所說奢摩他、心一境性之止所緣無分別影像之名相，攀緣附會爲已通達勝義空性，乃是密宗古今祖師錯會佛法之最佳證明，因爲宗喀巴是密宗祖師之集大成者。

若是單於文字敘述上看來，宗喀巴等應成派中觀者，似乎只是以定爲禪之錯悟者；然實質上卻是在誤導眾生走向其男女雙身行淫之世俗修法，完全墮於欲界世俗淫欲之法中而戕害眾生廣被欲界法所繫縛；與佛法中色界根本禪定之止觀修證及禪宗之證悟空性如來藏止觀，全無絲毫瓜葛，更與《解深密經》及《瑜伽師地論》中所說地上菩薩現觀之盡所有性、如所有性全然無關。故應成派中觀以其沒有能力棄捨欲界五陰及欲界五塵貪著之意識心，主張「**到達奢摩他所緣無分別影像，並於其中觀察無五蘊我之自性，就是通達空性、證得無分別智**」，完全屬於妄想與戲論。

第三節　應成派中觀以意識微細我為本住法，妄謗如來藏、阿賴耶識皆是方便說

經過前面的舉證說明，已證明應成派中觀完全墮於自己所破的計繩為蛇及妄取蛇自性中，意即墮於增益五蘊自性、執取五蘊爲我之我見中，而自稱是已離我見——自稱是不於繩上計蛇者。此一事實，不因爲彼等於所造作之書籍中大量引用大乘經典及彌勒菩薩論著中之佛法修證名相而可遮蓋。彼等於抄襲顯教經論後所作的解說，已披露其應成派中觀曲解佛法之錯誤見解，逃不出親證如來藏阿賴耶識（異熟識）者所發起佛菩提智之檢點，亦經不起經論中世尊與菩薩如實演說法義之檢驗。應成派中觀自天竺佛護以來，皆以傳承於聲聞部派佛教中之小乘凡夫六識論思想爲主軸，用錯解的小乘法來理解般若中道觀，誤會龍樹菩薩、提婆菩薩所申論之勝義空是蘊處界之緣起性空；故攀附於《中論》一切法空及龍樹菩薩、提婆菩薩之名義，同時竊取《般若經》中眞如無我、無自性、無分別智等名相，將其所主張以生滅法意識微細我爲宗旨之我見思想，代替世尊所說常住、不生不滅之如來藏法無我正

理；並以《解深密經》中的種種唯識實證名相，套用於意識身識境界的雙身法淫樂覺受思想中，起而否定第八識如來藏阿賴耶識，聲稱如來藏阿賴耶識僅是世尊之方便說，非是不生不滅、常住實有之法。彼等以意識微細我常住爲宗旨，否定如來藏阿賴耶識正法，其主要之背景理論有以下幾點：

一、業滅之滅自能引生後果，故不許另有阿賴耶識爲業果連繫之所依。

二、細意識我即是持業種、結生相續之識，故不許有阿賴耶識實存及可證。

三、細意識我即是一切種子識，故不許有阿賴耶識實存及可證。

四、緣於細意識我所生之假我，即爲修所斷習氣隨眠之所依，故不許另有阿賴耶識爲習氣隨眠之所依。

五、一切法自性空即是空性，以空性之名假名說阿賴耶識，故不許實有阿賴耶識。

六、阿賴耶識僅是爲破除執外境實有者方便而說，實質上仍是細意識。

七、阿賴耶識即是如來藏，故如來藏亦是方便說。

以下針對應成派中觀之背景理論確實探討：如來藏阿賴耶識是否如同彼等所說，爲世尊方便說而非眞實有之法？由經中之教證與菩薩理證之申論，將可還原法義之眞實相貌。首先舉證應成派中觀主張「不需要有阿賴耶識，業果自有繫屬關係而不錯亂」之論述證據：

問：如何許諸法無自性宗，雖不許阿賴耶識等，業果關係亦極應理，（《入中論》）頌曰：「由業非以自性滅，故無賴耶亦能生；有業雖滅經久時，當知猶能生自果。」

雖業果中間隔極長時，然從善不善業生苦樂果，是內教上下諸部之所共許。若謂彼業，乃至未生果以前而安住者，應成常法，常法無作用，則從業生果之關係不應道理。若謂造彼業後，第二剎那即謝滅者，從彼時起，乃至生果以前，應無彼業。其業謝滅復是無事，如何從業能生後果？爲答此難，於已造業第二剎那謝滅之前，業將滅時，爲欲保持業功能故，有計阿賴耶識者，有計離二業外有餘不相應行，名不失法如債券者；有計離二業外有餘不相應行，名二業之得者；有計二業習氣所薰識相續者；故說業雖已滅，經極久時仍能生果，亦不相違。以業於阿賴（耶）識薰成習氣，習氣即業之果，由彼同類展轉相續，最後生果，許彼是從最初業果展轉而生。餘三之義應知亦爾。……若如中觀應成派義，業非以自性生故，彼業亦非以自性滅，從非以自性滅業，引生自果，全不相違；故雖不許阿賴耶等，業亦能生果。以是當知有一類有情已造二業，滅經多劫，仍從彼業能生自果，因果不亂，是故此宗業果繫屬極爲應理。[23]

宗喀巴爲了讓他人相信，不需要阿賴耶識的存在，造業後之三世因果關係連繫自能成就，以自創問答之方式，凸顯月稱《入中論》所說是道理極成之理。源於聲聞部派佛教六識論凡夫的應成派中觀，自佛護、月稱創說以來就不承認有第七識意根與第八識阿賴耶識；因爲彼等傳承者皆以意識爲常住法故，亦皆不知不證出生蘊處界法之本識如來藏阿賴耶識故，亦不懂般若諸經所說阿賴耶識非心心故；然而包括阿含部在內諸多釋迦世尊所宣說之三乘經典，雖處處都有提到本識、實際、法、阿賴耶識等多種名稱，實際上皆指稱不同於因緣所生蘊處界法之如來藏心阿賴耶識，彼等爲守護其「聲聞法緣起性空即是大乘勝義空性」及「意識是常住不壞心」之主張，不惜將阿賴耶識曲解爲方便說，或以緣起無自性空之性空說，稱名爲阿賴耶識，或以意識之一分明瞭分假名而說爲阿賴耶識，乃至近代發展爲以中脈明點作爲阿賴耶識，如是以種種不同說法取代彼等所不能知、不能證之第八阿賴耶識之方式，試圖混淆大眾視聽而歧視經中世尊所說阿賴耶識之諸多功德法，令假藏傳佛教四大派古今所有法王、學人都無法實證阿賴耶識自心。

執持業種貫穿世間及出世間法、感生異熟果報，是阿賴耶識最重要之功德法，於實證上也可以證明祂是執持一切無記業、有記業種的一切種子識；而月稱、宗喀巴等人以一切法（蘊處界及其所生諸法）緣起性空、無自性爲口號，掩飾其未斷我見、墮入五陰中之餘，爲挽救其免於落入外道無因論之疑慮，索性閉其眼、遮其耳，不閱不聞四大部阿含諸經，更不讀眞善知識及諸經論所說，以完全不符教證、曲解教證之說，以及完全沒有理證之言論而狡辯：「**業非以自性生故，彼業亦非以自性滅，從非以自性滅業，引生自果，全不相違；故雖不許阿賴耶等，業亦能生果。**」彼等先前已經從大乘經中斷章、斷句取義，並曲解《俱舍論》試圖證明有生之意識是結生相續之本住識，說爲一切染淨法之所緣，作爲不墮於斷滅境界之中心思想；此處復以所說「**從非以自性滅業，引生自果，全不相違**」，申明自宗並非以能執持一切善惡業種、能感生異熟果報之一切種子識阿賴耶識爲根本，而說「**非以自性滅之業引生自果**」；兩相對照，其所聯想主張者乃是：意識之一分明瞭分細意識，得以持業種入胎結生相續，因此業果得以不失其繫屬關係。這種說法表面上看似合理，但在實際上已經與業果運行之正理完全相違背了。因爲應成派中觀所主張之細意識或者意識之一分明瞭分，皆不能外於世尊所說「**諸所有意識**」所說的意識範疇，細意識、極細意識都是意識所含攝故。

世尊在阿含中說：**【諸所有意識，彼一切皆意法因緣生。】**[24] 既然**諸所有意識皆是意法因緣所生**者，乃是五蘊中之識蘊所含攝；一切粗細意識心，皆是在意根、法塵相觸處所生者，無有不藉外緣而能自己出生、自己存在之自性，是生滅法之體性，亦非自體能夠擁有現前或不現前之決定性、自主性，全由意根所掌控而現前或中斷；並且是由第八識如來藏流注意識種子，藉意根與法塵爲因緣而出生，故意識心之生與滅皆無自性；無自性法即不可能來往三世，不能貫通三世而只能存在一世之生滅心意識，即無能力執持一切法種去至後世實現因果及異熟果；此理至明，而假藏傳佛教所有應成派中觀師都未曾知，顯見其無明之厚重。

意識心生與滅之過程所相應之善惡心所與所造之善惡業種子，亦無有自己能獨自存在之體性，亦無現行或不現行之自主性，故說細意識若能受持業種時，其善惡業之生滅亦無自性；而意識心亦無有常住不壞之體性，意識心仍需由意法爲緣而生，故於人間必須藉由一期生死中不壞之有根身觸五塵之緣方得現前。又，意識心不論粗細，都於眠熟、悶絕等五位中不現前，故意識心僅屬於一期生滅五蘊所攝之法；若五色根或中陰身微細五色根毀壞時，意識隨即斷滅而不能去至未來世，因此意識心沒有執持善惡業種貫通三世之堪能性。而應成派中觀認爲意識心能持業種，故以意識心能結生相續而作爲常住法，故時而說意識能成爲染淨法之所緣，主張意識能持業種入胎結生相續；現在宗喀巴又舉他派主張，於所造業將滅時，爲保持業之功能（業種）不失壞，認許主張於阿賴耶識熏成習氣，於後後時因緣會遇時，習氣即能成就業果報之說法，故主張習氣能成爲與業同類而展轉相續，最後能生果報而不相違。此處宗喀巴認爲阿賴耶識只是習氣成就之中繼站，也就是妄計阿賴耶識僅是爲了讓所造業成爲習氣，只要習氣存在就能展轉而生業果；而其心中所想所思，乃是認爲業滅當時即將業熏爲習氣者就是緣起性空之空性，此緣起性空是應成派中觀所認定之常住不壞法，計說阿賴耶識僅是以該性空之理而方便說，故不許實有阿賴耶識，說業種自能由性空之性所持而生果不失壞，認爲如是所說因果自不混亂。

彼等應成派中觀以細意識或意識之一分明暸分爲緣起性空之空性主體，所造之業滅已而熏習形成習氣，必定須由此主體受熏執持，否則業、習氣將散失而成爲無因有果或有因無果之因果錯亂。因此，應成派中觀之理論即是認爲意識之一分細意識，能夠受熏執持已滅之業種及習氣種，又能入胎結生相續而生後世自果；又認爲細意識即是經中世尊密意所說之常住不壞之我，故此不滅之我是一切生已即滅之業的依處，故說「滅」爲非無法，依於此滅自能引生後果。

然而，宗喀巴說不需實有阿賴耶識即能成就業果繫屬、因果不亂，其道理極成嗎？若如是，意識必定要能受熏、能持業種、能引生自果，必定永遠都是無記性之異熟性，亦應是常住不壞之我，方能受熏及持種不壞而如實履踐因果。我等應以經中世尊之聖教量一一予以檢驗，確認上述說法是否屬實，不得含糊籠統，以免唐修佛法：

一、不需實有阿賴耶識，意識能受熏而執持習氣種子？

能受熏而成爲所熏習氣依處之法，必定要有別於能熏法之動搖性、不堅固性、無常性、不自在性，否則此受熏體即不堪任成爲因果不失、不亂之主體。在因與果完全繫屬不失的條件下，必須現在造因時之受熏體、所依體，與將來能與果之持種心同一，此心於造因位與多劫後受果位中間，不容許有刹那之間斷性，方能受持一切業種不失；而此心亦不容許有絲毫之選擇性，必須永爲無覆無記性，否則即成爲造惡業當時即可棄捨惡業種而不熏習儲存，或者因間斷而遺漏成爲有因無果、無因有果之因果錯亂現象；則違背法界因果極成之理，是嚴重之大過失。不幸的是，意識正是造因位與受果位並非同一之心，因爲每一世之意識不論粗細，都只能存在一世而不能住於胎中結生相續；而且意識心不論粗細，亦都是有善惡選擇性而非異熟無記性的心，故意識只有可能是造業的能熏之心，不可能成爲受熏而持種之識。至於世尊於經中所說受熏習之法又是哪一法呢？茲舉經文闡述辨正之：【佛告大慧：「如來之藏是善不善因，能遍興造一切趣生，譬如伎兒變現諸趣，離我我所；不覺彼故，三緣和合方便而生，外道不覺，計著作者。爲無始虛僞惡習所薰，名爲識藏，生無明住地，與七識俱，如海浪身，常生不斷；離無常過，離於我論，自性無垢，畢竟清淨。其諸餘識，有生有滅，意、意識等，念念有七；因不實妄想，取諸境界，種種形處計著名相，不覺自心所現色相，不覺苦樂，不至解脱；名相諸纏，貪生生貪。」】[25]

略釋此段《楞伽經》經文之意涵如下：「佛告訴大慧菩薩：『如來藏乃是一切善法與不善法生起之因，如來藏能遍處於三界中而興起造作一切五趣六道之眾生，就好像能藉物巧變之魔術師一樣的變現五趣六道眾生相，如來藏雖然變現了一切五趣之眾生相，卻不於所變現之眾生相執爲我與我所；由於不能覺察到如來藏之存在與體性的緣故，被變現之凡夫眾生於諸法生起了我見與我執，六識心皆墮於根塵觸三法和合方便而生的一切法中；外道皆不能察覺，計著三法和合而生能取一切六塵境界之意識心爲常住不壞之心，爲能作一切萬法之心。如來藏因爲無始以來虛妄不實之惡習所熏習的緣故，名爲識藏，出生無始無明住地與四住地煩惱，與七識同在一處，猶如海浪之以海水爲體，常生而不斷絕；此如來藏識藏於興造一切諸趣眾生，生起具有無常性、生滅性之七識心時，恆與七識心同時同處存在著，自體恆時遠離無常之過失，恆遠離我與我所之論，七識心生起現行時與我論、貪瞋癡雜染相應而受染污，如來藏識藏雖執藏此等虛僞惡習所熏之種子，自性卻不與我論、貪瞋癡等雜染法相應而清淨無垢，從因地到果地皆是畢竟清淨。

與如來藏識藏共同一處之其餘七個識，是具無常性、有生有滅之心，意根、意識等念念相續（一共有意根末那識、意識、眼識、耳識、鼻識、舌識、身識七個識），因爲被虛妄不實之想法所纏縛，於根塵觸三法和合中生起現行而攝取六塵種種境界，於種種形色處所妄計而執著名相，不能覺察種種六塵境界皆是自心如來藏所現色法之相貌，不能覺知苦與樂之實質，所以不能離開苦與樂之繫縛而得到解脫；由於受到名、相等種種纏縛，貪欲心於境界中生起，生起後更於境界計著中生起對六塵境界的希望貪愛。』

世尊於《楞伽經》中說，被無始虛僞惡習所熏者乃是自心如來藏，而自心如來藏一向遠離無常過失，一向遠離我與我所之論；就像能生海浪之海水自體，如來藏是能生七識心之自體，故如來藏阿賴耶識心體並非能熏之心。與七識心共同一處之自心如來藏，稱爲第八識，意即第八識之識體就是如來藏識藏；第八識與具無常性、有生有滅、與我論貪瞋癡等雜染法相應之七識心共同一處，由於七識心相應之我見我執雜染所熏，都不計知自己被熏習了善法或惡法而一體收存，故是無覆無記性；故使如來藏具有能執藏生死種子的體性，及恆常出生五蘊輪迴生死的功能，以此能藏、所藏、執藏之染污性而稱名第八識爲阿賴耶識。此第八識雖名爲阿賴耶識，識體恆遠離無常過——具有不間斷性；亦恆遠離我論——具有無我性而不對業種有選擇性；第八識能遍興造一切諸趣眾生，隨業因而履踐因果業報，依業種而出生三界六道各類有情；因此第八識阿賴耶識才是能如實依照所執持不遺漏之善惡業種給予異熟果報之主體，此是世尊聖教量中分明所說。

意識心則是依附於阿賴耶識所變現之有根身觸五塵，三法和合方便所生之法；若無此三法爲藉緣，意識即不可能從如來藏中出生；意識既是三法和合所生之法，必定是有生有滅之法。又，意識心之現起，不能稍離於六塵境界故，即是能取境界而計著名相、生起我見我執之取境分別識；由於意識心有五別境心所法伴隨，故有取境分別之作用，即具有與一切善惡心所法相應之作用，故意識心乃是**能熏**之識，絕不是**受熏**、**所熏**之識體，顯然不是能持種的心，當知不可能入住母胎結生相續。意識心又有無常之過失，有不離我與我所之過失，有不實妄想之過失，有取著境界之過失，有貪瞋雜染之過失，有三法和合生起之不自在過失，若離當世之五色根即告中斷滅失，當知不可能住於母胎中結生相續；又意識心乃是自心如來藏所生七識中之一識，意識心非一切善法與不善法生起之根本因——是緣因而非生因，故意識心不能遍於三界中興造一切五趣眾生，因此意識心不是**受熏**執持習氣種及業種之**受熏**識，而是**能熏**識，故非結生相續之識。

世尊說六塵色相皆是自心如來藏阿賴耶識所現，只有不取六塵境界、不與六塵境界相應之無記性者，方得如實生現種種色相；故唯有具有色識功能之阿賴耶識，方能於天界生現天趣種種莊嚴美妙之宮殿與天樂等色相，於人趣能現世間種種五欲六塵色相，於各種傍生趣能現種種狹略而不完美之六塵色相，乃至能現餓鬼趣及地獄趣等種種驚怖極苦之違心六塵色相；一切粗細意識都不具有大種性自性，全無色識之功能，當知不可能於三界六道中實現結生相續之功能。能取諸境界者必定與境界相應，與境界相應之心必定會依貪厭而取捨境界，則不得如實生現一切境界相，有取捨之行相故；意識正是如此，故非生現三界一切六塵境界相之心。於境界相中取捨境界之心，必定不具本來清淨之自性；本來清淨之自性乃是從無始以來一向不與所現之境界相應，是一向不於所現之境界中取捨之心，才得以稱爲本來自性清淨、離我與我所之心。

因此，無始以來恆常具有本來自性清淨之心，才能受熏而執持習氣種及業種；持種之後心體之清淨自性仍然不變，才是畢竟清淨，不因受熏執持七識相應之雜染習氣業種而使自己有絲毫轉變，方可說是自性清淨心。但意識並不具有如是自性清淨之體性，此乃一切聲聞聖者現前所觀所證之事實，更是一切親證自心如來之菩薩們所現前觀察並領受世尊所說聖教量之眞實理證。當意識心於六塵境界中與樂受相應而手舞足蹈，或與苦受相應而生起瞋恚、搥胸頓足時，乃至與不苦不樂受相應而無任何心情起伏時，親證自心如來者皆能現觀第八識阿賴耶識從來不與六塵苦樂受、不苦不樂受相應之清淨自性；悟者眠熟時意識心自我雖不現前而不覺不知六塵，但以智知、以智斷，能現觀一切有情眠熟位之實際，而知第八識阿賴耶識如同世尊所說離無常過、相續無間地遍蘊處界中運行不斷。故說以自體之本來無我性，如實依照所持業種內容，與造諸趣之五蘊身，而成就因果不失壞之極成道理者，唯有無記性之異熟性心體如來藏阿賴耶識，絕對不是根、塵、觸三法和合方便所生之意識心。

二、不需實有阿賴耶識，意識能持業種引生自果？

能持業種不失壞以引生自果之法，必定是能貫穿三世之法，而應成派中觀以業無自性滅之「滅」爲實有法，主張：一切法皆剎那生滅不住，前一剎那之滅，能爲後一剎那之生因，又說前一剎那亦同時爲後一剎那謝滅之因，故此「滅」自能引生後果而貫穿三世，不需實有阿賴耶識持種。宗喀巴如是說：【問：「自宗雖無自性之滅，然說『有業雖滅』，又云『滅非有自性』；如經說『名言說有盡』，亦許造業之後彼業謝滅。爾時業滅便成無事，復不許阿賴耶等爲業果連係之所依。則說業滅已久，生果非理之難，宛然存在，故唯上答猶嫌不足。」答：「無過。論云：『由業非以自性滅』，即以彼理由，便能從業滅之滅引生後果，故不作別答。許諸法有自性之一切宗，皆不可說滅爲有事。許無自性之中觀宗，則可說滅是有事。」】[26]

月稱於《入中論》中主張「由業非以自性滅，故無賴耶亦能生；有業雖滅經久時，當知猶能生自果。」他人責難所造之業謝滅以後，經過極長之時間未與果報，又不許阿賴耶識爲造因與業果相連相繫之所依，該謝滅之業已不存在而能生自果，不應道理。宗喀巴則認爲「由業非以自性滅」之理由，足以成就已經謝滅之業能生自果之因果關係，不需要再有任何法體之眞實理來執持業種圓滿成就因果。以這般顢頇心態，完全不理會世尊於經中之如實語聖言教，以爲只是一味地否定眞實有阿賴耶識，就能達到其以意識爲中心思想之目標。唯有實相心—諸法之本體—方是恆存不滅者，然而造業之識乃是有生有滅之七識心，隨著意識等七識心生滅而熏習之業與習氣，亦非實相法，亦是有生有滅；又意識等七識心及業與習氣是無常法，故能滅之，若非無常法則不能滅。意識等七識心是有爲法，必有生相，故生能生之；必有滅相，故滅能滅之；而**能生**亦**能滅**之心則是常住之心，**所生**與**所滅**之心則是生滅心；意識是所生與所滅之心，並非常住之心，無能生與能滅之功德；意識心既然要有「能生」法來生之，由意識心所造之業與意識心相應者，必定待意識心之生起現行方得與其相應，眼識等五識等同此理。故業雖然於造業之時無自性而告滅失，生果時卻必須依於所生之意識心方可受果；而造因時之意識心及後世受果時之意識心，皆必須由貫通三世之阿賴耶識心來出生，不是由已滅之意識心或空無而能出生意識心，已滅即成無法故，無法則不能出生任何一法故，何況能生意識心及出生業果？否則即成爲外道「**諸法自生**」之說，即違背假藏傳佛教所崇奉之龍樹所破意識自生之理。此等道理，不可僅以一句「**由業非以自性滅**」而欲瞞盡天下正信之佛子，強言不需實有能生意識心之阿賴耶識，業滅之滅自能生果；因爲「**由業非以自性滅**」，已經表顯業種的自性是由他法來實現之後方能滅失，非由業種自身的自性可以滅失；然而業種究竟是由何法來收存及實現而告滅失？顯然必須另有無覆無記性之實相心阿賴耶識，方能使業種存在及延續至無量劫後而實現、而滅失，非因業種自性而可滅失。然而假藏傳佛教諸師對於自語之義竟無所知，亦可謂無明深重矣！

當知**滅**是依有爲法之不能常住不壞而施設有滅，滅是因有爲法毀壞而稱爲滅，是故**滅**乃依於有爲法的存在而相對施設，並非外於有爲法的存在而有**滅**可說；譬如五陰之存在亦非常住，百年死已而稱爲**滅**，滅後則五陰不復存在而稱爲**滅**；此**滅**乃是依生前之五陰而施設將來死亡時五陰毀壞而說有**滅**，但五陰滅壞已，即成斷滅空無，**滅**相亦隨之不存，五陰已壞而不存在故。**滅**相是相對於五陰當下之存在而說將來死壞爲滅，是指五陰之滅失不存；若於五陰已滅之法相中執著**滅**爲常住法，執著**滅**爲仍有功能，即與繩上計蛇而說繩上假有之蛇實有功能的愚人相同。是故說**滅**唯是名言施設有，並非實有**滅**之一法實存，亦非**滅**實有任何功能；既是滅已空無，則顯然已無任何功能，無功能即不應有實現業果之功能。如同依牛有角而說兔無角，兔無角一法是施設有、名言有，並非實有兔無角之法可得，故兔無角一法並無任何功能，不應能出生或實現任何一法；如今應成派中觀師執著**滅**爲實有法，並說**滅**能生諸法、能實行因果律，同於在繩上計蛇實有之愚人，亦同於依牛有角而計兔無角之法實有之愚人無二。**滅**即是無法，無法則不能出生任何一法，連**滅**之自身都不可能再出生，因爲**滅**只是一種現象而非實法，故無任何功能可說，當知不可能於後後世實現果報。往世業行既已滅訖，又無另一實存之法執持其業種，焉能於滅後之空無之中再有業之功能出現？業行滅已，則業行之**滅**當知已隨業行而成爲無，無即不可能生任何一法，故不可說業行之**滅**能生後世業果，故知必須有能生五陰之本識執持業種，致令業種不滅，方能在未來世緣熟時實踐因果。

既然「滅能生諸法、能實現業果」的說法不能成立，則應成派中觀師所應思考者，乃是業滅以後業種存於何處？倘若彼等認爲業滅以後每一剎那皆由相續不斷之滅連繫著，不需有實體執持業種，即是認爲前剎那即是後剎那生起之因，然而前剎那或後剎那都是「時」所攝，都只是心不相應行法，是由八識心王、五十一心所法、十一個色法之「三位差別」所顯示出來者，並非有其作用，故前剎那不可能成爲後剎那生起之因；但假藏傳佛教應成派中觀師說前剎那可以成爲後剎那生起之因，此等非因計因者，即是世尊所說無因論所攝之外道。前剎那若能生後剎那，即表示兩剎那有同時存在之時，則不成剎那之義；既不成剎那之義，即知前後剎那非可同時存在，則能熏與所熏即不成就；倘若不是，則已滅之前剎那法又如何生後一剎那法？前剎那能生後剎那，又是後剎那之滅因，唯能剎那存在之法而說爲能生之因，已悖眞理；而此剎那存在之法又指爲能生之因，使生滅之法同時成爲後剎那之滅因，不應道理，生相與滅相完全互相違背而不相同故。亦如無想天人之意識久滅五百劫，並無相續不斷之刹那可得，若不許有第八識如來藏實存，五百劫中都屬斷滅空，捨壽時至而從無想天歿以後，又如何成爲下一果報之因，而生起蘊處界諸法？若准應成派中觀師此一道理，則阿羅漢亦將不得入無餘涅槃，因爲**滅**法能續生後法，則宗喀巴所宗之**滅**法應是不毀壞之法，其所宗之**滅**法是「**有事**」故，則阿羅漢欲滅盡意識心自我，期能不再生起後世意識之現行即不可得故，全違聖教及理證。因此，前一刹那之識不得爲後一刹那識之因緣（只許爲等無間緣，彼異陰相續之識若欲生起，尚缺三緣）；同理，前刹那已滅之業既滅已，以無自體性、無自在性故，不得自生後果，否則即墮於**無因生**或**自生**之邪見中。是故月稱、宗喀巴說「**業非以自性滅，故能生自果**」，同於無因生及自生，不應道理，有不定之過失故。

若**滅**確實能生後世之果，亦應善業滅後之**滅**能自行出生後世善業，不需有心作爲媒介；前世惡業已滅之**滅**亦能自行出生後世之惡業，不需有心作爲媒介；前世淨法已滅之**滅**亦能自行出生後世之淨法，不需有心作爲媒介；前世染法已滅之**滅**亦能自行出生染法，不需有心作爲媒介；因爲前世所造刹那業種都可以自行作爲後世刹那業種之引生因故，則一切學人都不必修行令心清淨，宗喀巴亦不需於《密宗道次第廣論》中要求自己及徒弟每日精修雙身法八個時辰（十六個小時），因爲修心無用，因爲前世已修之雙身法第四喜樂觸雖然已滅，但是**滅**相不需有心執持其所熏之種子，此一**滅**相自能作爲後世雙身法第四喜樂觸繼續出生之因緣而會自動再出生樂觸，如同前世所造的業行可以剎那剎那自相延續至後世而自動現行故。果眞如是，則宗喀巴所造《菩提道次第廣論》、《密宗道次第廣論》可以一火燬之，都無存在及弘傳之必要了。故應成派中觀所說業行已滅後的**滅**能生後世業果，其理絲毫無可成立。

而應成派中觀所說「業非以自性滅，故能生自果」之背景理論，其實仍是狡飾之說，事實上仍是以意識心爲持業之主體，故其所說只是臨時堵塞他人之質難罷了，卻沒想到此說已經與自己以往的主張自相衝突而無法善了。由於經中世尊處處說意識心乃是第八識藉意法爲緣所生之法，故彼等面對他人責難時不敢明著說不許阿賴耶識，然許細意識爲業果之連繫者，卻說滅可以延續業行而起果報，有時則又遮遮掩掩地說：**以意識之一分明瞭分是細意識，而此細意識即是阿賴耶識，可以受熏執持業種**。前後扞格，自相矛盾；或者於抄襲彌勒菩薩《瑜伽師地論》所說阿賴耶識入胎執取受精卵結生相續等論文時，很詭異地轉計說爲不許阿賴耶者而以意識爲結生相續之識。若意識或業行之**滅**，眞能持業種而結生相續誕生後世自果，則意識心或**滅**必定爲阿含所說出生名色的入胎識，則此意識心必須要有世尊所說「能遍興造一切趣生」之功德，如是意識必須成爲五蘊名色之因及根本，方得成就興造一切諸趣眾生之功德；同理，滅亦必須如是，是具有入胎、住胎攝取四大製造名色之功德，方能如實履踐因果而使業種不失。然而現見意識及業行造作後之**滅**，都沒有住胎出生名色之功能，顯然二者都不是能使有情住胎結生相續及實現後世因果之法，證明假藏傳佛教應成派中觀師所說錯謬，理不應成。至於如實證得世間、出世間、世出世間一切法之世尊，如何開示入胎之識及名色因之法相？茲舉示聲聞法之經文，與大眾恭讀領受之：

「阿難！若識不入母胎者，有名色成此身耶？」答曰：「無也。」

「阿難！若識入胎即出者，名色會精耶？」答曰：「不會。」

「阿難！若幼童男、童女，識初斷壞、不有者，名色轉增長耶？」答曰：

「不也。」

「阿難！是故當知，是名色因、名色習、名色本、名色緣者，謂此識也。

所以者何？緣識故則有名色。」[27]

略釋經文如下：「世尊問：『阿難！若本識不入母胎中，母胎中能有名色可以成就五蘊身嗎？』阿難答說：『本識不入母胎，則沒有名色可以成就五蘊身。』世尊又問：『阿難！若本識入母胎以後即隨即出母胎，名色能夠與受精卵相會而成就胎身（後來發展成五根身）嗎？』阿難答說：『不能相會的。』世尊又問：『阿難！若將出胎之幼童男或幼童女，本識入胎後就隨即離開而不駐於身中，名色能夠不斷增長嗎？』阿難答說：『不會的。』世尊說：『阿難！因此應當要了知，名色之因、名色之熏習、名色生住異滅之根本、名色所緣者，就是此入胎識。是什麼原因這樣說呢？因爲緣於此入胎識的緣故才有五蘊名色。』」

世尊不但在阿含中如是說，於大乘法的《楞伽經》中也說如來藏識藏是一切善不善法生起之因，能遍於三界中興造一切五趣六道之眾生身相，就好像能夠藉物巧變之魔術師一樣的變現一切眾生色身；在《阿含經》中說入胎之識是名色之因、名色種子熏習之處所、名色生住異滅之根本，是名色所緣而恆不相離者，此識即是第八識如來藏阿賴耶識（異熟識），而意識與業都由此入胎識而出生及存在。此入胎識離無常之過失，離我與我所等我論之過失，自性清淨無垢、畢竟清淨。此入胎識是成就五蘊名色者，是名色增長不壞之因及根本；而此識入胎執取受精卵時，當時之「色」即是受精卵，「名」即是第七識意根末那識，此識初入胎時，乃至入胎後四月之中尚未造出五色根離形時，意識尚無法生起、無法存在，意識必須藉五色根爲緣才能從入胎識中生起及存在故。入胎識不於五根身未成滿時出胎，故受精卵由入胎識執持而得以變異生長，成就了異熟果報所應得之五根身；於五根生長成形而能夠觸外五塵時，方能由入胎識藉外五塵而變生內五塵，方有外法塵及內法塵可言，此即是阿含中所說的外六入及內六入；此時已有根、塵、觸三法，入胎識才得以方便生起同分心品意識等六識；倘若入胎識是意識心之一分細意識，假設入胎前之細意識爲人同分五蘊身之意識，亦如應成派中觀師所說可以貫通三世；由於造作惡業而所入之胎爲畜生道之牛胎，於牛之五根觸五塵所生起之五識，乃是牛同分之眼等五識，以人同分之意識而出生牛同分之五識，就違背諸趣同分心品之法界道理，過失極爲嚴重。又細意識乃佛所說「諸所有意識」所含攝之意識，故細意識亦是世尊所說「意、法爲緣生」之意識所攝，仍是無常之法，是有生有滅之法，也是能取諸境界、有種種妄想之法，故細意識必定與我見等煩惱相應；細意識既然能持業入胎，則細意識以前世具足人之我見之思心所，又如何安住於牛胎中？細意識以人之我見又如何與牛之五識一起運轉？細意識以人之我見習氣而生牛之果報，若不自殺而滅除牛身果報，實無可能，則應成派中觀師所說因果錯亂至極！故細意識無有堪能性持業種入胎引生自果。

因此，入胎識必須是無記性的異熟性心體，必定不能與我、我所相應，必須遠離我論之過失，方得以如實變生五道六趣之有根身及同分心品之七識心，不違八識心王皆屬同分心品之正理，亦不違因緣果報之因果律；入胎識於入胎前與當時果報身之同分七識心同一處運轉時，從來即不與我及我所諸煩惱相應，故於前一異熟果報身壞命終入胎後，仍然不與我及我所諸煩惱相應，本性清淨無垢，故能安住於胎中製造後世應有之名色，始終都無煩悶。如來藏阿賴耶識如果是某一法（譬如意識一分）假名而說之法，則所具有之體性應與該法意識相同；則假藏傳佛教喇嘛們所弘之應成派中觀，既以意識一分之細意識假名而說為阿賴耶識，則彼等假名之「**阿賴耶識**」即具有意識之我見煩惱過失及無常之過失，顯然不能住於母胎中結生相續，亦違背世尊所說本來自性清淨、畢竟清淨而為一切善不善法之生因、名色之生因、名色之根本，則非是有眞實體性而生名色之如來藏阿賴耶識（異熟識），故應成派中觀師不可妄行建立意識之一分來取代如來藏阿賴耶識，否則因果之理及世俗諦之正理皆不得成立。

月稱、宗喀巴為了使人相信其所主張不需實有阿賴耶識，無自性滅之業自能生果而無錯亂之說，故於引用《父子合集經》之經文時，以斷句取義之方式曲解世尊之聖教當作佐證。下舉彼等所引經句之全文，對照其斷句取義所造經句如下，以作辨明：【「大王！諸根如幻，境界如夢。譬如有人於夢寐中與諸婇女共相娛樂，大王！於意云何？彼夢覺已，憶所受樂，為實有不？」王曰：「不也。」佛言：「大王！是人所夢執以為實，為智者不？」「不也！世尊！何以故？夢中婇女畢竟非有，何況與之共相娛樂，當知是人憶夢中境，徒自疲勞不復可得。」佛言大王：「如是如是！愚癡眾生眼見色已，心生愛樂復起貪著，為彼所牽造貪業行，身業三種、語業四種、意業三種。最初造作剎那滅謝，是業不依東西南北、四維上下、中間而住，於死邊際，命根滅時，自分業報皆悉現前，猶如夢覺念夢中事。大王！識為其主，業為攀緣，二種相因，初識生起；或趣地獄或墮傍生，琰摩羅界及阿脩羅若人若天，初識生已各受其報，同分心品相續隨轉。最後識滅名為死蘊，最初識起名為生蘊；大王！無有少法從於此世得至他世，所以者何？性生滅故。大王！身識生時，無所從來，滅無所去；彼業生時，無所從來，滅無所去；初識生時，無所從來，滅無所去，何以故？自性離故。如是了知身識身識空，自業自業空，初識初識空，若滅、滅空，若生、生空。了知業轉無有作者亦無受者，但唯名相分別顯示。」[28]

上段經文中，世尊主要對其世俗法中之父親淨飯王開示：六根好像是魔術師所幻化而有，六根所緣之境界好像夢境一般，不是眞實有；倘若執著六塵境界而不斷憶念追求，就好像對夢中不實、不可得之夢境憶念不捨一般的無智。而愚癡無智之眾生以識藏所幻化之眼根，見於識藏所幻化之如夢境中之色塵境，不知如幻如夢故，於境界中心生愛樂而貪著，因而造作諸種身口意業；所造之業於剎那即滅謝，滅謝之業不依於有形有色之五根色法而住，亦不住於虛空，於五色根壞滅而六塵、六識皆不現前之臨死邊際，壽盡、煖盡、識捨身時，一生所造之業皆於此時方才現前，好像夢醒時憶念夢中事一般。世尊告訴淨飯王：本識是一切異熟果報之主，此識相對於所持之一切已謝滅身口意善惡業，兩者相互爲因，所以此識執持所緣之業種而入胎，即生起異熟果生分之識陰六識；此人類生分之六識或者地獄果報生分之六識，或者是傍生果報生分之六識，或者是天果報生分之六識，此生分之識陰六識即稱爲該趣之初識，是當世初生之識故；初識生已，則各趣之果報得以因果報身之成就而各受其應有之苦樂果報，與此果報同分之六識心品，得於此異熟果報之有根身觸受五塵時，和合方便生起業果相續，隨境界而轉。

世尊說一期果報最後所捨之生分識陰六識即稱爲最後識，此最後識不再於果報身現起，就稱爲此一期果報之最後識滅；此身壞命終而最後六識滅已之果報身，即稱爲死蘊。一期果報最初生分之六識就稱爲最初識，最初識於一期果報名色之最初興起時，此果報名色稱爲生蘊；而此世之果報名色諸法，無有一法能從此世去至未來世，因爲此名色諸法都具有生滅之性，有生滅性之法是無常故，無常即不能貫穿三世故。世尊又說果報身之同分識生時，無所從來，滅時亦無所去；六識現起後所造之業亦復如是，不是從某一方所而來，滅時亦不能去至某一方所，識種都是被執持在無形無色無所住的本識中；最初六識生時並無所從來之處所，最後六識滅後亦無所去至之處所；因爲果報身之人同分、有情同分識陰都無有自在之體性，所造業亦無有自在之體性，最初識陰、最後識陰都是隨外緣而轉，都無有作主不死之體性故。所以果報身之同分識陰由根塵觸三法和合方便而生，無自性故空；其所造之業，仍待本識於後世幻化之緣以相應現前，亦無自性故空；本識執持業種入胎，受到所受熏執持之業種的攀緣，隨業緣而有一切五趣果報身之幻化興造，使得五趣六道眾生得各受其報、昭昭不爽。而此本識實無生滅性，既非有生之識，亦非三界有，本自無生，所以是空。故果報主如來藏識藏所執持之業，果報身之同分識，好像有滅而實未曾滅，故滅是空；好像有生而實未曾生，故生亦是空；全都依本識入胎、出胎而實現因果、實現壽報，故說識陰六識空、生是空、滅是空，無一法而非本識空性如來藏所成就，並非由有生之意識或識陰六識所成就，因爲意識或識陰六識都是被成就者，不是能成就者。

世尊於此段經文中所說果報身之主——本識，與阿含中所說之入胎識、名色之因、名色之本，皆同於《楞伽經》所說「**猶如伎兒變現諸趣、興造一切趣**

生」之如來藏識藏，同是因爲能持業種入胎、依照業種之內涵而興造異熟果報者，才是果報身之主，才是名色之因、名色之本，唯有果報身之主才有能力成爲捨離果報身之本識及他世受異熟果報身之本識，意識絕對做不到這一點；意識又是會斷滅之法，從無可能執持業種不失，故應成派中觀師建立意識爲能持種者，理不應成。如來藏離無常過、離我論之過失故，離生滅性而本來無生故，自性清淨無垢而畢竟清淨故，以如來藏之體性及如來藏所生無常生滅性之異熟果報名色諸法而觀之，才能說是實現果報身之識，才能成就所造業種之現行，才能使初識六識若滅、滅空，若生、生空。而應成派中觀師月稱、宗喀巴等人，墮於識陰六識我見中，沒有佛法解脫道及佛菩提道修證之正知見，亦無擇法眼，無法於經文中領受世尊聖言教之如實義；故於心中存著無實有阿賴耶識之先人邪見，秉承邪想、邪思而執著細意識能持業入胎結生相續之邪見，斷取世尊所說之法語以成就其「不需實有阿賴耶，業滅無自性，從彼亦能有果生」之主張。以下舉月稱、宗喀巴之說詞，以窺其義：

前說業滅能生自果，今以譬喻重明彼義。（月稱《入中論》）頌曰：

「如見夢中所緣境，愚夫覺後猶生貪，如是業滅無自性，從彼亦能有果

生。」……業作已即滅，是依名言而說。餘文是破滅有自性。次云：「後臨終時，同分業盡，意識將滅，所作之業皆悉現前。譬如男子從睡覺已，憶念夢中所見美女，影像現前。」同分謂同類五蘊。現世業盡，現世之最後識將滅時，如染愛男子，覺已無間，猶憶夢中美女，心生戀慕。如是臨命終時，於能感後世成熟之業，心意現前，然非憶念。又云：「如是最後識滅，生分所攝最初識生或生天上。」乃至：「或生餓鬼。」最後識謂現世識。生分所攝最初識生，謂生天等。中有非六趣攝，故是生有識。生死之間雖有中有，然多不宣說，故知主要，是依生死決擇業果之關係。次云：「其最初識滅已無間，彼同類心相續生起，分明領受所感異熟。」大王，曾無有法能從此世轉至後世，然有死生業果可得。大王當知，最後識滅名之爲死，最初識起號之爲生。大王，最後識滅無有去處。生分所攝最初識生無所從來。所以者何，本性離故。大王，最後識由最後識空，死由死空業由業空，最初識由最初識空，生由生空。而彼諸業不曾散失。」此說於生有中結生相續，領受宿業苦樂果報。其能領受心識相續，是從最初生識而生。又說生死於名言有，於勝義無。其理由謂本性離故。是於所破加簡別言。當知此配最後識由自空等。雖如是說，然恐妄執業果非有，故說諸業不曾散失。[29]

以上宗喀巴所舉月稱之文中所引經文乃是出自《父子合集經》，經中世尊舉若人於夢醒後緣於不實之夢境仍憶念而生貪著之譬喻，告訴淨飯王六識如幻、境界如夢，愚癡眾生不覺而受到境界繫縛，猶如夢醒後憶念夢境以爲眞實有一樣之無智；這樣的順理徵逐之教導，月稱竟以其私心轉計世尊所說，聲稱夢醒後夢已滅，緣於彼已滅之夢境猶能生起貪著，可以證明已滅之業亦得有業果發生。這樣的強行轉計，非唯顯然扭曲，實有不定之過失：夢境乃意識之所緣，夢境中之意識未與現象界之五塵境和合，亦未與他人有身口意行之互動，故夢境本身無**根本**、**方便**、**成已**三法以成就業道；若於夢境中有貪瞋癡心行，唯呈現夢者之染污心行，然於夢醒後能憶念夢境而貪著者，乃是同一期果報之意識，故其念心所仍然可以憶持曾經歷過之境界。雖然意識曾於睡著無夢時間斷，然而三法和合方便所生之意識，皆依於同一期果報持續未壞之五根觸五塵三法，故此意識能憶念乃至貪著包括夢境在內曾經歷過之五塵境。然而意識能夠於一期果報內憶持所經歷之境界，並非就表示意識能持一期果報中所造之一切善惡業種。

倘若意識能持一切善惡業種，應當每一剎那皆能隨心所欲憶念往昔無量世之業行，現量上卻不是如此；因爲意識對於此世所經歷之事情，已常有不能憶持之現象，例如數十年前的往事或者未經作意專注所經歷過的人事物境，需經他人、他物提示聯想方得再度憶念記起，何況是往世另一意識所經歷之事？這也證明必定另有與意識同時同處從未間斷之心體存在，才能將意識念念生滅所造之業執持不失，而不是意識本身即能執持自身所造之一切善惡業種；並且意識是夜夜會斷滅的，若意識是持業種之心，在夜晚眠熟斷滅之後，意識所持的一切業種應已全部遺失，云何更有後時業果可得酬報現前？是故當知能持業種之心必定不是意識。於前舉經教中也已經辨正，三法和合所生之意識有無常之過失、與我論相應、不是本來自性清淨之心識、唯屬一期果報果報身之生滅識，乃是能熏之法而不是受熏之法；既非受熏之法，當然不是持業之法，唯有受熏之法才能持業故。

而意識於一期果報所造之業謝滅以後，乃是由果報身之主—**與七識心同在一處之第八識阿賴耶識**—受熏而執持業種；由於業乃是待緣而相應現行、無自性之法，故阿賴耶識能如實依照業種之內容隨緣應現、興造諸趣而生自果。故已謝滅之業雖無自性，並非散於無一法任持之現象；若意識於正死位中斷滅時，無心可持業種而使業種仍能散於虛無之中不失，則業種的現行將會產生亂報之現象，常常會有某甲所造業而報在某乙、某丙、某丁身上之狀況，某乙、某丙、某丁所造業亦復如是，則不符法界中的因果律現象。如果像月稱、宗喀巴所說，以意識能憶念已滅夢境爲同理所證，若主張夢境或業種爲意識所持，則隨著意識之無常生滅性，業種因果即墮於斷滅論中，因果律即不可能成就，違背三界法界中之現實；若主張業謝滅，不需一法任持，則業報之現行必將有任意性、無因果邏輯性可見，已墮於無因、不定之過失故。

宗喀巴所引藏文之經文說「**其最初識滅已無間，彼同類心相續生起，分明領受所感異熟**」，將此段藏文經文與大藏經記錄之文字「**初識生已各受其報，同分心品相續隨轉**」作比較，這藏文的翻譯，很明顯的是以細意識之思想來翻譯原來之梵文；同樣所引藏文說「**同分業盡，意識將滅**」，大藏經之經文爲「**於死邊際，命根滅時**」，宗喀巴亦不能不接受意識乃是於一期同分業報身滅時即隨之而滅之識，但卻妄想意識中可有一分細意識不滅而能入胎結生相續。宗喀巴曲解說「**同分謂同類五蘊。現世業盡，現世之最後識將滅**

時」，世尊說最後識滅名爲死蘊，最初識生名爲生蘊，能主導蘊之生住異滅之識才是結生相續之入胎識；意識乃至細意識皆攝在所生之五蘊中，不是五蘊之主，唯有名色之因、名色之本的入胎識才是五蘊之主故。彼等認爲，緣於六塵之意識於五蘊身壞命終時雖不現前，然而仍有一分細意識能於命根滅時，現前感後世成熟之業，之後於中有時入胎成爲最初識；彼等應成派中觀師將經文篡改爲「**其最初識滅已無間，彼同類心相續生起**」，也就是說彼一分細意識乃於入胎後滅，而該已滅之細意識即能夠無間地生起此一期果報身之同類心，以成就其「**無自性滅之業，亦能生自果**」之理論基礎。倘若此理論成立，則世尊以問答告訴阿難，識入胎後即出母胎者，則名色不能與受精卵合會而生長，世尊此說將成戲論；因爲就入胎、住胎、滋長名色而言，名色所攝的「**識入胎以後即滅**」與「**識出胎初生**」並沒有兩樣；而應成派中觀宗喀巴卻曲解佛法、創造佛法，以維護其所主張意識常住不滅能入胎結生相續之邪見。

若所謂之細意識入胎後滅，到底於何時滅？倘若於入胎後即滅，依照宗喀巴之理論，受精卵位即有同分心品無間相續生起，此時又是哪一識生起？若是意識，受精卵位五根尚未成形，此乃現象界不可推翻之事實，根塵觸三法不能成就，意識如何現前？若能現前，則與世尊所說三法和合方便而生意識之聖教互相違背。若受精卵位意識由已滅之細意識生起，則此意識屬於龍樹所破之無因生或自生，亦應該就是世尊所說能興造一切趣生之識；然而世尊於諸契經中卻又早說離無常過失、離生滅性之如來藏，才是入胎之識，才是名色之因、名色之本，才能成為名色之所緣。很顯然的，應成派中觀師月稱、宗喀巴等所主張之自性不滅之意識，仍是所生法，有生滅性及無常之過失，沒有絲毫能力與功德體性可以假名而說是世尊所說之如來藏入胎識阿賴耶識。

古今應成派中觀師同以六識論之背景思想翻譯經文，否定第七、八識之存在；如果其所謂之細意識入胎後仍然存在，又有異於細意識之同分心品相續生起，則已超過六識的功能體性，無法與其六識論相應，故於此篡改經文將「初識生已各受其報，同分心品相續隨轉」改為「其最初識滅已無間，彼同類心相續生起」；又接著解釋說其能領受心識相續，是從最初生識而生，以為這樣就可以免於墮無因論之過失。而所生之識有生相與滅相，如前所舉：有生滅性、生滅相之法無有堪能性成為每一期果報受報所生名色之因；

若反以所生法計為能生之因，即是非因計因之無因論者。

倘若應成派中觀諸傳承者主張細意識乃意識之一分，故細意識不同於意識；然而世尊教導我等：**諸所有意識**皆意法因緣生，或者說是三法和合方便而生者，顯見意識是生滅法；故意識所分之細意識或者極細意識皆屬「**諸所有意識**」所攝，既從本屬生滅之意識細分而有之細意識，當然亦屬生滅心，不可能執持業種，更不可能成為名色因、名色本，不可能出生名色。又世尊說如來藏識藏與七識共俱，故已成就而未壞之名色五蘊身必然共有八識俱轉，若細意識為入胎識，則名色五蘊身僅有六識俱轉，嚴重違背世尊之聖言教。故實有阿賴耶識，能受熏持業種入胎引生自果者，是入胎識阿賴耶識，不是意識或者細意識，應成派中觀師所說諸法，理不應成。

三、意識是常住不壞之我？

應成派中觀另創造細意識我，當作是世尊密意所說之如來藏我本住法，而一貫地說此細意識我本住、常住、永恆不壞，能受熏持習氣、持一切善惡業種，能入胎結生相續；但卻又說此細意識於入胎後即滅，以該滅法可以再生起後世六識心相續隨轉，落入龍樹菩薩所破的「**諸法能自生**」中，因為龍樹主張「**諸法不自生**」，廣破「**諸法能自生**」的邪見。應成派中觀此種理論，無非是因自己無能力親證第八識如來藏，故將生滅法（從意識中細分出來的細意識）顛倒說為非生滅法，又將非生滅法如來藏曲解為生滅法；何以故？藉世世不同果報五根身為緣所生之意識心，雖仍然都稱為意識心，但此意識心卻僅能與當期人類果報之五根身相繫屬，不能與上一期欲界天身或與下一期畜生果報之五根身為緣而生之意識相繫屬；乃至上一期、下一期生死之果報身五根同屬人身時，亦皆不能前後三世互相繫屬，都只能存在一世而不能來往三世；世尊於四阿含經中說，意識等六識心稱為果報五根身之同分心品，人間的法塵要藉當世的五根身為緣方能生起故，譬如《雜阿含經》卷十一明載：【**意、法緣生意識，生可意，生不可意。生可意、不可意，生已速滅，聖弟子如是如實知。**】此已分明顯示，得先有五根才得以藉此五根觸五塵之緣而方便生起現行，故意識心是隨著每一期果報五根生滅之法，非不生不滅之法，不能連貫三世，當知絕非常住不壞之真實我。於人間果報五色根壽盡身壞命終時，意識最後斷滅，最後於持身識如來藏捨離色身時，是由此持身識阿賴耶識心體執持著一切善惡業種，並能了別此善惡業種之內容，依業緣而入人類、畜生道……等母胎中，執持受精卵而攝取母身所提供之四大養分，變異成熟為受報之具足五根，藉著五根及原已存在之意根，成就六根觸六塵「根塵觸」三法和合之緣，然後方便生起意識等六識同分心品相續隨轉；故意識只是藉阿賴耶識世世出生之五根為緣而生者，世世所生五根各不相同，故世世意識亦隨之各各不同，並非同一意識從前世來至此世，亦非同一意識由此世去至後世，故知世世意識各不相同，不能貫通三世，都是只有一世住的生滅心，死後永滅不存，不是有情的常住不壞我。

阿賴耶識心體從上一期果報五根捨報離棄之後，入胎生起這一期生死果報五根，方能緣於此世五色根而生起意識，故此世意識與此世五識都是同分心品，同樣是緣於此世五色根而生之心故；而此世六識都是阿賴耶識藉五色根為緣所生，意根亦是阿賴耶識所生，故意根與六識都能與自己的阿賴耶識互通，都是阿賴耶識同分心品。而能夠入胎出生世世五色根的阿賴耶識，未曾於生死之過程中間有一刹那是生而後滅；生者乃是此世全新之五根及全新之意識等六識，壞滅者是前世舊的五根及意識等六識，故唯阿賴耶識心體才是不生不滅、常住不壞之法。而應成派中觀師月稱、寂天、阿底峽、宗喀巴等人，卻以意識細分出來之一分立名爲細意識，試圖假名而說爲阿賴耶識，理不應成。近代應成派中觀師釋印順，已知意識的生滅本質，卻不承認有第八識心實存，是故繼續演變發展爲新的學說，試圖以此意識之一分於身壞命終時現起領受一生所造之業，又因觀察一切粗細意識於入胎後即斷滅，而改以意識斷滅後之滅相空無，狡言滅相不滅而能實現因果，欲從滅後空無之中再度生起六識等同分心品相續隨轉，乃是無中生有之無因論者見解，落入龍樹所破的外道「**諸法能自生**」的邪見中；如是於篡改經文曲解佛意之餘，又以此假想之法，欲使人相信阿賴耶識僅是從意識中細分而有之一分生滅法，以達到其六識論中「**細意識是常住不壞本住法**」之中心思想。這就是應成派中觀將非生滅法如來藏曲解爲生滅法，再將生滅法意識曲解爲不生滅法之證據。

彼等應成派中觀以意識滅後之空無能生後法意識，落入「**後世意識能自生**」的外道邪見中，立如是邪論而否定意識本源之常住法阿賴耶識心體。然其所主張之「**滅**」乃是依附於「**生**」之法：依附於五根五塵及意根法塵爲緣所生之意識等六識心，以及六識之受想思等心所有法而有者，要因五根、六塵、六識之滅除方能有應成派中觀師所說的滅相（釋印順等人都不信有意根第七識與五色根並存）；此「滅」既是緣於如是有生有滅之法，無有自在常住不變之體性；如是以生滅法爲緣而有之「滅」相，已是空無斷滅，當然不可能再出生意識，否則即是龍樹所破的「**諸法能自生**」的外道邪見。故說應成派中觀是無因而能生諸法之無因論者，與佛所說「**因緣生、因緣滅**」之聖教全然相悖。而五根等法之生滅現象即是緣生無常之法相，生滅現象之本身是因人類智慧之觀察而有，若離人類意識智慧之觀察，即無此生滅之現象可言，而意識亦是依因藉緣而生的生滅法，生滅法不能出生五陰十八界等任何一法，而滅相只是有生之法滅後的空無，全無能生的法性；故生或滅之現象，並非生起五根等法之因，繼生而有之「滅」後空無，如何得以能爲再生後法之因？究其根本，乃是妄想以細意識成爲此滅法回歸之體，誤以細意識爲常住不壞之本住法，妄以細意識與五蘊同在而妄想爲世尊密意所說之祕密藏如來藏我。舉示宗喀巴於《入中論善顯密意疏》卷七中所說爲證：【**如近密之五蘊，若一若多，及離此二之異體法，皆不可立爲近密之所相，近密亦非彼三之所相。然依自身諸蘊，假立近密爲有事，全不相違。如是所滅之有事及**

彼同類之有事，雖皆不可立爲滅之所相，然滅是依所滅法生，故是有事。】

宗喀巴所說之近密，就是彼等應成派中觀所說微細無我之我，彼等說此微細我非五蘊中之任一蘊，也不是離五蘊或任一蘊之異體法，又說此微細我依與微細我同在之五蘊有爲法而說有爲有事，自認爲完全不相違背。從彼等這一點論述就可以了知，所謂之近密與五蘊同在時，是依五蘊而假立成有法，故此近密應無有常住不變之自體性；換句話說，此近密可依五蘊而假立成有法，應亦可依五蘊之壞滅而假立成無法；五蘊乃是生滅有無之法，故其所說之近密即是墮於生滅及有無中之法，與世尊所說不墮於有與無中之常住、本住法完全相違背。此處宗喀巴說細意識—近密—不是離於一蘊或多蘊之異體法，卻又於先前所舉《辨了不了義善說藏論》卷四中主張「此宗安立補特伽羅之理，以於離蘊別體及於唯蘊聚等安立補特伽羅，定非世間名言義故。」乃是以細意識爲離蘊之別體而安立法我補特伽羅，今又於《入中論善顯密意疏》說細意識近密並非離蘊之異體法，自相矛盾而無法確定自己所說何者爲是、何者爲非，反反覆覆不知所云。這都是因爲近密—細意識—純粹是假立法，不是實有法並且已經實證，而是純憑想像建立之故，便有記憶模糊而前後不一之情事；既是想像假立之法，則異於如來藏實證者面對實有之如來藏而說法時，必定前後皆同一說而無差別。

月稱、宗喀巴自己必定常常忖度著：**此細意識到底應是即蘊或是離蘊？倘若是即蘊，他人若責難五蘊是生滅法，則此近密細意識不就是落於生滅法中嗎？那麼應當是離蘊吧？倘若是離蘊，明明自己於雙身法中受四喜之樂時，清楚地了知自己認定的眞我細意識不離五根以及六識之取境界明瞭相，應該是即蘊而非離蘊；而此近密是能生後法之滅的主體，若是離蘊，豈不又成爲與因果不相干了嗎？**因此於同一本書中或者不同的書籍中，仍然無法確定而往往推翻自己先前所說，常常落於不定之過失中而不自知。反觀實證如來藏者則是前後皆同一說，無有不定之時；這是由於說法時皆依現前可觀之如來藏心而說的緣故，不是純憑想像而建立的學說。

宗喀巴又說「**然滅是依所滅法生**」，亦即主張五根等同類法刹那滅，皆能刹那生起各自同類之「**滅**」；此各自之「**滅**」都同於五蘊類之三界有事，故得以生起後法；又反過來主張各自之「**滅**」都是能生之因，都能以自因生自果。倘若五根等之前刹那滅而能生後刹那五根，則五根各都必定要有常住之自體，以持每一刹那之變異，使能相續而不錯亂失律；若五根各有自體，則五根即不需依仗四大之聚合而有，使五根成爲實體法，即已違背了生住異滅之現量法則。若說五根無有自體，則五根各自之滅即應存於虛空，即應各各有情五根之滅都能互相爲因、互相混生，即成就法界混亂現象，亦違因果律。

亦如宗喀巴之思想所說，意識之滅是依有生而有滅之意識而生，意識既是有生有滅之法，則意識滅後之滅竟能返生新的意識；依同一邏輯，則一切人的五蘊在前世滅後應該都能自生前世五蘊，繼續前世的生活，何必一定要入母胎再生新的五蘊而轉入下一世？滅是依所滅法而生，所滅法所生的滅，竟然能回頭出生所滅法，依此邏輯則應說：生是依所生法生，所生法當然能生生，故「**生是所生法五蘊所生，生亦能出生所生法五蘊**」。有智之人聞此說法，應該都不免要嗤笑應成派中觀的強辭奪理。應成派中觀恐懼墮於斷滅空，又好於破斥他人過失以顯自宗之勝妙，由上來之舉述，其背景亦可知矣！

佛法是可以親證而知的，親證以後所說都依眼前親證的如來藏心而說，自然不會前後矛盾不一，也不會三乘證境互相衝突；但應成派中觀所說的近密細意識，卻是不可證而不可知的，當然是想像建立之法，並無實證作爲所依、所觀，故其說法常常前後不一而自相矛盾，也是可想而知的必然現象。應成派中觀師為避免所說「佛法」互相割裂而紛雜錯亂，故於彼心中安立此諸滅法所依止之體即是所說近密細意識微細我，將自創的近密細意識與緣起性空及如來藏的各種功能聯結起來，假想此不可知的細意識微細我能夠持一切種，取代他們所不能親證的如來藏心功能，將如來藏的各種功德移植到自己所建立的不可知的細意識中，然後自我陶醉的認為三世之法能夠以此細意識微細我而聯貫起來，認為因此可以不墮於斷滅空，亦能使因果不失亂。所以宗喀巴接著說：【顯句論中以聖教正理成立此義。初引聖教，如十地經云：「生緣老死。」死即所死有情之滅，說彼是以生緣而生。又云：「死亦有二所作，一能壞諸行，二作無知相續不絕之因。」此說死能作二種事。既說死由因生，復說死生無明，故滅亦應有能生因，及能生果。此雖是說相續之滅，第一剎那於第二剎那謝滅，理亦相同，故亦顯示第一剎那為第二剎那謝滅之因。由是當知，有情之生與死，（粗無常，）及第二剎那不住與已不住（細無常。）立不立為有事，是否由因所生，一切相同。依此密意故中論云：「有無是有為。」六十正理論云：「由因盡而滅，說彼名曰盡。」前說苗等有事，

與苗滅等無事，俱是有爲。後說油等因盡，是燭等果盡之因。故定應許此是龍猛菩薩之意趣。】[30]

宗喀巴欲以十二有支中之老死作爲無明之生因，此乃其喇嘛教之教法，不是十方諸佛之教法，因爲世尊從來不曾如此錯謬說法。彼等曲解、誤解經文之處極多，此處又是一例。收錄於大正藏中《佛說十地經》卷四是這樣記載的：【「所言三界，此唯是心，如來於此分別演說十二有支，皆依一心如是而立。」何以故？若於事中貪欲相應心起，是識事即是行；於行迷惑是即無明，行與無明及心共生，是謂名色，名色增長是謂六處……生亦有二種所作：一能起諸蘊，二爲於老生起與因。老亦有二種所作：一令諸根有衰變異，二共死會合生起與因。死亦有二種所作：一能壞諸行，二非遍知斷。】

略釋經文如下：「所說之欲界、色界、無色界三界，唯是指一心如來藏識藏所變生，故三界唯是如來藏識藏；如來於此一心所變現輪迴於三界之蘊處界法生起次第而分別演說十二有支，此十二有支皆是依於一心如來藏識藏而安立。是什麼道理而如此說呢？倘若於如來藏心所變生之色等法中基於我見、我執而有種種貪欲相應心生起，由是而使如來藏心藉根塵觸三法而生起的心即是意識等六識為識支，意根及意識等七識與阿賴耶識所變生色等諸法之和合運轉等事相即是行支；不能如實了知行支的內涵而產生顛倒迷惑就是無明；由行與無明而導致如來藏心現行識阿賴耶識（異熟識）入胎而共同出生的羯羅藍及同時存在的意根即稱為名色；隨著名色增長，五根漸漸具足而能夠攝取六塵時，即以此六根稱為六處支，……依於一心如來藏識藏而安立之生支有二種所作：一者依於業之內涵而藉緣興造新的有根身等諸蘊，二者生對於色等諸蘊的變老現象之生起給予其因。所安立之老支亦有二種所作：一者由如來藏識藏所執持之識種、業種而使五根生滅變異乃至衰老，二者是老支能使有情與死會合的現象之生起給予其因。所安立之死支亦有二種所作：一者使五根毀壞而不能再生起諸身口意行，二者死不是有情所能遍知及斷除。」

經文中世尊說十二有支皆是依於一心而安立，此心即是如來藏（識藏、阿賴耶識、異熟識），三界唯心所說之心必定不是三法和合所生之意識心；又世尊說如來藏心變化興造六趣諸色，方得藉三法和合而方便生起意識等六識，故意識是所生法，這樣的緣生法絕非能生三界境界之心。世尊更說由此三界唯心之如來藏心配合行及無明而共同出生的即是名色，換句話說，名色是由如來藏心及如來藏心所藏之種子的現行、無明等三法配合，才能在母胎中製造出吾人的名色；名色經增長後才得具足六處，有六處之因才能有六塵出生，然後才能有三法和合生起意識故；因此，這個與無明及往世的行支業雜染共同出生名色之心，定非意識心，而是名色之因、名色之本、名色之習的如來藏心阿賴耶識（異熟識）；意識只是名色所攝的識陰中的一法，是如來藏心入母胎後出生了名色，增長名色、具足名色而有六處以後，意識才得以出生的。十二有支中之「**生**」，乃是因爲如來藏心興造新的五根身而說爲生；「**老死**」乃是因爲所生之五根身變異毀壞，乃至如來藏心捨離五根身而使識陰、受想行陰斷滅，而說爲老死；因此從十二有支之次第而說生爲老死之因，實際上如來藏心才是十二有支一一支興起之因性。

而宗喀巴不能了知無明者乃是迷惑於如來藏心所生色等諸法興起之一切行，迷惑於意識對實相無知的無明，卻誤解經文而說死法能出生無明，以死法能出生無明而欲證明其所主張之滅法能生自果，自認爲是合理之說。倘若死法能生無明，是否外道所修之不死法即是對治無明之道？則阿羅漢也應該不會死亡，因爲已經斷除後有生因之無明故；但阿含中世尊卻說已斷諸慢、正意解脫之聖弟子，身壞命終、更不相續，捨五陰身已不再生彼彼處，故阿羅漢五陰並非不死，亦非死可以新生五陰而導致後世繼續有生。倘若無明是經由不死所對治，佛法即應該已被外道法所破，阿含及方廣諸經中則不應外道法皆為世尊所破，則應成派中觀亦不應與佛法有任何關聯才是。宗喀巴主張第一刹那為第二刹那謝滅之因，此亦非理，何以故？滅既然具有能生之因，則第一刹那之滅就是第二刹那生起之因；而第一刹那與第二刹那一定是同類法，例如前一刹那與後一刹那眼識，兩刹那之眼識並未同生同滅，故前眼識不能熏後眼識，而眼識也不能熏眼識自體，又如何能夠以前刹那眼識之滅而生後刹那眼識？又第一刹那既已謝滅，於第二刹那生起時即已不存在，方能成立刹那之義，已經謝滅不存在之無法又如何成為第二刹那謝滅之因？故宗喀巴主張**滅**有**能生**因，不離過失，理不應成。

宗喀巴欲以其自意建立之生而死後之死滅，及死而生已之生滅，建立其滅為有情相續之因，已由滅法不能成立「能生因、能生果」之理而毀壞，縱然彼等應成派中觀諸傳承者欲辯言「此滅乃是細意識之性空體性」，亦不可得；因為死法現前時，一切粗細意識心都已隨著五根壞滅而斷壞；生法現前直到新的名色增長五根具足，才得以三法和合爲方便而生起意識，故意識不是空性之體，亦無有堪能性得以成爲安立十二有支所依之心。彼等以死即是滅，或者以刹那相續的滅，作爲能生因而能生果；若以理證而廣推徵，過失極多，處處違背世尊所說之法教故。

爲何說應成派中觀是以細意識之性空爲滅、爲貫穿三世之常住法？謂宗喀巴截取龍樹菩薩所說《中論》及《六十頌如理論》特定之局部文字，以爲足以證明其心中所思所想之「滅」其實就是彼等所否定如來藏心之涅槃體性。但是他所摘取龍樹菩薩《中論》中的「有無是有爲」，眞的能證明應成派中觀之「滅」是能生果之有事法嗎？舉示其前後文如下，供大眾檢查與判斷：【若謂於有無，合爲涅槃者，有無即解脱，是事則不然；……若謂於有無，合爲涅槃者，涅槃非無受，是二從受生；……有無共合成，云何名涅槃？涅槃名無爲，有無是有爲。】[31]

念念生滅即是有爲法之無常法相，因爲有爲法皆是因緣所生法故，無有自體生起存在之體性，亦無有自主壞滅之體性，如何此等有爲法之滅能夠成爲能生之因？生即是有法，滅即是無法；生者蘊處界生，滅者蘊處界滅，有者蘊處界有，無者蘊處界無；龍樹菩薩說不可於有、於無兩法合說為涅槃，否則蘊處界生及蘊處界滅、蘊處界有及蘊處界無，合起來時都將是解脫；但解脫若繫於有之生及滅之無，則解脫反受生滅有無之繫縛而不能成就解脫故。而蘊處界法都是與六塵相應，剎那皆不離六塵之領受，乃是從「受」生愛取而導致蘊處界有之生因，蘊處界壞滅亦是因爲五根毀壞而不能領受六塵法，並非本來已存之無受之法；故龍樹菩薩說生滅及有無皆屬於有受法，欲將生滅兩法、有無兩法和合說涅槃，則涅槃即成有受法，即與涅槃正理相違。而涅槃者乃是有一心從本以來即不受六塵，不與六塵相應，不於六塵起諸覺觀與取捨，故於六塵中之萬法一向如如不動，此本來無我不受六塵法之如如涅槃體性，才是佛法之根本；本自具足此等無為涅槃體性者即是如來藏心阿賴耶識（異熟識）心體，由如來藏心藉緣所變化興造之蘊處界及一切有等法，以及蘊處界諸法壞滅之無，皆屬有為法，與涅槃本際如來藏心恆時不生不滅完全不同，故涅槃之寂滅性非有為法。

彼等應成派中觀欲以「滅」法成就能生因而不惜違背世尊之法教，將已滅之「無」法揑造成能生自果之有事有為法，落入諸法自生的邪見中，妄以爲舉出龍樹菩薩《中論》中之「有無是有爲」，即可如同宗喀巴以自己之謬論而假稱爲龍樹菩薩之意趣。反而是彼等應成派中觀欲將攝屬無常有無法之「滅」聯想繫屬成常住法之涅槃，正是龍樹菩薩此句「有無是有爲」所破斥者；因爲「無常之有無」法皆無有常住之體性，皆不能成爲世尊所說十二有支安立之所依；生與老死等法皆依於常住法如來藏心而安立，意識心乃至細意識之微細我或者微細無我，都攝屬識陰，都是有生有滅之有爲法，不是常住之本住法，故應成派中觀所主張與諸蘊同在之「近密」細意識微細我－滅之體性－有能生因、能生自果，理不應成；以此緣故，應成派中觀應改名不成派中觀，所說中觀之理皆不應成故。

宗喀巴又舉龍樹菩薩《六十頌如理論》中「由因盡而滅，說彼名曰盡」，欲使人以爲其所說「滅能生自果不會產生無窮之異熟果而不能入涅槃、不能解脫」之過失，而龍樹菩薩於偈中所闡述者又是如何？再舉龍樹菩薩前後頌文如下，供大眾比對宗喀巴的說法而加以檢驗：【若謂生非滅，是有爲分別，而彼緣生輪，隨轉無所現；若已生未生，彼自性無生，若自性無生，生名云何得；因寂即法盡，此盡不可得，若自性無盡，盡名云何立。】

略釋此段頌文：「如果說生不會滅，這是住於有爲法上所作的分別；當他依於這樣來建立生不會滅的道理時，那個緣生緣滅的輪轉事實，在生與滅的流轉情況中將不可能現前。如果主張說已生之法仍然未生，那麼那個已生之法的自性應該是無生的；若已生之法的自性是無生的，已生的生這個名義如何能成立呢？能生的因寂滅時就是諸法滅盡之時，那時連這個盡字也不可得；如果已生之法的自性是無盡的，法盡的盡字這個名稱又將如何成立呢？」

龍樹菩薩於論頌中所說者，正是如此申論：一切有生有滅者、生法與滅法有異者，皆是於色等五蘊有爲法上分別所得，也就是說，若於有爲法上所分別之生法與滅法不異者，窮之不可得。有生之法必定有滅，不許說有生之法非滅；倘若主張有生之法非滅，本質上只是依有爲法而生起的分別，依照這樣的說法，緣生緣滅的生死輪隨著眾生輪轉時，將不可能顯現緣生輪了，一切有情的五蘊應該都是無生而永遠不死了。已生之法不該主張是未生、無生的，如果是五蘊等已生之法而主張爲未生之法性，則已生的五蘊的自性應該是無生的；自性既然是無生的，五蘊已生的生的名稱又如何可以建立呢？本自無生之法即無有滅法，有生之法即無「無生」可說；有生之法若是有本自存在之無盡性而不可滅盡，則蘊處界滅盡而入涅槃的盡，便無法建立；則諸阿羅漢即不可能滅盡蘊處界而入涅槃，必須永遠生死無盡了。但是應成派中觀卻說有生的意識是常住的，是不會滅的，主張已生的意識是有自性的本住法；然而意識既是有生之法，卻又主張為無生而不滅之法，那麼意識出生時的生字又怎麼能夠成立呢？意識的自性若是無生的，才能夠是無滅的，因此應成派中觀師把有生的意識說為無生的，所說意識本身的法性是自相錯亂而不能成立的。有生的意識若如他們所說是「**生而非滅**」的自性，那又如何能滅盡意識等六識而入涅槃？那麼涅槃滅盡一切法的盡字又如何建立呢？是故應成派中觀將有生之意識建立為有自性而無盡的非滅之法，使意識（不論粗細意識）都成為不可盡之法，則取證無餘涅槃即成為不可能，則佛法所說的諸法滅盡而入涅槃，即成妄說；然而佛世及後來數百年間常有親證阿羅漢果的聖者，命終之時滅盡識陰意識等五蘊諸法而入無餘涅槃，仍是佛教歷史上的事實，可見應成派中觀外於四阿含正教所建立的**已生的意識無生而不滅**的創見，理不應成。

親證本自無生之如來藏心，即能以此如來藏本來無生之無生智而觀察：

將如來藏所生一切法都攝歸本來無生的如來藏時，實無少法可生，亦無少法可滅，故無有生名可立，亦無有滅盡之名可立；如來藏心非由業因而有，故不隨業因盡而滅；色等五蘊諸法乃是如來藏心藉緣所幻化而有，是故能幻化色、識等法乃是無生之如來藏心之自性功德，此自性功德依於如來藏心之無生而說自性無生；業因盡而不再幻化生色、識等法，此自性功德不隨業因盡而盡，本來無生之如來藏心永遠無滅故。宗喀巴為了使人相信其所主張之生滅有為法中之「滅」具有能生因，說此能生因有滅盡之時，所以沒有無窮過；然實有無窮過，「滅」既為能生因，則「滅」即無有滅盡之時故，滅後必定繼續有生故，成就自相矛盾之過。

應成派中觀以自己之謬論誣攀龍樹菩薩，而說他們這些主張都是《中論》及《六十頌如理論》中之意趣所在，以博取沒有擇法眼者之信賴。但是以兩部論前後文之內涵來詳細檢驗，發現到宗喀巴之主張正是龍樹菩薩論中所破斥者：有為法定是有生有滅之法，凡是有生有為之法自性絕對有滅、絕對不是無盡；是故由如來藏藉意根、法塵為緣而生之一切粗細意識，都是有生之法；有生之法必屬有盡法而非無盡法，並無無盡之自性，不可建立為無盡法而持諸業種。倘若單純從五蘊世間之有爲法來分別，縱能從最粗之無常分別至最細之無常，仍然是生滅法，皆是緣生輪中隨轉之有法，永遠是生滅的體性；於緣生輪中隨轉而無生滅者，乃是十二有支緣生輪一一支安立所依止之如來藏心阿賴耶識（異熟識）。如來藏心絕非假藏傳佛教應成派中觀月稱、宗喀巴等強加演變後所說之細意識微細我，細意識微細我仍然攝屬三法方便所生之意識，仍是識陰所攝之生滅有爲法；有生有滅之有爲法，即不許說爲無生之法；既非無生之法即不能攝持一切善惡及無記業種子，於百千劫後實現業果。應成派中觀建立爲無生不滅而攝屬五蘊之近密細意識，並非世尊密意所說之眞我第八識，眞我是能藉根塵觸三法和合方便而生起意識之如來藏心阿賴耶識（異熟識），這才是龍樹菩薩於《中論》、《六十頌如理論》之眞實意趣。

為何世尊密意所說之我，不是應成派中觀所主張之細意識微細我？舉示經中世尊之開示略分辨之：【我爲眾生說，一切法無我；凡愚不能知，謂佛說無我。慧者了自性，我非我無二；無量無數佛，說是如來藏。】[32]

略釋此段經文：「我釋迦牟尼佛爲眾生解說，因緣所生之一切法無常、苦、空、無我；凡夫眾生及聲聞緣覺等愚人不能如實了知這個眞實義，而向大眾說：『佛陀只說五蘊無我，並沒有一法是眞實常住法。』具有佛菩提慧之菩薩們能夠解了常住法與所生諸法之自性：眞實常住的眞我，與有生有滅的蘊處界非我，其實本是不二之法；無量無數諸佛，皆說此眞我及其所生蘊處界諸法的無我，都是如來藏——以如來藏爲因。」

凡夫眾生不能了知五蘊存在之虛幻性，於不眞實之五蘊法產生顚倒想，而於意識非常計常、苦計爲樂、不淨計淨、非我計我；因此於五蘊法生起貪愛、我見、我執等染污法，所造作一切身口意行均是三界中生死輪迴苦果相應之業。世尊爲此等畏懼生死苦欲得解脫者宣說出離法，演說蘊處界法之無常是眞實苦、貪愛之過患、五蘊無我與我所、三十七道品等修道之內容，乃至蘊處界法生起次第等十二有支緣生輪之宣講；信受佛語之二乘學人如實依照世尊之教導而知苦、斷集、修道、證滅，到達出離生死輪迴之涅槃彼岸。二乘學人乃至已證解脫之無學聖者，都不能如實了知世尊所說非我、非異我、不相在之常恆不變易法，僅以信受佛語而於心中施設安立涅槃本際，未能親證此「**非我、非異我、不相在**」之涅槃本際如來藏心，故二乘有學無學往往誤以爲世尊所宣說之法只是五蘊無常、苦、空之無我法。但解脫道中之凡夫宣稱爲常住法之意識乃至細意識微細我，皆屬五蘊中之識蘊所含攝，是根塵觸三法和合方便所生之法，亦是意法爲緣所生之法；此是有智之世俗人現觀可得之事實，號稱最勝妙的應成派中觀師竟不能觀得此一事實，實屬怪事。又意識於夜夜眠熟無夢之無心位亦不現前，故意識於一期果報期間之心相皆非不滅之常住法，更不能入胎住胎而往生到下一世；今觀應成派中觀師都以此意識心之微細了知相作爲常住之微細我，即是世尊所說非常計常、非我計我之顚倒見者，尚不能知二乘菩提之五蘊無常故無我，當知更不能知大乘菩提之眞我第八識。

親證而不愚於涅槃本際如來藏心之菩薩，自能於如來藏心所親生之五蘊法中領受世尊在四阿含所說「非我、非異我、不相在」之密意，亦能親證大乘中道實相法，故能如實了知世尊所說「我、非我無二」之密意；即於緣生輪中，以緣生法、無常生滅、不是眞實我之意識心假我，現前觀察本來無生、眞實不滅、於三界獨尊無侶、本來即無五陰我性之眞我如來藏阿賴耶識（異熟識）之眞如無爲，現前領受意識覺知心乃至五蘊身之虛幻不實，這是菩薩與二乘不共之佛菩提慧。無量無數諸佛皆以如來藏心而說我，同時以五蘊虛妄不實、非常恆不變而說非我、無我；五蘊身乃是如來藏心藉緣所興造變現者，若攝歸於能變之如來藏心時，則所變而非我之五蘊仍是如來藏所有，本屬如來藏心所擁有之無量功德之一，不能外於如來藏而有，故無量無數諸佛所說我、非我無二（如來藏眞我與非眞我之五蘊不二），皆以如來藏心而說；只有親證如來藏心之菩薩才能如實了知諸佛密意，非彼墮於我見中以細意識微細生滅我爲常住法之應成派中觀諸傳承者所能思議或忖度者。再舉示相關之經文說明：

【迦葉白佛言：「世尊！二十五有有我不耶？」佛言：「善男子！我者，即是如來藏義；一切眾生悉有佛性（成佛之性），即是我義。如是我義從本已來，常爲無量煩惱所覆，是故眾生不能得見。」】[33]

略釋經文如下：「迦葉向佛稟白說：『世尊！輪迴於三界六道二十五類之有情，都有不顛倒之眞實我嗎？』佛說：『善男子！眞實不顛倒之我，就是如來藏法性之義，如來藏即是一切眾生心；一切眾生因如來藏本來具足一切功德法，故皆有成佛之體性，此等不生不滅常住不壞、自性清淨能圓滿成就一切世出世間法之眞如體性，就是不顚倒眞實我之義理。此等眞如佛性眞實我的眞實義，從無始劫以來，常時不斷被無量虛妄顚倒之我見與貪瞋無明等煩惱所覆蓋，因此三界中二十五類有情眾生就無法得見此如來藏眞我。』」

《大般涅槃經》中世尊說：一切眾生悉有佛性就是眞實不顚倒的眞我意涵，眞實不顚倒的眞我就是如來藏法性。如來藏法性者即是眞實不虛、常住不滅之金剛體性，自性清淨遠離一切煩惱染著、無爲無作，具足無量功德法性，能興造變現宇宙世界山河大地及一切諸趣眾生，能圓滿成就一切世間法、出世間法及世出世間上上法；此如來藏我並非由於顚倒虛妄想而有，亦非名言施設假有，乃是一切破除煩惱障、所知障斷我見之菩薩所能得見並現前觀察領受者。世尊於同一部經中說「世間之人雖說有我，無有佛性」，而世間之人所說之我就是緣於顚倒虛妄分別之五蘊我，但五蘊法不是常住不滅之法，五蘊法無有自己存在之體性，五蘊法現行之自性皆是因緣而有故，例如受之領納性、想之取境了知性、識之了別境界性；五蘊法是有爲有作之生滅法，亦是與煩惱雜染相應之法，故此等五蘊法無有眞實之義，是虛妄顚倒想之所緣，乃是一切眾生心如來藏變化所生之法。因此五蘊世間我非如來藏眞我，五蘊世間我並無能使眾生依之成佛之絲毫功德體性，而意識乃至細意識微細我永遠屬於識蘊所攝，此一法界中的事實永遠不可能改變，故應成派中觀月稱、宗喀巴等所主張細意識微細我爲本住法，理不應成，一切粗細意識皆無有使人成佛之自性故，是因緣所生之生滅法故，唯有一世存在故，人類世世意識都藉諸世不同之五色根而成就不同之意識故。

應成派中觀妄想將不堅固之世間我、無有成佛體性之粗意識我、細意識我，渲染包裝欺騙世人說成常住法，假想建立爲具有寂「滅」性、「空」性之心體，計著執取成爲能持業種受熏之識及能結生相續之眞識，竊取如來藏心阿賴耶識（異熟識）之種種法性功德，移植於生滅無常之意識心以後，不顧世尊及諸菩薩之聖言教，否定世尊所說阿賴耶識常住之聖教，而主張不需實有阿賴耶識即能成立結生相續之功能；彼等如是種種作爲皆屬變造佛法，是嚴重虧損如來、虧損法事，實乃一切謗佛、謗法中之特重者。

四、應成派中觀又以一切法自性空之空性假名爲阿賴耶識

應成派中觀有時又改以一切法自性空之斷滅空，指稱爲世尊在般若諸經

中所說的空性（以緣起性空而歸於空無之斷滅空的自性）假名爲阿賴耶識，不許實有阿賴耶識受持業種、無明種等，謗阿賴耶識如來藏心爲假名施設法，僞稱並無此心可證。

事實上，一切有爲法不離生住異滅之有爲相，一切有爲法皆是有生必滅之無常性，皆無有得以自己存在之體性，因爲一切法不自生、不無因生。一切有爲法皆從因緣生（以如來藏爲因，藉諸法爲緣而出生），生起現行後以其差別作用而顯示各自不同之自性；例如五蘊法中之色蘊，能變異及質礙相是色之自性，又眼根乃至身根、色塵乃至觸塵皆是色之自性；亦由眼根能攝取色塵之作用，不同於耳根攝取聲塵之作用，顯示眼根有不同於耳根之自性，如是鼻根、舌根、身根、香塵、味塵、觸塵各有不同之自性。色蘊之自性不是眞實常住不壞之法，色蘊之自性無有自在性，有生有滅、無常變異、剎那不住；例如眼根遭遇病變或者外力而毀壞，則眼根即失去攝取色塵之作用，眼根之自性即不復存在；色塵若遭遇風塵沙暴或者水火之毀壞乃至暗色之遮蔽，則色塵能被眼根所攝取之自性亦不復存在，故說色蘊之自性空。亦如內色塵之自性即是顯境，但若眼之扶塵根、勝義根毀壞時，眼識不得生起，內色塵之自性即不存在，已不能顯境故。

色蘊乃是緣起法之果法，色蘊無有眞實不壞之自性；色蘊等法之緣起性空體性，即是從色蘊等法生住異滅之法相所顯現，乃是依附於色蘊等有爲法之現行而比量推徵其未來之無常必空者；假如此等比量推徵所得之法相是一切法之根源，也就是說緣起性空是一切法生起之根源，那麼緣起性空顯然是根據有爲法而有者，那麼一切有爲法更應該是一切法生起之根源，若如是，則有爲法不應有生滅法相及無常法相，有如是過；亦成爲自己出生自己，則欲界一切有情都可以不必藉父母爲緣而出生，都應能由自己出生自己；則意識亦可以不必如佛所說由意根及法塵爲緣而出生，可以由意識自己出生自己；然此邏輯於現象界中卻不可得，於一切法界及般若正理中亦都不可得，有如是等過。這是嚴重違背世間法之運行法則，遑論出世間法及世出世間之上上法？又，若緣起性空是一切有爲法之本源，而緣起性空是依一切有爲法未來必壞之比量推徵而有，那麼一切有爲法即應皆從緣起性空而生，而緣起性空又從一切有爲法而生，即成爲一切法互生之過，猶如世間法中愚人倡說母生子、子生母之互生過失，理不得成。

倘若依附於有爲法而有之緣起性空就是究竟佛法，則緣起性空之體性應該就是無餘涅槃之本際，應該就是佛法中三乘菩提之究竟歸依處，那麼二乘聖者應當於初果就已證得此本際；因爲二乘人緣於蘊處界所觀之身受心法等任何一法，皆可思惟而得此緣起性空法相。然而世尊於阿含中未曾說初果人已證無餘涅槃本際，亦未曾說四果人阿羅漢已證無餘涅槃本際，世尊僅說有**「法、涅槃」**是寂滅、清涼、清淨、眞實、常住不變，此「**法**」絕非指向緣起性空，何以故？於前舉《佛說十地經》中世尊已說十二有支皆是依一心如來藏阿賴耶識而安立，如來藏阿賴耶識就是滅盡蘊處界流轉、十二有支還滅後之涅槃本際，就是《阿含經》宣說十因緣法時，世尊所說的「**齊識而還，不能過彼**」的本識、入胎識、住胎識。

倘若緣起性空就是涅槃本際，則涅槃即是斷滅之法，一切蘊處界有爲法滅盡以後，依之而有之緣起性空法亦不復存在故；然而佛在初轉法輪阿含期時曾經說過，比丘自知自證涅槃時，是「**寂滅**、**清涼**、**眞實**、**寂靜**」，顯然涅槃不是緣起性空，是常住而且不變異、眞實的境界。由此證明應成派中觀將依附於有爲法而顯示的緣起性空建立爲常住法，妄指爲阿賴耶識，純屬自意妄想的顚倒見。

佛法不同於外道之常見斷見法，因此，從緣生法蘊處界來說無自性之自性空，僅是顯示因緣法及緣生法之空相體性；若否定十二有支及十因緣法建立時所依之涅槃本際心體如來藏阿賴耶識，則十二因緣法及十因緣法都將成爲斷滅論、無因論，凡有所說皆成戲論。而應成派中觀月稱、宗喀巴等，卻於否定有阿賴耶識眞實心之後，不能排除他人提出經中世尊處處說有阿賴耶識聖教之質疑，乾脆曲解佛意說：**阿賴耶識是一切有爲法自性空之「空」的體性假名而說，此假名說阿賴耶識所指之「空」性才是佛之眞實密意。**今舉示彼等所說之謬論爲證：

問：若無阿賴耶識，亦能安立業果關係者，則楞伽經，及解深密經，阿賴達摩大乘經等，說有阿賴耶識，爲一切有爲法功能差別之所依，名一切種，如海起波浪，作內外一切諸法生起之因，豈彼建立一切非有耶？

答曰：不爾，對須說有阿賴耶識而調伏者，即應說有阿賴耶故。此說爲調伏眾生故，說有阿賴耶識。故自宗說彼是密意教，其密意之所依，當知唯說自性空之空性，名阿賴耶識。說彼名阿賴耶識之理由，謂由彼空性隨一切法轉故。[34]

古來已有他人質疑應成派中觀，如同現在吾等正信佛子檢驗應成派中觀之理論是否如法一般；如同世尊在四阿含諸經中，曾申論阿賴耶識爲入胎識、名色習、名色因、名色本，亦曾說此識爲諸法本母；世尊亦於大乘經中說有阿賴耶識能出生名色，爲一切種子識、一切諸法生起之因、一切有爲法功能差別之所依、十二有支依之而安立之心、涅槃之本際；當來成佛的彌勒菩薩及其受法者無著、世親、玄奘等菩薩論中，皆同樣弘揚此識爲眞實不虛之法，如何可說阿賴耶識是由一比量推徵假名安立，而扭曲爲依有爲法而存在之緣起性空之「空」無之性？應成派中觀如此說法，只能矇騙未曾閱讀或讀而不解之大小乘經典的初學人，不能矇騙已讀已解大小乘經典的久學人。這在以前西藏地區文盲普遍的年代可以欺瞞一般人，但在其他地區及現代的西藏，已經行不通了，遲早會被有智慧的新一代西藏學法者拆穿謊言；而且在現代仍有不少人在正覺同修會中實證了阿賴耶識，證明祂確實存在，並證明祂確實是出生名色之眞實法，證明祂確實是常住而不可壞的金剛心。

一切有爲法自性空所說者，乃是泛指一切因緣所生之有爲法空相法性，所說所指皆非常住心體；若非是常住不壞的本住心，即不可能出生有情的名色，應成派中觀自不可建立斷滅空為能生名色、能生有情者。應成派中觀傳承古時從聲聞上座部分裂出來的部派佛教演變所成之六識論邪見，一味否定有第八識如來藏阿賴耶識，不承認佛陀在《阿含經》中所說「**諸法本母**」、能出生名色的第八識阿賴耶識。彼等借用大乘經中世尊所說如來藏阿賴耶識心之空性等般若名相，以蘊處界之緣起性空妄想取代世尊所說般若實相心之第一義空之主體如來藏心，反而顛倒將般若實相心如來藏阿賴耶識否定，故吾等應該予以檢驗：**應成派中觀所主張的「阿賴耶識僅為一切法自性空所稱名而說」，符合世尊之聖教嗎？應成派中觀所說是佛法嗎？**

若阿賴耶識僅是五蘊等一切緣生法自性空之稱名，那麼阿賴耶識即不應有「識」之名，識乃是了別之義故，能了別故名為識，當知是心而非唯名無實之法；倘若阿賴耶識不能了別所執藏之善惡業種，則阿賴耶識不應是種子識；種子識倘若不能了別所執藏之一切善惡業種及異熟法種，果報即無有酬償之時，亦無有報盡之時，即無有因果律可成。倘若阿賴耶識不是種子識，則阿賴耶識無有功德力得以被世尊稱為入胎、住胎出生名色之識；入胎出生名色而成爲名色習、名色因、名色本之識，必定是種子識，必定是本住而不曾有生的心，方能出生名色，方得貫穿三世、貫穿一切世間出世間法而因果不亂故。既是名色之因、名色之本，又是持種而能了別識種之識，當然是實有心，則應成派中觀謗阿賴耶識爲假名施設之名相，謗爲五蘊緣起性空之別名，即成謗法之重罪；而且是謗法最重罪者，三乘菩提若離阿賴耶識心體，即無可能成立及存在故，聲聞涅槃即成斷滅空故。

倘若阿賴耶識僅是一切緣起法自性空之稱名，則阿賴耶識即不應是「心」；世尊說「心」具有積聚之義，只有心方得積集、滋長一切善惡法種及無漏有爲法種故。倘若一切法種不是由一常住之心體所執持，則後世名色無由出生，善業種子無由熏習增長，煩惱業種無由轉變清淨，解脫道亦將無由可證，更何況三大阿僧祇劫修道方成之佛道？應成派中觀以緣生性空而假名爲阿賴耶識、取代阿賴耶識，則有種種不定之過失；如是不定之過失，即成就了無因有果、有因無果之因果錯亂現象。然世尊確實說阿賴耶識是一切種子識、是心，舉示經文證明：【於六趣生死彼彼有情，墮彼彼有情眾中——或在卵生、或在胎生、或在濕生、或在化生，身分生起；於中最初一切種子心識成熟，展轉和合增長廣大，依二執受：一者有色諸根及所依執受，二者相、名、分別言說戲論習氣執受。有色界中具二執受，無色界中不具二種。廣慧！此識亦名阿陀那識，何以故？由此識於身隨逐執持故。亦名阿賴耶識，何以故？由此識於身攝受藏隱、同安危義故。亦名爲心，何以故？由此識「色、聲、香、味、觸」等積集滋長故。」[35]

略釋此段《解深密經》經文如下：「於天、人、修羅、傍生、餓鬼及地獄六道中輪迴生死之各類有情眾生中，或在卵中生、或在胎中生、或在濕生、或在化生，隨彼各類不同之身分如是各各生起；於各身分生起的過程中，最初是由一切種子心識由於業感成熟了，所以展轉和合四大種子而漸次增長廣大、具足名色；這是由一切種子心識依兩種執受而成熟諸根，並先出生五色根而展轉和合增長廣大以後，才有六塵及六識的出生；五色根增長廣大而出生了六塵與六識之後，名色圓滿具足時就出生於人間了，這時一切種子心識就有了兩種執受作爲依止而在人間運作：其中一種執受是一切種子心識所變生且執持之眼等諸有色根及根所依四大種等，另外一種執受就是所執藏七轉識所熏習之六塵境界相分種子、取相了別並產生種種分別及言說戲論之習氣種子。欲界及色界等有色界中有情之身分生起後，他們的一切種子心識皆具足此二種執受，而無色界中有情的一切種子心識都不具足此二種執受。廣慧！此一切種子心識又稱爲阿陀那識，爲什麼呢？由於一切種子心識隨於其所變現之身分諸根而執持之，使祂所執持的名色不會遺失或毀壞，故又稱爲阿陀那識。此一切種子心識又稱爲阿賴耶識，爲什麼呢？由於此一切種子心識乃是攝藏有情蘊處界諸法種子，亦攝藏分段生死見思惑種子及所造業種的心識，故能具足世世出生有情後有之因，有情因見、思惑煩惱及我所煩惱等無明種子執藏於此識中，與此一切種子心識同安危，故此一切種子心識又稱爲阿賴耶識。此一切種子心識又稱爲心，爲什麼呢？由於一切種子心識是不生不滅之常住心體，能受熏積集滋長一切色聲香味觸等相分種及分別言說戲論等習氣法種，常恆不斷地集藏著，故又稱爲心。」

此第八識名爲如來藏，又稱爲識、一切種子心識、阿陀那識、阿賴耶識、心。世尊說六道有情身分生起之最初，皆由一切種子識所成就；乃至諸根之成熟、增長廣大，皆不離此一切種子識之成就，此一切種子識就是世尊於阿含中所說之入胎識、住胎識、識。由此於一切種子識變現有情異熟果報之名色而執持之，稱名阿陀那識；由此識執持一念無明種子及諸善惡業種而使有情不斷受生，得以酬償業報實現因果，稱名阿賴耶識；此識集藏有情名色種子及一切無漏有爲法種子故，稱名爲心。凡此等等，都只是從不同的面向來立名，故有種種名稱，所指者皆是同一不生不滅之常住心體第八識。也就是說一切種子識是心體，阿賴耶識亦是心體，阿陀那識亦是心體；有時說爲心，有時說爲空性，也是心體，皆是同一第八識如來藏心體。意謂阿賴耶識是入胎識、住胎識、出生名色的識，是一切種子識，所以一切種子識就是心，心就是阿賴耶識，阿賴耶識就是阿陀那識，阿陀那識就是如來藏心體。阿賴耶識既然是心體，就不是應成派中觀月稱、宗喀巴所曲解之一切法自性空所假名而說之緣起性空、一切法空自性空，不是他們所說的無有實體而唯有名相之法。

阿賴耶識心體是眞實可證之法，因爲此阿賴耶識心體攝受藏隱於各各有情之蘊處界身中，隨逐於各各有情之異熟果報而執持其一期報身，使之不會遺失或毀壞，凡是具足菩薩種性者，值遇眞善知識攝受者，一世即可親證。親證阿賴耶識心體者，即能識得眞悟禪師所說之無位眞人、露地白牛、石上無根樹、吹毛劍、無弦琴、本地風光、自性彌陀……等，亦能現前觀察阿賴耶識心體之不生不滅、不來不去、不垢不淨、不增不減、非斷非常，因此常住於中道實相智慧境界中而能時時現觀之，即是實證中道之大乘賢聖，名爲眞實中觀。

有生滅者是一期蘊處界果報身，阿賴耶識心體常住而能出生世世之五蘊，實無生滅，故不生不滅。有來去者是有生滅性之蘊處界諸法，阿賴耶識心體實無來去，故不來不去。有垢淨者是與六塵相應之七轉識，阿賴耶識心體不與六塵相應故不垢，執藏七識所熏之染污種子故不淨，故名不垢不淨。有增減者是與七轉識相應之三界煩惱習氣，阿賴耶識心體恆不與三界煩惱相應故無有增減，故名不增不減。現法中阿賴耶識心體成就前際業報之果，又是後有業報之因，常執各類種子恆不間斷而能出生無量世之五蘊，故阿賴耶識心體非斷；阿賴耶識心體所執藏之分段生死種子及變易生死種子皆有變異性，於成佛之前皆有變易，故阿賴耶識心體所含內容非常，故非斷非常。親證阿賴耶識心體之菩薩如是現觀而引生實相中道智慧，如是觀察所得之智慧即是般若中觀智；故說中道的實證與現觀，要由第八識阿賴耶識心體的實證而作觀察，方能獲得。一切否定阿賴耶識心體實有之應成派中觀諸傳承者，以觀一切有爲法自性空作爲中觀，實乃墮於有生有滅蘊處界有爲法中者，墮於常見外道見中；正當應成派中觀師主張蘊處界等一切法空的緣起性空即是阿賴耶識時，其實質又是斷滅見者，因爲有爲法蘊處界都是會斷滅、可斷滅的法。應成派中觀否定蘊處界法生起之因，否定般若中觀所依的實相心阿賴耶識，僅存緣生法之生滅現象，已墮於斷滅法之一邊，又有何法眞實可稱爲中觀？故應成派之理論無有中觀可言，故說應成派之中觀見，理不應成。

阿賴耶識是心體，不是依一切有爲法自性空所假說者，應成派中觀所信受與推崇之《寶性論》亦如是說：【見實者說言：凡夫、聖人、佛，眾生如來藏，眞如無差別；有不淨雜淨，及以善淨等，如是次第說，眾生、菩薩、佛。如空遍一切，而空無分別，自性無垢心，亦遍無分別；如虛空遍至，體細塵不染，佛性遍眾生，諸煩惱不染。】36

爲免受到應成派中觀師之曲解，略釋此段論文如下：「親證般若實相心而看見眞實法的人都如是說：凡夫、聖人以及諸佛，及所有眾生都各自本有的如來藏，這個本自具足而與七轉識俱之如來藏心，祂眞實不虛的體性，以及由於不與三界六塵、煩惱相應所以永遠如如不動之體性，這種眞如法性於凡夫、聖人與諸佛的境界中皆無差別；由於各人的如來藏中所含藏純與三界我法相應之不淨種子、或者所含藏爲已斷部分三界分段生死種子及變易生死種子之雜淨種子，或者如來藏所含藏爲已斷盡分段生死種子及變易生死種子之純善淨種子，是因爲經過修斷次第而使如來藏所含藏種子之不同狀態而分別施設說明，才將有情次第施設爲眾生、菩薩與諸佛之差別。這個實相心猶如虛空遍於一切處，猶如虛空對一切法都不分別一般；自性清淨無垢之如來藏心自身，亦遍於一切眾生、菩薩與諸佛之十二處中，而各人之如來藏心亦不分別凡夫眾生或聖人，不分別菩薩與佛，亦不分別此爲眾生之眼識界耳識界、眼處耳處、善惡染淨等等；凡有分別都是如來藏心所出生之七轉識的事，與如來藏心自己無關。這個實相心如來藏猶如虛空而能遍至十方一切處所，各各有情的如來藏心體的識性是極微細的，任何一點點的微細六塵都不可能染污祂；因此如來藏本具的成佛之性雖然是遍在各自所變生之有情蘊處界中，也一直都遍於眾生之蘊處界中運行不斷，但都是永遠秉持著一味眞如清淨性而不受六塵中的一切善惡諸法所染污，不受蘊處界相應之煩惱所染污。」

《寶性論》的偈中分明說如來藏是心，是自性清淨無垢之心，具足成佛之體性；此自性無垢之如來藏心體遍在蘊處界諸法中，此心體不受六塵所染污。如來藏心體運行於蘊處界中，而時時顯示其能使人修行成佛之法性—亦簡稱為**佛性**—亦不受煩惱所染污，乃親證此如來藏心之實義菩薩方得如是以般若實相智現前觀察領受。如來藏心體遍於眾生之蘊處界，如來藏心之法性—**眞如之體性**—亦遍於一切眾生之蘊處界而示現；因此如來藏心體能夠執持眾生蘊處界諸法，隨於蘊處界諸法而運行不斷；菩薩於六地住地心以前，由於留惑潤生；或如六地滿心及七地心之刻意起惑潤生，故此如來藏心體仍皆稱為阿賴耶識，尚有故意保留或故意生起之分段生死種子未斷盡故。

阿賴耶識隨於其所變生、所遍到執持之蘊處界諸法而共同運行，然蘊處界諸法是阿賴耶識所生之法，是生滅變異無常之法，無有絲毫是堅固不壞者，無有絲毫是常住不壞法；是故蘊處界諸法是緣生法，無有自在之體性，故是無常空，故其自性是緣起性空；而此蘊處界之緣起性空、無常空，乃是依附於蘊處界而有，阿羅漢入無餘涅槃滅盡後有，無有蘊處界再出生，則依附於蘊處界之無常空、緣起性空即不復存在，同於斷滅。倘若依應成派中觀所說，蘊處界諸法無常空之自性就是世尊於三轉法輪所說諸經中之密意，則佛法即墮於外道之斷滅論中，無有任何菩薩或二乘聖人及具正見的佛弟子，願意信受此一等同於外道斷滅論之法。

倘若阿賴耶識不是「識」、不是心，無有任何「識」之功德行相與心行，僅是此等蘊處界自性空而假名所說，則一切菩薩皆將無法親證阿賴耶識而現前領受；然而現觀古來許多菩薩，都如中國禪宗祖師一般實證阿賴耶識心體而現觀祂的本來自性清淨涅槃，方能說出如是睿智深妙而使二乘聖人聞而不懂的開示。返觀應成派中觀所說之蘊處界諸法自性空，如同無常一般僅是依現象界觀察所得之心不相應行法（無常等二十四個心不相應行法，只是依眼識乃至意識、末那識、阿賴耶識等八識心王，五遍行、五別境、善十一、六根本煩惱、二十隨煩惱及四不定心所法，以及色法等三個分位差別所有的諸法而假名施設建立，八識心王並不能運作它們），離八識心王及色法、心所法的諸行以外，無有眞實體而別可得故，只是世俗諦而不能成就第一義諦。

經中世尊說：若佛出世、若不出世，一切眾生身中如來之藏眞如佛性常住不變，阿賴耶識心體即是如來藏（《楞伽經》中說：「此阿梨耶識名如來藏，與無明、七識共俱，如海浪生。」）。阿賴耶識心體才是世尊於般若諸經所說內空、外空、畢竟空、第一義空等空所依之密意，內空、外空、第一義空等空性皆是阿賴耶識心體之本來自性，而不是如應成派中觀顛倒所說阿賴耶識爲有爲法自性空之空性假名而說者。例如般若經中世尊如是說：

如是舍利弗！菩薩摩訶薩行般若波羅蜜，得是心，不應念，不應高；無等等心，不應念，不應高；大心，不應念，不應高。何以故？是心非心，心相常淨故。[37]

復次舍利弗！菩薩摩訶薩欲住內空、外空、內外空、空空、大空、第一義空、有爲空、無爲空、畢竟空、無始空、散空、性空、自相空、諸法空、不可得空、無法空、有法空、無法有法空，當學般若波羅蜜。[38]

須菩提白佛言：「何等爲內空？」佛言：「內法名眼耳鼻舌身意，眼、眼空，非常非滅故，何以故？性自爾；耳、耳空，鼻、鼻空，舌、舌空，身、身空，意、意空，非常非滅故，何以故？性自爾，是名內空。……何等爲第一義空？第一義名涅槃，涅槃、涅槃空，非常非滅故，何以故？性自爾，是名第一義空。」[39]

略釋以上般若經之經文如下：「就是這樣，舍利弗！菩薩摩訶薩觀行於般若波羅蜜中，證得實相心以後觀察此一所觀之心，不應對此心念念不忘而執著祂，不應由於已證此心而生起高心慢待他人；親證這個無等等心以後，證得這個大心以後，不應對此心念念不忘而執著祂，不應因爲已證此心而生起高慢之心；爲什麼如此說呢？因爲所證得的這個實相心，並非眾生所知的心，從來都沒有眾生所知的六識心的法相，並非六識心之心，是無我性的非心之心，因爲這個心的自性是本自常住、本來清淨、永遠清淨而無六識心行法相的緣故。」

「又舍利弗！菩薩摩訶薩若想要眞的安住於內空、外空、內外空、空空、大空、第一義空、有爲空、無爲空、畢竟空、無始空、散空、性空、自相空、諸法空、不可得空、無法空、有法空、無法有法空等種種空中，應當依止正確的法義而修學般若波羅蜜。」

「須菩提向佛請問說：『什麼樣的法是內空呢？』佛說：『內法者乃是指如來藏心所變現、所執持之眼耳鼻舌身意，如來藏心運行於眼根、眼處而不被眼根眼處所熏習之色塵所染污，亦不因眼根眼處之散壞而散壞；如來藏心所變現與執持之眼根、眼處乃是種子變異業果之呈現故非常，而如來藏心能變現眼根、眼處之種子功能不隨著業果之報盡散壞而滅失故非滅，乃因此而說眼、眼空，非常非滅，是什麼原因這樣說呢？如來藏心有其本來之自性性及本來之清淨性故。同樣的，耳鼻舌身意亦因如來藏心而說耳空、鼻空、舌空、身空、意空，非常非滅；爲什麼呢？如來藏心有其本來之自性性及本來之清淨性故，是名內空。⋯⋯⋯什麼樣的法是第一義空？第一義就是涅槃，色受想行識有生死、有來去、有增減、有垢淨，出生色受想行識之如來藏心卻沒有生死，故是涅槃；沒有來去，故是涅槃；沒有增減，故是涅槃；沒有垢淨，故是涅槃，涅槃不著於生死、來去、增減、垢淨故空；因有涅槃心如來藏常住不滅，故有色受想行識之生死、來去、增減、垢淨，滅盡色受想行識之生死來去增減垢淨，即是涅槃心獨存而不再現行於三界中，無有生死、來去、增減、垢淨之名可顯，故涅槃之名非常，爲什麼呢？如來藏心有其本來不可說之涅槃自性，涅槃是依如來藏心的不生不滅而施設的名相，所以涅槃亦空；但是涅槃卻是不生不滅，因爲如來藏的自性是自己本來就已經是如此的（不是由於修行以後才變成如此自性的），這就是第一義空。』」

以上所舉般若經中說，菩薩行於般若波羅蜜的境界中所觀者乃是「心」，不是六識心之全部或意識心；此心即是如來藏心阿賴耶識，佛說如來藏即是阿賴耶識心體故。菩薩由於親證如來藏心的緣故，能夠依止之而觀行修學般若波羅蜜；也就是說，修學般若波羅蜜所依止者是「心」，是親證及依止此第八識心及其眞實、如如法性，名爲證眞如、轉依眞如，而不是觀察蘊處界等有爲法緣生而無自性之自性空；由於能夠觀行領受如來藏心遍至於其所變生之色受想行識中運行時所顯之眞如性，故於修學、熏習、實證之後，能行於般若波羅蜜中而能夠安住於內空、外空……第一義空等如來藏心之般若空性智慧中。

由於如來藏心體遍至於所變生、所執持之蘊處界諸法中運行，故如來藏心體阿賴耶識才是世尊對一心只求解脫生死之二乘人所隱覆而說之密意，故世尊於《阿含經》中或者說眞實、或者說法、或者說實際、或者說清涼、或者說常住不變。這個如來藏心的密意是從來都不對不迴心的聲聞聖人與凡夫明說、細說的，而所生法蘊處界諸法之無常空、緣起性空、無自性空，則都是世尊對二乘聲聞聖凡大眾明說細說之法；阿含四大部諸經尚在，今猶可稽，故知此說無可否認。應成派中觀月稱、宗喀巴等人，卻是一向迴避四大部阿含諸經中所說色陰、識陰虛妄的聖教，執意主張觀想出來的天身常住，又處處想方設法主張意識常住，藉此使其落入色陰、識陰、受陰、想陰、行陰中的雙身法享受淫樂境界合法化；又企圖以顛倒說，矇騙不具正知見之初機佛弟子，處處否定阿賴耶識爲眞實有，即可避免未悟言悟之譏。爲達成此一目的，進而妄說阿賴耶識僅是一切法自性空之空性假名而說。如是將三乘菩提主體之第八識否定，而顚倒將第八識所生蘊處界之緣起性空之所顯法——心不相應行法，推崇爲中觀所說之般若而完全違背佛意，無異捨本逐末、欲煮沙成飯者，屬於非因計因者。彼等如是曲解佛意以後，欲使人信受彼等故，不惜攀緣附會菩薩之論著而大量引用之，再加以扭曲以合其意，例如宗喀巴這麼說：【攝大乘論，爲成立阿賴耶識所引之阿毗達摩經，於寶性論釋中，則引證一切有情皆有法性種性。如云：「雖諸有情皆有如來界藏，然彼有情自不能知。如云：**無始時來界，一切法等依，由此有諸趣，及涅槃證得。**」與月稱論師說阿賴耶識意趣，是依空性而說，極相符合。】[40]

但《攝大乘論》乃是無著菩薩爲證實眞有阿賴耶識而造之論，諸多申論及引證，處處皆是向正信之佛弟子證明阿賴耶識眞實有；如今月稱、宗喀巴以一切法自性空假名而說如來藏阿賴耶識，極力否定阿賴耶識的實有，與無著菩薩論中所申論引證阿賴耶識是一切種子識、是涅槃證得之所依等完全相反；其本質是破斥《攝大乘論》，卻攀引無著菩薩《攝大乘論》來證成自己的歪論，顚倒事實而妄說《攝大乘論》之意趣與其相符合；此乃信口雌黃、指鹿爲馬之極爲不善惡行，大眾應予以摒棄。茲舉宗喀巴所引之《攝大乘論》卷一中無著菩薩所申論相關之論文，以揭穿應成派中觀之謊言：【此中最初，且說所知依即阿賴耶識。世尊何處說阿賴耶識名阿賴耶識？謂薄伽梵於阿毘達磨大乘經伽他中說：「無始時來界，一切法等依，由此有諸趣，及涅槃證得。」即於此中復說頌曰：「由攝藏諸法，一切種子識，故名阿賴耶，勝者我開示。」如是且引阿笈摩證。復何緣故，此識說名阿賴耶識？一切有生雜染品法，於此攝藏爲果性故，又即此識於彼攝藏爲因性故，是故說名阿賴耶識；或諸有情攝藏此識爲自我故，是故說名阿賴耶識。】

爲消除應成派中觀曲解論文之影響，略釋上舉《攝大乘論》論文如下：

「（有十相殊勝及殊勝語是世尊於大乘中所說。）其中最初所說就是指出能與一切染淨所知諸法作為依止者就是阿賴耶識。世尊於何處宣說阿賴耶識？又為何稱為阿賴耶識？世尊於解說大乘法性相之大乘經的頌中這麼說：『無始以來之法界（或稱如來藏界或涅槃界），為一切世間法、出世間法、世出世間法平等所依止，由於此一切法等依如來藏界為因的緣故而有六道諸趣之生死輪迴，以及厭惡生死輪迴者斷除三界生死之煩惱業因；也由於此一切法等依之如來藏界，而證得不受後有生死之涅槃界而不墮於斷滅空。』世尊於此等大乘經中又以頌這麼宣說：『由於此如來藏界攝受所變生之蘊處界諸法、孕藏諸法功能，是能受熏、積集諸法種子而出生諸法之心識，故此心識稱為阿賴耶；只有對於心量、智慧都殊勝於二乘人之諸菩薩眾，才開示此阿賴耶識法體之內涵。』像這樣並且引用《阿含經》證明世尊確實宣說阿賴耶識是種子識、是能積集一切法種之心、是能出生一切法者。由於什麼緣故而說此一切種子識稱為阿賴耶識？因為三界有情之出生以及一切與我見、我執相應之雜染品法，都於阿賴耶識心體中攝藏，並由此識給予造業有情異熟果報之體性，又因為此阿賴耶識駐於所變生之異熟果五蘊中，能持種受熏而成為有情出生後有異熟果之因，由於這些體性而稱此一切種子識為阿賴耶識；或者因為三界一切有情皆內執此識所生之功能體性爲自內我，導致執藏諸多與我見我執相應之雜染法種，因此而稱此心爲阿賴耶識。」

無著菩薩於論中引證世尊之聖教，申論指出阿賴耶識是三界有情出生之因；既是出生有情等一切法之因，也是能給予後有果報之識，亦即阿賴耶識是能貫穿三世之入胎識，是出生後有名色之識；並申論阿賴耶識是心，是一切種子識，是涅槃界，是涅槃之本際，是蘊處界及宇宙世界山河大地等一切法所依。而宗喀巴卻故意扭曲無著菩薩之論意，欺騙世人說是與月稱相同，說無著菩薩這些論文所說的道理，是與月稱同樣依一切法自性空之空無之性而假說阿賴耶識。此等極度扭曲事實又牽強附會之作法，乃是假藏傳佛教應成派中觀古今祖師之一貫手法；未具擇法眼、未證知無著菩薩論文中所示眞實義之讀者，若只閱讀宗喀巴等人之著作而不曾比對經論時，往往被他們欺瞞。所有學佛的讀者，對以上所舉假藏傳佛教諸師扭曲教義之事實皆應有所警惕，以免不愼隨之步入毀謗菩薩藏、毀謗正法之最大惡業中而不自知。

推究應成派中觀佛護、月稱、寂天、阿底峽、蓮花戒、宗喀巴以來諸傳承者，之所以推崇緣起性空、一切法自性空爲究竟爲般若，曲解實存之第八識如來藏爲諸法自性空之空無；又處處主張意識是不可摧破之本住法，說意識是能入胎、住胎而結生相續之識，扭曲《阿含經》中的聖教而改說意識細分出來之細意識才是我見之所緣，再以意識之一分明瞭分爲細意識而假說阿賴耶識，又以一切法自性空假說爲阿賴耶識，實乃以顚倒妄想而認定意識是世尊於般若經中所說之非心心、無心相心，亦是顚倒妄想而將世尊所說緣生緣滅之無常生滅法意識認爲是常住法。又欺騙佛教界初機學人，說諸多大乘方廣唯識經中所說之阿賴耶識、阿陀那識，都是同於彼等否定阿賴耶識眞實有而以意識之種種變相假名而說者。假藏傳佛教應成派中觀諸傳承者與修學者否定阿賴耶識心體實有以後，彼等所能安住者唯有意識覺知心自我，悉皆墮於五蘊虛妄我見中；卻將意識眾生我譬喻成經論中所說有情攝藏阿賴耶識爲自內我之阿賴耶識，故彼等強烈主張我見之所緣乃是意識之細意識分，而不是五蘊法（但細意識仍然是五蘊中之識蘊所攝，彼等所辯已成爲無義之說）。因此，應成派中觀否定了彼等所不能實證的阿賴耶識心體以後，必須主張意識能入胎結生相續，堅稱意識是一切種子識，否則彼等必定墮於斷滅論及因果失亂之大過失中；此皆是墮於五蘊我見者所無法免除之落處，應成派中觀見者都不能自外於其中。而早在佛護時代之前，無著菩薩就已經破斥過：意識入胎結生相續的說法不能與眞實道理相應。應成派中觀月稱、宗喀巴一方面攀緣附會無著菩薩之理論爲其二大車軸之一，一方面卻處處扭曲、違背無著菩薩所說，其心確實不直與不善。

舉示無著菩薩於《攝大乘論》卷一中破斥意識結生相續之論文如下：【云何爲生雜染不成？結相續時不相應故。若有於此非等引地，沒已生時，依中有位意起，染污意識結生相續，此染污意識於中有中滅；於母胎中，識（本識阿賴耶識）、羯羅藍更相和合。若即意識與彼（羯羅藍——受精卵）和合，既和合已依止此識，於母胎中有意識轉；若爾，即應有二意識，於母胎中同時而轉。又即與彼和合之識是意識性，不應道理，依染污故，時無斷故，意識所緣不可得故（五色根尙未生起或圓滿，故尙不能有六塵存在，故意識所緣之六塵仍不可得）。設和合識即是意識，爲此和合意識即是一切種子識？爲依止此識所生餘意識是一切種子識？若此和合識是一切種子識，即是阿賴耶識，汝以異名立爲意識。若能依止識是一切種子識，是則所依因識非一切種子識，能依果識是一切種子識，不應道理。是故，成就此和合識非是意識，但是異熟識，

是一切種子識。】

無著菩薩此段論文已經於本章第一節中舉示並予解釋，此處重新再引用，是要強調應成派中觀扭曲經論之事實，證明應成派中觀攀緣附會無著菩薩大論，欺瞞佛教界說「**與彼等見解相同**」，這是舉證應成派中觀師心地不直的事實眞相。另一方面也要披露彼等以意識爲一切種子識、爲入胎住胎結生相續之識，此一錯誤之理論早已被佛護[41]時代以前之無著菩薩所破斥；彼等不能了知一切有情皆有之法性、種性，乃是一切眾生如來藏阿賴耶識心體所擁有之功德法性，不顧經論中佛與菩薩宣說之眞實義，一味地以其私心否定阿賴耶識，一味地推崇、寶愛五蘊中識蘊所含攝之意識，一味地扭曲經論眞義，卻欺騙佛教界說「**其理論與經論完全相同**」，正是世尊於般若經中所說不能與般若波羅蜜相應者，不能住於內空、外空、第一義空等般若空法者。因此，應成派中觀師月稱、宗喀巴等六識論凡夫，欲以一切法自性空假名爲阿賴耶識，否定阿賴耶識心體眞實有，乃是凡夫虛妄我見的附佛法外道行止，一切正信之佛弟子皆應於此明察並詳細檢驗。

五、應成派中觀主張阿賴耶識僅是為破除執外境實有者方便而說

自古以來，未能親證般若實相心如來藏阿賴耶識者，從蘊處界諸法之緣起性空、蘊處界諸法不能自在無有自體之無常空為依據，並以與境界分位差別相應之意識，妄想為唯識經中說的第八識無分別識及《華嚴經》中說的萬法唯識之識，於心中建立這樣的錯誤基礎而談論般若經中所說諸多空義之體性；以意識覺知心意會、套用此空之體性而歸屬於般若，以意識心來觀察蘊處界諸法自性空之體性無有差別；並以念此等法之意識心安住於不領受五塵之境界中，將此不領納五塵時之了境智（別境慧心所）定位為無分別智。例如清辨（自續派中觀師）及佛護、安慧，以及自動繼承於佛護之月稱、宗喀巴等應成派中觀傳承者，彼等實質上皆以不離境界法之意識作為實證般若無分別智之標的，墮落於意識相應之五別境心所法中，正是不離生死輪迴之我與我所執煩惱所攝。

當眼識分別色塵境時，應成派中觀師的意識心能了知、安住於眼識之現起沒有自性的作意中，這是藉眼根觸色塵之緣故才能成就，若無色塵境則眼識亦不復生起；耳鼻舌身等四識亦復如是，故意識心中了知五塵之虛妄而安

住於五塵諸法無自性空的作意中，其實是依眼等五識方能成功；而且只是對五蘊中的局部了知自性空，並未函蓋全部五蘊的自性空，落入識陰六識及六種自性中，不知識陰之虛妄，故此仍是未斷我見、未到聲聞初果的境界，更不能知阿羅漢所不知的般若無分別智。

般若無分別智是以現觀第八識如來藏心（無分別識）的無分別性而使意識生起了能了知法界實相的智慧，不是以意識住在無能分別的愚癡狀態稱為無分別的智慧；但應成派中觀師自古以來都以意識了知五塵境界的虛妄，令意識住於五塵自性空而對五塵了了分明的作意中，作為實證般若無分別智，以為此等領會空（緣起性空）的體性而令意識住於如是作意中，能對五塵境界了了分明，就能夠斷除對境界的執著而可證得大乘法無我。

如是，古今所有應成派中觀師，自始至終都落入五蘊法及識陰六識及其心所法中，都不知識陰及六塵之虛妄，具足我見；彼等一念不生而對五塵境了了分明時已是取五塵境界，仍是執著五塵境故，不免會貪著雙身法的身觸境界而無法解脫欲界境界。因此，彼等對於親證阿賴耶識之唯識家述說「**萬法唯識**」正理之時，於修學道種智之內涵中，申論六識所分別之六塵境唯是阿賴耶識所變現之內六塵，而不是眞實之外塵境；對於以大乘「法無我」之智慧而斷除法我執之大乘佛菩提修證，所有應成派中觀諸師都完全無法理解，便一直提出許多諍論，寫作龐大而內容全然錯誤之唯識學密續，企圖誤導學人，藉此主張實證唯識者之說法及唯識經典所說不究竟，錯謗爲不了義之說，堅持其所主張一切法無自體性之無自性空—斷滅本質之「性空唯名」假說「般若」—才是究竟了義，錯認此等一切法無自體性來觀察諸法之所謂「中觀」才是最究竟的。如是主張一切法無自性、一切法空以後，卻又回頭建立藉意法爲緣而生的意識爲常住法，從斷見法中返墮於常見外道我見中，本質與常見外道全無差別——同認因緣所生之意識妄心爲本住法。

親證般若實相心如來藏阿賴耶識之菩薩們，如同般若經中世尊之開示一般，以意識心現觀與蘊處界同處所而離六塵見聞覺知、無覺知心心相（《般若經》中說爲「非心心」、「無心相心」）之阿賴耶識心體，觀察領受阿賴耶識心體之本住性、自性性、清淨性、涅槃性及中道性；再以此等阿賴耶識心體之體性而安住於眼耳鼻舌身意之內空、色聲香味觸法之外空乃至第一義空等等，而繼續深入修學習行般若波羅蜜；故親證實相心阿賴耶識心體而領受其眞如與中道法性的觀行，才是中觀的正確入門；捨此即無般若中觀之可修、可證，意識心並非住於中道之心而無中道之觀行可言故。

然菩薩習行如是甚深般若波羅蜜，僅是佛菩提道中之見道位入門，僅得總相智；若欲通達見道位滿足而入初地，尚有極多別相智須深入進修、實證及現觀，然後始能進入初地而名爲見道**通達位**之菩薩摩訶薩；必須於所親證之阿賴耶識即是一切種子識、貫穿三世之入胎識無分別識，現觀此識是出生萬法之根源，是一切種智之智體；如是通達佛菩提道所應修證之內涵與次第而進入修道位中，方名初地心菩薩。

實相般若所說之無分別識、無住心、非心心，就是如來藏心阿賴耶識；三界唯心所說之心，就是如來藏心阿賴耶識；萬法唯識所說之識，就是由如來藏心成就之八識心王（唯識宗祖師說：「一心說，唯通八識。」）；三界一切境界都是唯由如來藏心方能成就，故說三界實唯如來藏心——阿賴耶識心體（《楞伽經》中說：「阿梨耶識者名如來藏，而與無明、七識共俱。」）；三界中的萬法若離八識心王的和合運作，即無法具足圓滿，故說萬法唯識。蘊處界皆由阿賴耶識直接乃至間接所生故，此乃一切親證如來藏心阿賴耶識者具足大乘人無我智之現觀內容。菩薩如是通達見道之內涵，亦是於習行甚深般若波羅蜜之過程中，親自領受阿賴耶識出生蘊處界諸法之功德，乃至於現量中以意識覺知心現觀五塵境乃是由阿賴耶識藉所親生之五根攝取五塵所變現，親證猶如鏡像之證境，破除一分法我執而證得一分大乘法無我，得以圓滿初地心而轉入二地初心。

由此證實菩薩修學道種智，乃是以蘊處界法唯阿賴耶識所變現，作為現觀之標的；所依據者乃是世尊於第三轉法輪所宣說之方廣唯識經典，例如《楞伽經》、《解深密經》等；而菩薩以其所學所證而申論萬法唯識，以教導後學菩薩者，亦有彌勒菩薩之根本論《瑜伽師地論》，無著菩薩之《攝大乘論、顯揚聖教論》，世親菩薩之《攝大乘論釋、唯識三十頌》，玄奘菩薩之《成唯識論》，窺基大師之《成唯識論述記》等等可以作為印證及依憑。

古今應成派中觀師未能親證如來藏阿賴耶識，而以一切法無自體性之無常空作為般若之實證，並主張如是錯誤假說之般若為究竟法者，以彼等之見取見而諍論於親證如來藏阿賴耶識者依唯識種智所說之妙法，認為阿賴耶識僅是方便說、僅是為破除執著外境實有者而說；然彼等應成派中觀師以意識心緣於五塵境時領會五塵之無自體性、緣起性空時，認為即是已經破除對於外境之執著，不需再以破除外境實有為手段，故不需再施設阿賴耶識而破除外境實有。因此自古以來所興起中觀與唯識學派間之空宗有宗相諍，皆是源於未親證如來藏阿賴耶識又未斷識陰我見者，以錯悟、墮於斷滅空之錯誤中觀見，對於眞實中觀與眞實唯識不解而產生矛盾，因此對親證阿賴耶識者以空有不二甚深空性之中觀為基礎，所說悟後進修之修道次第內容之深淺廣狹，未曾有矛盾存在之唯識種智增上慧學，加以質疑而不斷地諍論。古來針對已經實證如來藏之唯識家，以阿賴耶識為三界唯心之心，以八識心王為萬法唯識之識，進行破斥與諍論者，大多屬於古天竺佛護以來之應成派中觀傳承者，少數屬於繼承清辨六識論的自續派中觀師；近代則以假藏傳佛教黃教的阿底峽、宗喀巴為首，末流即為印順法師率領的人間佛教諸師，極力否定三界唯心之心。但彼等實質上是將意識妄想為三界唯心之心、萬法唯識之識，取代原來的第八識如來藏無分別識，作為一切法無自體性空之心體，先就此點舉證如下：

月稱說：「說有賴耶數取趣，及說唯有此諸蘊，此是為彼不能了，如上甚深義者說。」

宗喀巴說：「月稱論師說阿賴耶識意趣，是依空性而說，……。」宗喀巴又說：「許能取後有之心是意識故。復許意識，是一切染淨法之所緣故。」[42]

月稱於《入中論》說：一切法無自體性之空，是密意，是甚深意；若有不能解了此等空之體性者，才爲彼說有一數取趣者阿賴耶識。依照月稱如是主張，是說：能取後有、能入胎、能住胎製造名色五陰者，是一切法無自體性之空；若有人能解了此空者，不需對彼說有一數取趣之阿賴耶識。但一切法無自體性之空，本質是空無，這個空無是能製造後有、能取後有之入胎者嗎？顯然不是。傳承於月稱之宗喀巴知道空無是不可能出生任何一法的，當然也無法住胎出生五蘊而取後有，故宗喀巴亦說能取後有之心是意識。也就是說，得要有「心」方得入胎、住胎而取後有；一切法無自體性這個空是無，並非能獨自存在之主體故，亦非心故，只是蘊處界緣起性空的現象名稱故，所以月稱、宗喀巴很明顯是將一切法無自體性之空歸屬於意識心。

若要證得般若經及唯識經中所說這樣的甚深空性，就得先證得此甚深空性所歸屬之心；月稱、寂天、阿底峽、宗喀巴等應成派中觀師，認為所證空之體性歸屬之心就是意識心；因為彼等極度尊崇意識心，稱意識心為不可摧破之法，宣稱意識是本住法，是入胎、住胎結生相續之心。然而世尊於三轉法輪諸經中處處宣說意識心乃是藉意法為緣生，是阿賴耶識心體藉根、塵、觸等三法和合方便所生者；故意識是有生有滅之心，是五蘊中識蘊所含攝之生滅法，是緣於五蘊生起顛倒想而生起我見、我執之罪魁禍首，也是二乘聖者入無餘涅槃時必滅的恆與我見我執相應之心。

宗喀巴於先前所舉事證中說「**說彼名阿賴耶識之理由，謂由彼空性隨一切法轉故**」，蘊處界一切法皆由因緣和合所生、皆無自體性；無自體性之空，雖然隨著蘊處界法生住異滅之現觀而可證知，然而無自體性之空卻只是依附於蘊處界而有的一種現象，是以生滅性的蘊處界為體，只是心不相應行法之一，並非實體法，尚且不能運轉蘊處界法，何況能入胎、住胎而出生蘊處界？當知更不能轉蘊處界、不能運行於蘊處界中，何以故？無自性空只是蘊處界無常、苦、空、無我的所顯法，只是一種現象而非有主體法，當然不能運行於蘊處界中，不能遍行於蘊處界中，自亦不能出生蘊處界而成就世世結生相續之功能。

又，若以月稱、宗喀巴等所主張此一切法無自體性之空歸屬於意識心而言，意識心乃是一世之五根身及五塵等色蘊生起後，藉著五根觸五塵之緣才生起之心；又意識心於夜夜眠熟無夢時皆斷滅，而五塵仍然存在，可見意識心不能恆時運行於五塵中；意識既然夜夜眠熟即斷滅，當然祂不現前時即無受想行諸法，故意識心顯然無法恆時運行於五蘊中，不得建立爲五蘊結生相續之心；意識心既不得遍隨一切法而運轉，何況意識心現行過程中所呈現之一切法無自體性之空，只是一種現行過程中顯示出來的現象而非實有法，又如何能遍隨五蘊中的一切法運轉？一切法無自體性之空既不能隨一切法轉，則意識心必定不是能藉眾緣生起色蘊之入胎識，月稱、宗喀巴將此意識建立爲世世結生相續之心即屬嚴重錯誤；因爲世尊之聖教中說，胎兒之五根未生起之前，並無五根觸五塵之助緣而不能生起意識故。因此，意識心是一切法無自體性所攝之生滅心；無自體性之意識心尚須藉緣而生、依緣而住，當然不是能生意識所依名色五陰之入胎識，當然無法遍行於蘊處界一切法中，故意識心無有絲毫堪能假說爲阿賴耶識之可能性，顯見能入胎出生蘊處界諸法之阿賴耶識心體絕非意識，其功德亦絕非意識所能取代。由意識不具有入胎、住胎出生蘊處界，顯然不具有結生相續的功德；再由現前可見有情能入胎結生相續的事實來看，顯然另有一個阿賴耶識如來藏確實存在，並非由識蘊中之某一心、某一法之假說稱名者。而現代也仍然有人能親證這個入胎識——第八識、阿賴耶識、如來藏，證明祂確實存在而非應成派中觀所說的假名施設有。

很顯然的，應成派中觀師所謂之「中觀」所依心，並非世尊所宣說具足一切中道法、不生不滅之如來藏阿賴耶識心，而是世尊一向所說修學般若波羅蜜而未能實證者，心中常念、常高而且念念生滅之意識心；不是眞悟者悟後轉依阿賴耶識以後，不相應於念（般若經中說第八識是「不念心」）、不相應於高之智慧境界。意識心一向不離境界法，意識心乃是因爲境界法而現前故；以依於六塵境界而方便生起之意識心當作常住心，即是常見外道見解，是常見外道合流者；竟然反過來責難確實能生現一切境界、不與境界相應之阿賴耶識爲方便說，其顚倒之妄論又是如何？舉示如下：**【慈尊解經意時，於辨中邊論與莊嚴經論，辨法法性論中，建立阿賴耶識破除外境。於現觀莊嚴論**

與寶性論中，則不建立阿賴耶識不破外境。……若謂，雖不許有自相之阿賴耶識，可許離六識身，別有如幻為一切染淨法之種子識。曰：若許有如是阿賴耶識，則亦應許唯由阿賴耶識習氣成熟，現似色聲等境，別無外境。然彼論云：「由知知所知，離所知無知，如是何不許，無能知所知。」此說外境內心，有無相等，若無一此，餘一亦無。當知與本論所說：「心境二法，勝義俱無，名言俱有，於二諦中，俱不可分有無之別。」義理相同。故無外境唯有內識，非是龍猛菩薩所許。既離意識不許異體阿賴耶識，則所言阿賴耶者，是總於內心明了分，特於意識立為阿賴耶。】[43]

佛菩薩對於「**無外境而唯有內識**」不許者，所說只侷限在識陰六識之內，意謂必須有外六入才能有內相分，有內相分才能有內六入，而識陰六識全都必須依外境（凡夫都將內六入視作外境）才能生起及存在。這說法完全正確，但卻不可套用在出生六根、六塵、六識的內識阿賴耶心體上。內識阿賴耶心體是可以出生六塵、六識的心，當然可以不必依外境而有；但應成派中觀師佛護，及自續派中觀師清辨等六識論者，都否定了內識第八識（此識住於內，從來不了別六塵諸法，故說為內識；有時亦說為外識，能接觸外六塵而變現內六塵故，識陰六識都不能接觸外六塵故），當然會誤將內識如來藏定義爲識陰所攝的六識心，於是失之毫釐、差以千里，一世所修、所說全都成爲戲論。

宗喀巴於《入中論善顯密意疏》中所說之慈尊是稱彌勒菩薩，古來應成派中觀師一向喜好攀緣附會彌勒菩薩，此種僅竊取名號而不引用論文內涵、不能如理彰顯造論者原意之手段，僅是爲了讓他人信以爲眞，誤認爲彼等主張**阿賴耶識是假名而說、不是眞實有**的邪說是彌勒菩薩所說，移花接木說是爲破除執外境眞實有者而方便說，使人誤以爲他們的邪見同於彌勒菩薩開示之聖教。我等應將其移花接木、極度不善之手段予以揭露，以挽救被誤導之佛弟子，以免佛之正法被此等披著佛法外衣之常見外道破壞殆盡。首先舉示彌勒菩薩在《瑜伽師地論》中詳細申論決定實有阿賴耶識之所說：【問：前說種子依，謂阿賴耶識，而未說有有之因緣廣分別義；何故不說？何緣知有廣分別義？云何應知？答：由此建立是佛世尊最深密記，是故不說。如世尊言：「阿陀那識甚深細，一切種子如瀑流；我於凡愚不開演，恐彼分別執爲我。」復次，嗢陀南曰：「執受初明了，種子業身受，無心定命終，無皆不應理。」由八種相，證**阿賴耶識決定是有**。謂若離阿賴耶識，依止執受不應道理，最初生起不應道理，有明了性不應道理，有種子性不應道理，業用差別不應道理，身受差別不應道理，處無心定不應道理，命終時識不應道理。】[44]

略釋此段論文如下：「問：於前面〈本地分〉中說阿賴耶識是各類種子之所依，但是卻未廣泛的分別說有『三界有』之因緣義理；是何緣故而不說？是何道理而知道一定會有『三界有』出生的廣大分別之義理？又是根據什麼而說應該知曉阿賴耶識實有的內涵？

答：由於這個種子依阿賴耶識心體而存在之義理所建立之種智內容，是佛世尊最深密意之授記的緣故而於前階段中不加以宣說。猶如世尊所說：『阿陀那識的行相極為甚深而且微細，所執藏之一切種子猶如瀑流一般難以觀察及理解，心體常住而種子生滅不斷似常非常；所以我釋迦牟尼在大乘凡夫及定性阿羅漢等愚人之中都不開示演說，惟恐為那些無智人宣講之後，會導致那些凡夫與愚人不懂而產生了錯誤的分別，反而虛妄的執著阿賴耶識心體即是凡夫所執著的意識我。』

復次，頌曰：『執受初明了，種子業身受，無心定命終，無皆不應理。』由這八種法相證明決定有阿賴耶識之存在。這八種法相是這樣的：一、倘若離開阿賴耶識，能使六識身作爲依止，能執受六識使其運作，則不應道理（六識身乃六根及境界與作意力方得生起，六識身有善、不善等性可得，六識身乃各別依止眼等而轉，六識身非無覆無記性亦非異熟性所攝故不能執受六根等；必須有一心體執受六根、六塵及六識種子，識陰等六識方能運轉；故若離能執受六根等之阿賴耶識心而說有能執受五色根及種子等法者，則有種種過失，因此離阿賴耶識而有依止執受不應道理）。二、若無阿賴耶識執持身根及六塵、六識種子，而於根觸塵時有識陰六識之率爾初心現起，亦不應道理，於根境上作意之意根應與阿賴耶識無差別故。三、意識於憶持曾所受境界不明了時，若無阿賴耶識與諸識俱轉而現起彼曾經領受之境界相，則意識能於彼同一境界又生起明了之性，即不應道理。四、六識身有時善、有時不善、有時無記，時而間斷未能相續，不應有執持種子之功能；若離阿賴耶識而說彼六識身能有各類不同種子自性現前，即不應道理。五、六識身各別於同一剎那中都各只對自己相應的一種境界能作了別，若無另一心體阿賴耶識能與識陰六識俱時運轉，則六識各自不同的了別能在同一剎那中同時存在，產生了一時能有多種業用的差別，即不應道理。六、若無阿賴耶識持身流注六識種子，而能於身根中有六種塵境的領受，生起六種不同領受的差別，即不應道理。七、若無阿賴耶識恆時存在、從不間斷，那麼處於無心定（無想定、滅盡定）中而仍然有心持身不壞，能使有情後時重新生起意識等六心而出定，應如捨報時本識離身而使色身毀壞，不可能再從無心定中出定；故若無另一阿賴耶識心體常存不斷，而說有人能住於無心定中，即不應道理。八、若無阿賴耶識，命終時五根毀壞，六識即不能現前，應成爲無一切心的斷滅境界，就成爲斷滅空而不可能再去受生輪迴了；然而捨報時確實有心正在捨離身根，雖然六識都已滅失而仍然有另一心能生起中陰身，使有情可以投胎再受生，故若死亡時六識皆斷滅後，而說有識正在捨身，即不應道理。」

根據彌勒菩薩上面所宣說八種法相之道理，證明阿賴耶識是外於六識身所攝而眞實有之識，有其眞實不虛而不可由六識身取代之功德體性；故彌勒菩薩聖教所說，並非是爲了破除外境而方便施設此識；應成派中觀師應該改口說，阿賴耶識心乃是眞實有，並非假名施設有，不是性空唯名。此乃是一切未親證如來藏心阿賴耶識者之意識心不能思議之處，二乘聖人及諸大乘凡夫，都不能思議有一離見聞覺知、自性清淨心如來藏阿賴耶識與五蘊身同時同處俱轉。

此如來藏心阿賴耶識又稱阿陀那識，乃是世尊針對二乘學人教導其四聖諦、十二因緣法修證蘊處界苦空無我時，隱覆未說之甚深密意。世尊教導菩薩而廣分別說入胎識阿賴耶識出生三界有之經典中，亦特別囑咐：於不信有此識者、於尋求此識之過失者、於不恭敬渴請者、於外道之前，都不能爲彼宣說此識之內容，更不許指示此識之所在；倘若有人違背世尊之教導，而使彼等緣猶未熟者獲得阿賴耶識之密意者，彼等必定以其墮於我見所產生之見取見與邪見而曲解之、誹謗之，進而虧損甚深佛法成爲斷滅論或者戲論；則妄說阿賴耶識密意者，即是世尊所訶責之虧損如來者，即是壞法者。此處彌勒菩薩爲我等宣說這樣的道理，也同時推翻了先前所舉應成派中觀師月稱、宗喀巴之顚倒說。彼等顚倒說一切法無自體性之無常空、斷滅空，即是世尊之甚深密意；此處再舉出彌勒菩薩以八種法相徵信而匡正之，證實阿賴耶識心體的實有；亦說明爲何對某些人不說此第八識深妙法的原因，期望所有被彼等誤導者皆能因此回歸實有阿賴耶識之正信，並能親證而發起實相般若智慧。

於《辯中邊論》中，彌勒菩薩並非如宗喀巴所曲解的一般「爲了破除外境而建立阿賴耶識」，而是申辯阿賴耶識心體之中道性，以及不能見此如來藏眞實法者之虛妄分別性內涵，亦開示已見眞實者如何了知此虛妄分別性而修道對治煩惱障與所知障。恭錄部分論頌如下，以舉發應成派中觀攀緣附會及扭曲之伎倆：【識生變似義，有情我及了；此境實非有，境無故識無。虛妄分別性，由此義得成；非實有全無，許滅解脫故。】[45]

略釋論文如下：「阿賴耶識藉所親生之五根身觸五塵而變現似有意識及色身等諸境界性，以所幻化能攝取五塵之意識及五根身而變生了似是眞實有的有情，然後由染污意根執阿賴耶識及識陰六識等分別性爲自內我，與我愛、我癡、我見、我慢恆相應而自覺有我，亦以根塵觸之方便所生六識心而具有對六塵境界的了別功能；但阿賴耶識所變似有色等諸境界、似有諸根，皆是因緣幻化而有，並非眞實有自體性者；意識是由本識藉所變生的五色根與六塵境而從本識中流注出來的，假使本識所變現的六塵境不再存在的時候（此境實非有），這個能了別境界的意識等六識就跟著不能存在了（境無故識無）；意識等六識及意根第七識之虛妄分別性，正是由此道理而成就。本識如來藏所變生的六塵境界及識陰六識雖然並非實有法，而是生滅法，但在現象界中並非是不存在的（非實有全無），這六塵境界及識陰六識是允許被永遠滅除而獲得解脫的緣故：並非全無阿賴耶識而僅有所變現諸境與取諸境者，亦非全無此虛妄分別性而唯有阿賴耶識，能夠滅除此執藏於阿賴耶識之虛妄分別性者才得解脫故。」

彌勒菩薩論文中詳細申辯：由於阿賴耶識所變生五根、諸境、似我的六識分別性，方得成就虛妄分別之能取與所取；此等法義內涵，只有親證如來藏阿賴耶識之菩薩，以其般若中道之智慧現前觀察五根之由來、十八界生起之次第，一一皆不離所親證之阿賴耶識心體而領受及勝解。反觀五識及意識覺知心僅僅於阿賴耶識所親生之五根觸五塵處方能現前及生滅，若是本識阿賴耶識所變生的內六塵境界消滅不現時，能了別境界的意識等六識就無法再存在了；由此證明意識的依他起性及生滅性，顯然沒有具備執藏各類種子的能力，即無可能出生蘊處界而不能作爲蘊處界的依止。

意識等六識雖能於六塵境界中現前了別覺知，卻只能在生滅有爲的六塵境界中運作，而且不能自己存在，必須依賴六塵與五色根才能存在；相較於阿賴耶識心體能獨存於無餘涅槃中，也能與所生蘊處界作爲一世的常住所依而不生不滅之眞實不虛；相較於阿賴耶識心體不與六塵相應、恆隨順七轉識而自己如如不動，此等眞如性永遠不變易、不顚倒，意識之生滅性顯然可見。

相較於七轉識能取與所取之虛妄不實，眞悟菩薩緣於阿賴耶識心體所行之中道現觀，對如是法界中的實相皆能如是眞實領受。

欲界有情之五根身是由其自身之阿賴耶識所變現，器世間之山河大地亦是各各共業有情之阿賴耶識所共同變現與執持；意根、意識等七轉識之所取境界唯是阿賴耶識所變的相似於器世間色塵、聲塵等性之內相分境界，故說所取之內相分六塵境界相非眞實有——所取空；若無所取色等境界，即無能取之意識等六轉識現前，意根即不能清楚了別境界，故說能取的識陰六識非眞實有——能取空。此所取的內六塵種種境界相與能取的意識等六識，皆是阿賴耶識心體所變現而依止於阿賴耶識方能存在；然而阿賴耶識心體本來就沒有所取與能取之體性，故能取空與所取空所呈現的現象界之能取與所取的存在，所顯示的就是背後確實有阿賴耶識心體之眞如空性存在及不斷的運作。茲再舉示彌勒菩薩於《辯中邊論頌》緊接著之頌文證明之：【唯所執依他，及圓成實性，境故分別故，及二空故說。依識有所得，境無所得生，依境無所得，識無所得生；由識有得性，亦成無所得，故知二有得，無得性平等。】46

略釋上舉論頌如下：「由於依止於虛妄分別之境界而普遍計著爲我與我所故，依止於覺知心之虛妄分別性而說有意根的遍計所執性恆時執著於依他起性的識陰等虛妄法；由於有虛妄分別性的緣故而說現象界中確實有意識等六識的依他起性的存在；以及從遍計執性所執著的依他起性中所顯示出來的能取與所取無常空的緣故，顯示確實有一能圓滿成就諸法的眞實性——如來藏心體確實存在及不斷運作著；也是有了種種境界相上的分別的緣故，以及能取空與所取空的緣故，而說有圓成實性的存在。依止於阿賴耶識才能有此識所變現的五色根、意根、內六塵境界，意識覺知心才能有種種境界相可得；因此而可生起於所取境無所得之現觀；然後再依此於境無所得之現觀，能夠生起『意識等六識依境而起、境無所得則取境之識雖然了知六塵境界，其實亦無所得』之現觀。由於阿賴耶識之幻化，意識生起時緣於所取之種種六塵虛妄境界是屬於有所得性，然而所取之境界都是阿賴耶識所變生的內相分而無眞實性，從能生的如來藏看來只是自己取自己，實無外境被自己所取，故亦成無所得；由此可知能取之意識等六識與所取之內六入境在三界中看似有所得，其實能取與所取皆是來自於阿賴耶識之眞如空性所變生，故俱成無所得而平等無二。」

未能親證如來藏阿賴耶識者，不能以般若中道現觀阿賴耶識變現五色根，及藉五根觸五塵之方便而幻化六識心之眞實理；亦不能以般若中道而現觀一切外六入色法唯有阿賴耶識能藉所親生之五色根及意根與之相觸，亦不能現觀識陰六識所取一切六塵境界都是阿賴耶識所變生的內相分，故不知自己所得之一切六入都是內六入；因此更不能以般若中道進而現觀識陰六識是藉根觸塵而由阿賴耶識幻化生起，不知現起時所緣所觸者都是阿賴耶識所變現相似於外六入之內六入。

但親證如來藏阿賴耶識者，能夠如是以般若中道智慧，現觀六識心是由阿賴耶識藉親生之五色根及意根爲緣所變生；亦能現觀識陰六識所取之境界，純粹是自心如來藏阿賴耶識所變現之內相分六塵，所取之六塵境界全都是自心如來藏所變現，都是自心取自心故無所得。六識心雖然能取六塵境而於六塵境中見聞覺知，然而能現六塵境之阿賴耶識心體卻不與六塵境相應；六識心所取一切六塵境界全屬自心如來藏所變生者，故六識心所取無一剎那有眞實外境可得，純屬自心取自心，故亦無所得，故說能取之見聞覺知亦無所得，因此說能取與所取之有所得法皆是由眞如空性之無所得而平等。

此等能現六塵境卻不取六塵境、不於六塵境見聞覺知之能取空與所取空，就是阿賴耶識心體亙古以來從不變易之空性、眞如性；此空性、眞如性恆遍一切處、一切界，唯有親證阿賴耶識心體者方可現觀及意會領受。六識覺知心一向是與六塵境相應者，親證阿賴耶識而以般若中道了知識陰六識所取之一切根境唯是阿賴耶識所現，乃是菩薩見道後進入修證種智而增上修學大乘法無我之見地基礎；並非如同否定阿賴耶識眞實有，墮於五蘊我見中之應成派中觀師月稱、宗喀巴曲解顚倒所說「**是爲了破除外境而以二取空之空性建立阿賴耶識**」；反而是明確闡釋阿賴耶識實有，能取的識陰六識及識陰六識所取的六入都是阿賴耶識所變生者，純屬自心取自心而無所得，能取與所取全都屬於自心阿賴耶識所有，故能取與所取平等，這才是彌勒菩薩所說的正確義理。我等既稱修學佛道，應該信受彌勒菩薩《辯中邊論頌》中之正說，不應信受月稱、宗喀巴曲解後的符契外道之邪理。

從小乘法中分裂出來的部派佛教所傳承下來者，妄解大乘法義時皆以六識論作爲所論法義之宗旨，本質上是傳承於聲聞法的部派佛教凡夫們（作者案：應成派中觀及自續派中觀都是部派佛教凡夫的論議，上座部諸阿羅漢們都不否認能生名色的本識阿賴耶識的存有，詳見阿羅漢們的論著可知。）所建立六識論之應成派中觀，以法爾不能離開六塵境界之意識覺知心生滅法建立爲本住法，自然不能接受諸親證阿賴耶識心體之菩薩如法宣說六識所虛妄分別者非實外塵境，乃是阿賴耶識所變相似而有之正說；反以不實之手段曲解彌勒菩薩宣揚世尊正法之論著，表面護持彌勒菩薩論著，而在骨子裡實質加以反對，所有修學與護持世尊正法者皆應予以譴責。

　　而彌勒菩薩於《寶性論》中，廣爲宣說一切眾生皆有如來藏，六道有情眾生之如來藏雖受到煩惱污垢所纏，而自性清淨心如來藏眞實而如如之成佛法性，遍於六道有情眾生而不受客塵煩惱所染；彌勒菩薩更以大乘經所說萎花中諸佛、眾蜂中美蜜、糞穢中眞金等等，譬喻具足貪瞋癡妄想煩惱等塵勞諸垢之眾生身中皆有如來藏，說明如來藏之眞如法性即是眾生將來據以成佛之體性，故說眾生皆有能成就諸佛功德之寶性。又特別指出於彼論中宣說眞如佛性而不說內外一切空之空寂方便法，乃是爲了讓菩薩遠離五種過失：一、如同二乘人恐怖生死而於佛菩提道生起怯弱心；二、輕慢自身能夠成就佛菩提道；三、執著虛妄法為眞實法；四、誹謗有眞如實性而下墮惡道；五、計著身中有神我而永沉生死中。

由於二乘人恐懼再受後有五陰而有生死痛苦，對於世尊法道之弘傳與護持產生怯弱心，同時二乘人亦執著所分別者為眞實之外境，因此世尊以內外法空等蘊處界空為方便，教導二乘人斷除我見與我執而遠離生死苦；世尊不對二乘人宣說蘊處界空之密意阿賴耶識，而以清涼、眞實、涅槃、常住不變等聖教隱覆第八識密意，方便而說聲聞解脫道，四阿含中吾人可清楚看到世尊如是教導二乘學人與無學聖人故。

世尊於轉入第二轉法輪之般若諸經時期，與轉入第三轉法輪之方廣唯識諸經時期，才為諸大菩薩漸次細說如來藏阿賴耶識之諸多性相體用內涵。如同彌勒菩薩所申論，乃是因為菩薩對於未來無量劫中護持與弘傳世尊如來藏正法，無有怯弱心；而菩薩親證眾生皆有之如來藏故不輕慢自身，亦不輕慢一切眾生；菩薩轉依眞實法如來藏，故不執著蘊處界諸虛妄法，亦不畏懼生死苦。彌勒菩薩已於論中清楚表明其宣說如來藏眞如佛性的道理，而如來藏就是阿賴耶識心體；宗喀巴卻以其**見取見**扭曲之，顛倒而說彌勒菩薩於《寶性論》中不建立阿賴耶識、不破外境，企圖誤導學人信受其阿賴耶識僅是假說、方便說之謬論。

宗喀巴未曾值遇眞善知識之教導，故不能了知如是眾多事實：一、二乘聲聞緣覺純粹緣於蘊處界斷除我見我執之修道內涵，不同於大乘菩薩緣於本來無生之如來藏阿賴耶識及緣生法之有生有滅蘊處界法，以般若中道及增上之道種智斷除我見我執為修道內涵。二乘聖者緣於蘊處界之能取與所取、能知與所知，僅是以無常、苦、空、無我作為對治法，因此二乘聲聞人之修學必須以四念處觀、不淨處觀、遍處觀乃至修學四禪八定、八背捨，以制伏三界愛，其中未曾觸及蘊處界法由如來藏阿賴耶識所變現幻化之虛妄性及無自性性。

二、實證大乘法之菩薩以現觀如來藏阿賴耶識而生起之無分別智為所緣，能眞實如理思惟六識心皆因五根觸外境五塵而現起，才能現觀六識現起時所緣、所分別者乃是阿賴耶識所變現似同外境之內六入相分，三界中最微細之意識心亦不能離於定境法塵而單獨存在；欲界與色界中若無外境及身根，則六識心亦無有現起之因緣。菩薩以現觀自心如來修學種智諸法而證實能取與所取都由自心如來藏變生，故說六識心未曾觸及外境，並無外境六塵可得，故說六識心所分別者唯是自心如來所變現，然而並非否定或不許現象界有共業有情山河大地之依報六塵外境。

凡夫皆依於六塵中之見聞覺知而領受六塵之存在，故彼等不能接受所見聞覺知之六塵境界並非眞實外境，唯是自心如來阿賴耶識所變現；二乘愚人阿羅漢則信受佛說的外六入、內六入正法，雖然未能親自證實六識所見聞覺知者都只是內六入、都只是如來藏所變生，但因信受佛語聖教而知眾生未曾親觸外六入，故能斷除我執、我所執，取證阿羅漢果；這是四阿含聖教中記載分明的史實，至今仍可舉證核對。然而宗喀巴等應成派中觀師對此全無所知、全無所證，以處於無始無明及四住地無明中之凡夫愚癡心行，欲與菩薩諍論外境之有無，所說盡是戲論而無絲毫可取之處。

宗喀巴認爲：**六識心了知六塵，皆是因緣和合而有，此是世俗諦**；其中**緣起性空之體性即爲「勝義」，因爲「空」故無心與境，此是勝義諦；故於世俗諦中不可說無六識心與六塵境，亦不可說有六識心與六塵境，離於名言則無**。但宗喀巴如是見解，絕對不是佛與諸菩薩所弘揚的佛菩提中道觀及諸地道種智之修證內涵與方法，也絕對不是二乘解脫道之修證內涵與方法，僅是宗喀巴承襲自密宗凡夫祖師之虛妄想所得之想像的非佛法。何以故？世尊於四阿含教導二乘人所修所證，純粹以二乘聖人所能現觀領會之五蘊爲範疇，未曾超越於世俗法五蘊、十八界以外，未曾涉及實相法界而說實相、中道、種智；只教導彼等現觀六識心之無常性、變異性，斷除五蘊之我與我所貪愛，而不是以觀察五蘊諸根境與覺知心二法皆爲虛幻性或者相對有無，作爲實證佛菩提的方法。茲舉示阿含中之經文爲例說明之：【如是我聞。一時，佛住舍衛國祇樹給孤獨園。爾時，世尊告諸比丘：「非汝有者，當棄捨；捨彼法已，長夜安樂。諸比丘！於意云何？於此祇桓中，諸草木枝葉，有人持去，汝等頗有念言：『此諸物是我所，彼人何故輒持去？』」答言：「不也，世尊！所以者何？彼亦非我、非我所故。」「汝諸比丘亦復如是，於非所有物當盡棄捨，棄捨彼法已，長夜安樂。何等爲非汝所有？謂眼，眼非汝所有，彼應棄捨；捨彼法已，長夜安樂。耳、鼻、舌、身、意亦復如是。云何？比丘！眼是常耶？爲非常耶？」答言：「無常。」世尊復問：「若無常者，是苦耶？」答言：「是苦，世尊！」復問：「若無常、苦者，是變易法。多聞聖弟子寧於中見我、異我、相在不？」答言：「不也，世尊！」「耳、鼻、舌、身、意亦復如是，多聞聖弟子於此六入處觀察非我、非我所，觀察已，於諸世間都無所取。無所取故，無所著；無所著故，自覺涅槃：我生已盡，梵行已立，所作已作，自知不受後有。」佛說此經已，諸比丘聞佛所說，歡喜奉行。】

47

略釋經文如下：如是我聞。一時，佛住舍衛國祇樹給孤獨園。爾時，世尊告訴諸比丘：「不是你眞實有者，應當要全部都棄捨；捨掉那些不是眞實有的法以後，就能夠長夜安樂。諸比丘！你們認爲如何呢？在這祇桓精舍中，有人拿去所有草木枝葉，你們會這麼想著嗎：『這些是我所有，那個人爲何都拿去了？』」比丘回答說：「不會這麼想的，世尊！爲什麼呢？因爲那些草木枝葉都不是我，也不是我能永遠所有的緣故。」「你們諸比丘也是一樣，對於不能永遠擁有的種種法應當全部棄捨；棄捨了那些法以後，就能在生死的漫漫長夜中得到安樂。哪些法不是你們所能永遠擁有的？就是所謂的眼，眼根、眼識不是你所能永遠擁有，應該要棄捨；眼根、眼識捨掉以後，就能夠長夜安樂。耳、鼻、舌、身、意等五根與五識也是同樣的道理。你們認爲如何呢？比丘們！眼根、眼識是常住法嗎？還是無常法呢？」比丘們回答說：「是無常法。」世尊又問比丘們：「倘若是無常法，是不是苦呢？」比丘們回答說：「是苦，世尊！」世尊又問：「倘若是無常法、是苦，都是生滅變易之法。多聞而有修證之佛弟子，難道樂意於眼中攝取爲眞我、爲眞我所有、爲眞我與眞我所有互相涉入而擁有嗎？」比丘們回答說：「不會的，世尊！」「耳、鼻、舌、身、意等五根、五識也是同樣的道理，多聞而有修證之佛弟子，於此六入處觀察非我、非我所，觀察以後，於諸五蘊世間與世間五塵諸法即不再貪愛，不再生起希望而追求。於世間諸法不再貪愛的緣故，就不再繫著於世間；不繫著於世間的緣故，自己能夠覺察已脫離生死苦，自覺已經實證涅槃之安隱寂靜：五蘊後有之再生已經滅盡，於解脫聖道已究竟修畢而不再退失，煩惱貪愛諸結已經斷盡，自知不再領受後有之身。」佛說此經已，諸比丘聞佛所說，歡喜奉行。

二乘修證解脫道，只緣於蘊處界之無常、苦、空、無我而觀行，不牽涉到外境之有無或者識所分別、唯識所現之種種廣分別說阿賴耶識之內涵，於上舉經文世尊之開示中已經顯說故。應成派中觀師月稱、宗喀巴等凡夫諸人，於維護六識論的意識心常住邪見之餘，強烈主張十八界中的六塵離意識常住而不許實有阿賴耶識存在，違佛聖教；更妄想以意識心之一分明瞭分建立爲阿賴耶識，以達到其六識論以意識爲本住法、爲入胎結生相續之識的宗旨，欲使人誤以爲其所說的行門也是有實證阿賴耶識而符合經中佛說。然彼等所立皆爲謬論，皆爲曲解經旨後的戲論，皆違背世尊所宣說之聖教及等覺菩薩之論著，此於先前所舉諸例中已揭露無遺。

宗喀巴又強言：**無外境唯有內識，非是龍樹菩薩**（彼等稱爲龍猛菩薩）**所許**。無外境而唯有內識之說，乃是宗喀巴所不能眞實了知而誤會者。龍樹菩薩所說的眞義其實是：**親證入胎識阿賴耶識者，現觀六識覺知心所分別者皆非眞實外境，而是只能分別自心如來阿賴耶識所變現似同外境之內六塵相分**。龍樹菩薩於《中觀論頌》所申論之眞實意涵，亦以入胎識阿賴耶識心之空性體性爲主軸而說，非月稱、宗喀巴等所曲解的蘊處界一切法緣起故無自體性之空；此諸正理，未來將於別著《中論正義》之釋義中予以正解細說，此處不先贅言。

應成派中觀以生滅性的意識心而說唯識，但此識並非《華嚴經》中「**三界唯心**」所說之如來藏心，亦非「**萬法唯識**」所說之第八識；他們以非唯識學所說阿賴耶識之意識，諍論於眞唯識學所說之阿賴耶識，反責難他人不依佛意，直是作賊者大喊他人是賊之最佳範例。再舉其處處荒謬絕倫之言說作爲證明：

諸唯識師於上述中觀宗心不忍可，不依佛意，唯隨自分別建立宗義，欲顯自教所說宗旨。（《入中論》）頌曰：「不見能取離所取，通達三有唯是識（意識），故此菩薩住般若，通達唯識眞實性」。

安住增勝般若波羅蜜多，勤修眞實義之六地菩薩，由何正理能不增益異體二取，無倒通達，見悟眞實，是爲通達唯識眞實性。謂由了達都無外色，諸心心所，唯緣起性，故名通達唯識實性。又此菩薩如何通達唯識實性，謂此菩薩以下所說，從內習氣成熟而生色等之理，於自心上，由無異體所取，亦不見有能緣異體境之能取，即便了知三界唯識。善了知已，復長修習二空眞實，由久修習，乃以內智現見眞實不可言說二空自性。六地菩薩由先如是次第修習，故得通達唯識實性。若無外境唯有識者，既無外境，帶境相之唯心，云何生起。（《入中論》）頌曰：

「猶如因風鼓大海，便有無量波濤生，從一切種阿賴耶，以自功力生唯識。」

> 譬如波濤所依大海，因風鼓蕩，原如睡眠安穩不動之波濤，互相競起，奔馳不息。如是內外一切法種子阿賴耶識，與貪等信等俱生俱滅，各將自隨順功能熏習阿賴耶識。由此習氣成熟之力便有不淨依他起性之唯識生，愚夫於此執爲內外分離之能取所取。然離內識，實無少分異體所取。[48]

應成派中觀始從天竺佛護以來至於月稱、宗喀巴，都不能忍可如來藏心阿賴耶識是中道所觀之心、是入胎識、是一切種子識、是諸般若經所說空性所依之心、是眞實常住之心體；彼等中觀師不依佛意、曲解佛意、違背佛意，唯是隨著彼等自身凡夫心之虛妄想分別建立，以佛所說根塵觸三和合法方便所作、有生有滅之意識心，建立爲常住法，建立爲可以入胎結生相續而去至後世之不生滅心，建立爲一切法無自體性之空性所依之心，建立此等意識爲中心之宗義，企圖藉此建立使得其以意識領受男女雙修邪淫之世俗樂作爲即身成佛實證之理論可以成立，越發彰顯假藏傳佛教非弘揚佛教正法而爲喇嘛教教法之本質。彼等以有生有滅之意識心爲中道所觀之心，全然違背佛陀前後三轉法輪所說意識是生滅法之聖教，卻反而顚倒事實而指責親證第八識的唯識家所說法義爲違背佛陀聖教；任何親證自心如來阿賴耶識心體而發起實相般若之菩薩皆不可能忍可，爲維護佛陀聖教，必定出而破之，如同無著、世親、護法、戒賢、玄奘師資等菩薩之摧破邪說以顯正法而救護學人。

由於應成派中觀認取生滅性之意識爲本住法，故以識蘊中之意識心貪緣爲世尊於方廣唯識諸經所說三界唯心之心、萬法唯識之識；然而佛護、月稱、宗喀巴等皆不知不證世尊於阿含中所說之本識、入胎識，不知不證般若經所說之非心心、無心相心，不知方廣唯識諸經所說之阿賴耶識、阿陀那識（異熟識），不知這些名相所說的心都是指稱第八識如來藏心。以此緣故，月稱以意識的境界來說他有「不見能取離所取」之證境，聲稱「通達三有唯是意識」，就是他自掀凡夫底牌之處。能取與所取皆是生滅性的蘊處界法所含攝之法：能取著諸法者是識陰六識，五欲六塵及我與我所是識陰六識所取之法，全都未離蘊處界法範疇；故識陰六識一向不離所取諸法而轉，不可能遠離所取；乃至入非想非非想定中時仍然是取定境法塵，永無可能離所取之塵，何況月稱勤修雙身法，不離欲界愛而仍繫縛於欲界中，連未到地定都無法證得，猶住於能取的欲界識陰及所取的六塵貪愛中。

若經過加行位之觀行而忍可印持所取之色等六塵境，離於能取之眼等識非眞實有；亦觀察能取色等六塵境之眼等六識亦非離於所取之色等境而可眞實存在，俱非不生不滅心，因此忍可而印持能取與所取都是暫時假有的生滅法，故無有能取而離於所取；但此能取與所取二法，乃是相對待而立，不能獨存，俱非實有，由此加行即能破除將能取與所取執爲眞實有之錯誤見解，而不於能取與所取認作眞實法；但此現觀與實證仍非實相般若的親證，只是二乘菩提的現觀所證見道智慧，位在聲聞初果而不涉及佛菩提道的見道與實相般若。如今月稱所說「不見能取離所取」就是「通達三有唯是識」，他所說的識指的卻是不離六塵中的能見聞覺知、能取萬法之意識，顯然未離能取與所取，連聲聞法的見道智慧都無；凡是認定意識爲實相心者，必定不能離於所取的六塵境故，既取六塵境而作了別，則仍然是有能取故。

月稱所說「三有唯是識」的識是指意識，不同於佛說此識是如來藏阿賴耶識；爲什麼呢？倘若加行之前所具備之知見是一切眾生皆有如來藏，五蘊十二處十八界皆是如來藏阿賴耶識所生；六識心是識蘊所攝，是一期果報之生得心，不是本來而有的眞實心。具備如是知見以後，以見聞覺知之意識心專注觀行於所取之六塵境，雖然亦有「不見能取離所取」之過程，然而卻是獲得六塵境非實有之所取空、六識心不眞實之能取空等二取空智慧，只是觀察意識及所面對的境界相全都是生滅法，故不認取意識心爲眞實常住法，由此而印持六識心無眞實我與我所，只是聲聞法的見道，但卻仍然尚未實證亙古以來即已離能取、離所取的實相心。

換句話說，具足正知正見者如法加行觀察的必然結果，必定會否定意識心有眞實常住性，斷除以意識心爲眞實常住我之虛妄分別，轉而尋覓不生不滅之眞實心如來藏阿賴耶識，法爾如是故。彼等抱持六識論而否定阿賴耶識眞實有之月稱、宗喀巴……等人，倘若同時否定意識心爲眞實常住法，則必定墮於斷滅法中，色受想行識五蘊皆是有生有滅之法故，意識攝在生滅性之識陰中故；但彼等不能接受此等斷滅法，是故又如同墮於五蘊我見中之眾生一般，同樣極度寶愛意識心之覺知性，認取意識爲不可摧破之法，而僅能於意識之覺知性中領受三有中與五蘊相應之法，無法稍知本來已離能取所取的實相心如來藏，是故彼等所知的般若都屬戲論妄想。此乃是一切如實斷除與五蘊相應之分別我見者，以及親證如來藏阿賴耶識，並斷除五蘊分別我見之菩薩慧眼都能識破之處。

從上段之申論中可以了知，也可以再度確認應成派中觀確實是墮於我見中，而以生滅法之意識心假託爲世尊於經中所宣說不生不滅之般若實相心如來藏阿賴耶識；這是以銅代金，並非眞金。宗喀巴更是畫蛇添足，將其認取生滅性的蘊處界顯示的緣起性空現象作爲空性，又以意識心作爲空性歸屬心之事實，顯露無遺。例如宗喀巴說「謂由了達都無外色，諸心心所，唯緣起性，故名通達唯識實性」，這句話的意思指的就是「所見之外色，與能見色之眼識等與心所法，其中能取境界之識的自性是本住法，一一雖是仗緣而起，無有自在、自生之體性，故所見之外色都因爲無自性空而說無外色，通達意識之無自性空能生一一法，即稱爲通達唯識實性。」月稱與宗喀巴都認爲：於意識自心上，找不到有一法是被另一存在之心體所取，也不見有另外存在而異於意識之心體，能外於意識心之所緣境界並取此境界；因此彼等以其凡夫我見心狂妄地認定意識以外無有別的心體，故否定眞實有阿賴耶識，只因彼等不知、不見、不證阿賴耶識。

但宗喀巴所說卻是自理相違：既說諸心、心所都是緣起性，當然是生滅法；如此通達識陰六識之唯識性的人，所知只是虛妄唯識門所說的唯識學，尚不能知眞實唯識門的唯識學；而通達唯識性的賢聖，都是雙具虛妄唯識與眞實唯識二門的，不是只通達殘缺的虛妄唯識門。宗喀巴如是提出宗旨，又加以說明：通達六識都是緣起性空以後，還要通達意識的**無自性空能生一一法，即是通達唯識性**。但意識既然如他所說「**唯緣起性**」，當然是所生法；而通達唯識性的賢聖都同佛陀所說：**所生法的意識不能生一一法**。所以宗喀巴其實完全不懂唯識性，連唯識學的基本邏輯都尚未弄通，只是擷取唯識經中的名相來籠罩大眾，令人誤以爲他眞的通達唯識性，可見他連唯識增上慧學中最粗淺的虛妄唯識門也是不懂的。

月稱、宗喀巴等不能了知，意識心之所緣所見皆不離六塵法及展轉所生之妄想，而阿賴耶識心體法爾不與六塵相應、不緣不見六塵法；阿賴耶識心體之行相如同世尊於《解深密經》所說，不可說一向異於蘊處界諸行相，亦不可說一向不異於蘊處界諸行相；阿賴耶識心體與蘊處界諸行相不一不異，和合運行，而於蘊處界諸行中顯現其無我性及無識陰自性亦無意識自性的心性。三界唯識之識倘若是宗喀巴說的意識心，或如他所說是意識心之明瞭分，則一切佛法、外道法、世間法、出世間法皆將成爲戲論，都墮於斷滅法中故；因爲意識心不能成爲三有之生因，不能來往三世故，無有堪能執持業種及異熟種故，是能熏之心而不是受熏之心故，不能入胎結生相續故，是根塵觸三法和合方便所生之法故。凡以意識作爲諸法之生因者，皆是外於諸法之生因而妄說爲生因，本質已成爲無因之法；如是無因有緣而生諸法之法義，即是無因論之戲論，違背因果律法故，亦違背「無生之法方能出生諸法」的眞實義故，應成派中觀正是如此無因而生諸法之無因論者。

大乘加行位之觀行證得能取空、所取空者，乃是六住位菩薩未親證阿賴耶識之前，爲斷除將意識覺知心於六塵法了知之功能誤認爲眞實常住性之我見見解，所作大乘見道前之加行觀行，所緣所見均不離蘊處界法；確實斷除意識心常、斷除所取境界實有的惡見以後，成就初果斷三結的功德，想要進入第七住位獲得般若實相的總相智，故於心中先行建立有一能出生萬法的眞實常住心體，確信萬法都唯八識心王和合運作而生，名爲唯識性；也就是世親菩薩《唯識三十頌》中所說：「現前立少物，謂是唯識性；以有所得故，非實住唯識。」由於尚未證得第八識如來藏，不能現觀能取的意識及所取的六塵萬法都從第八識中出生，亦未能觀察實相心如來藏的從來無所得，故說仍非眞實住入唯識性的賢聖；然而心中完全相信有本識能出生蘊處界等法，確信有本識阿賴耶識心的存在而且有其性用，故說「現前立少物，謂是唯識性」。

而能實住唯識者已非「現前立少物」，乃是已親證三界唯心、萬法唯識之識心如來藏阿賴耶識之七住位以上之菩薩，能多分、少分親自現觀萬法唯依八識心王才能生顯之唯識實性；經由轉依如來藏阿賴耶識之眞如無我性、無所得性，次第漸修而經十住、十行、十迴向等之悟後進修相見道位之後得無分別智，才能通達見道之內容；此時已能實際觀察入胎識阿賴耶識之總相與別相相貌，亦善於觀察了知「種種身色如幻術神咒機發像起」而實證大乘人無我；以及善於觀察阿賴耶識心體離於凡夫心之積聚相、意根之處處作主相、六識心之了別相，亦漸漸能了知五法而且離於相、名、覺想、正智、如如五法之有所得相，離於依他起性之生滅性、遍計執之增益計著性、圓成實於言說虛妄遍計性，而安住於大乘眞如離言法性的法無我智慧境界。

菩薩通達如來藏阿賴耶識心體之眞實不虛、確實有其異於蘊處界之自性，亦於能生蘊處界萬法之中有其眞實如如之無生滅性、無虛妄計著性、無彼彼不眞實自性，亦不反觀自己具有三種自性而成爲無自性性，已通達此等唯識實性者乃是初地入地心之菩薩，如同世尊於《楞伽經》中所說[49]。而月稱、宗喀巴完全不依佛意，僅隨其自身之分別而移花接木建立爲自家宗旨，說不見能取離所取者是安住於增勝般若波羅蜜多之六地菩薩，全是自家之虛妄想；何以故？無有認定意識常住不壞之六住菩薩，無有不斷五蘊分別我見、不證如來藏阿賴耶識密意之七住菩薩，亦無有不因觀行如來藏阿賴耶識而證人無我、法無我之初地菩薩，更何況地地增上之六地菩薩而不必實證如來藏心？

具足正知正見，如理作意加行的觀行以後，否定意識心之眞實常住而證能取空、所取空者，都還只能攝屬意識心證取意識自心虛妄之境界，只是斷除我見而已，尚且沾不上般若之邊；此謂般若智慧的發起，是由於親證萬法之所從來的實相心，了知法界的眞實相而發起般若實相智慧，但卻必須先斷我見以後方能親證如來藏，否則都將不免錯悟，不免錯將意識心的某一種變相境界誤認爲即是實相心的境界；而彼等應成派中觀古今諸師都住於凡夫之五蘊我見中，我見尚且斷不了，都不能脫離三結之繫縛，分屬凡夫而未證得聲聞初果，更何況能觸及親證實相心阿賴耶識之七住菩薩般若智？故彼等所言皆不可信！

應成派中觀以「意識心不能離於六塵而存在、覺知六塵不能離於意識心之體性」，虛妄想而假說如是法爲唯識實性，因此誤認爲只要意識心緣於六塵之知覺中時，能夠生起諸法緣起無自體性之空作意，認爲即可獲得無外境、無分別之智慧；所以應成派中觀月稱、宗喀巴等人，對於唯識家申論觀行所親證之阿賴耶識，而領受萬法唯阿賴耶識所生所現之法無我時，由於自己不能實證而狂妄的主張彼等應成派中觀師不需施設阿賴耶識即能破除外境實有，也因此而否定佛說的實有阿賴耶識心體的聖教。以自己建立的想像法、思惟法而非實證法，取代佛說阿賴耶識人無我、法無我的正理，與佛陀所說二種無我的正理完全相左，但他們堅稱這樣才是眞正的佛法；然而應成派中觀若以其意識境界主張唯識無有外境，終究不能說服深陷於不能離開五塵境之凡夫俗人意識，反倒竊取如來藏阿賴耶識法無我之名相，以意識之一分明瞭分而假說爲佛說之阿賴耶識，而達到其扭曲阿賴耶識之說僅爲方便施設之陰謀，亦使自己返墮識陰意識境界中，同於常見外道。

當他人質問月稱、宗喀巴：「若無外境唯有識者，既無外境，帶境相之唯心，云何生起。」月稱這麼辯解說：「猶如因風鼓大海，便有無量波濤生，從一切種阿賴耶，以自功力生唯識。」但月稱所謂之一切種阿賴耶，指的就是意識之一分細意識自性空，不是佛說的如來藏心；此細意識能夠隨於意識現前領受六塵，並與貪、瞋、信等心所法相應現前而俱生俱滅，故妄計細意識能夠受到貪、瞋、信等之熏習而受持此等習氣種子。由於一切粗細意識心一向能夠與貪、信等善惡心所法相應故，因此月稱認為一切善惡全都是細意識受熏之習氣所生之法，如此而妄想意識有能生現萬法之眞實唯識性。

但細意識既是能熏之法，即無可能同時是所熏之法，月稱將能熏的細意識同時建立爲所熏法，所熏法的細意識當然應成爲持種者；若眞的能夠如此持種，則細意識亦應能憑貪、瞋、信等心所法，自行捨棄往世及此世所造一切惡業種子，亦應能夠不藉定境、神通即可了知往世所有經歷之事，則應所有凡夫與畜生都能擁有無限制的宿命通，亦應所有人都能自行捨棄惡業種子而不受三惡道果報，但是現見人間法界、畜生法界並非如此，故月稱、宗喀巴將能熏的細意識同時建立爲所熏識，是完全不懂佛法及不知法界實相的虛妄建立。

由前面諸多引用經論之申辯中，已經很清楚地辨別意識之不自在性及分段生滅性，世尊也於阿含中宣說：「諸所有意識，彼一切皆意、法因緣生。」

意識之一分明瞭分或者細意識，都攝屬於「諸所有意識」範疇；諸所有意識既然都需要由入胎識如來藏阿賴耶識藉根塵觸三法和合方便而生，就已經將意識之不自在性、所生法之生滅性完整表達，無有意識密意未曾揭露。所有的意識既然都是所生法，即表示非常住、非本住，即無可能受熏、持種，故意識全分都是所生法、必滅法，不可能受熏及執持任何種子；既無能持種，當然不可能出生名色等一一法。

意識現起時，猶如月稱、宗喀巴及所有墮於我見中者所體驗，必定不能離於六塵乃至離細如定境中之法塵而存在，有覺知時必定有所知之法故；也就是能取之意識覺知心與所取所覺知之法是不能分離的，是故月稱等人聲稱意識可以離塵、離境而獨自存在，是未證實相、未斷我見、未證禪定的凡夫妄想所說。於能知與所知中方有意識之一分明瞭分可得，意識於眠熟、悶絕、二無心定等無心位中都不現前，方無能知與所知，卻是意識全分斷滅之時，有何離塵、離境之意識可說？當意識所覺知之塵境不存在時，意識之一分明瞭分亦不可得，成爲意識斷滅之境界，有何細意識明瞭分繼續存在而可說爲離塵境？應成派中觀師寄望此時不現前、有生滅相、隨著一期果報之五蘊生滅而生滅之意識一分明瞭分來受熏、持種，即有因不定、時不定、果不定等諸多不定之過失；若眞的能如月稱等人所說，則三界中即無有因果不失、因果不昧之法可得，亦應已無三惡道有情存在，則一切佛法及因果律都成戲論。

因此必有與蘊處界、與種種不同狀況的意識同時、同處、同界之「法」存在，能夠持種、受熏，並且能夠貫穿三世而在一切境況中都不會有一刹那斷滅時，並能遍在一切法中而貫穿世間法與出世間法，也能夠了別所持業種之內涵而如實予以酬償果報者，方能成就熏習及持種的功能，此「法」即是本來無生、本來自在，一向不於六塵見聞覺知之入胎識如來藏、阿賴耶識（異熟識）心體；應成派中觀古今諸師只因彼等不知、不證、不信受，亦因讀不懂經典而否定眞實有阿賴耶識，以意識取代阿賴耶識的持種、受熏功德，因虛妄想而空談一切種子阿賴耶識，空談貪等、信等染淨法熏習阿賴耶識，本質上確是墮於無因論、斷滅論之窠臼中而不自知；一切應成派中觀之隨學者，皆應審愼思惟佛法中之諸多眞實義而遠離之！

月稱、宗喀巴等人，將實質上附屬於五蘊空之緣起性空，認取爲能夠持種受熏眞實不空之一切種子阿賴耶識正法，此等乃是彌勒菩薩於《瑜伽師地論》及《辯中邊論》中所破斥之惡取空者；而宗喀巴等人都不能自外於菩薩所造論中法義之訶責，卻翻而自詡爲善取空，而以淆訛籠統之文字「恐煩不述」，避開應加以論述之義務而欲遮人眼目，這樣的不當手法也應揭露予廣大佛子知曉，以正視聽。舉示例子如下：【中觀唯識任於何宗，如諸有情現所見境，若能顯示如彼所見執爲實有之所依，由彼所著境而空者，即說通達此空是爲正道。若不以通達能破一般有情實執境之空性爲道，而別立一實有空性，則於無始傳來粗細實執，俱不能對治，徒勞無果。於是當知，此現似二取之依他起，雖現似有異體能取所取，而執有彼之徧計所執境，實無所有。即正觀此所依由彼所破爲空。又空所依及此空性，即是所餘，即正知此是眞實有，如是名爲善取空義。此中**敵宗**，即是菩薩地及辨中邊論釋中：「謂由於此彼無所有」等義。寶性論釋，解「若此於彼無」等義時，作中觀理解，與上二論全不相同。**恐煩不述**。】[50]

在這一段文字中，應成派中觀欺人的本質、心口不一的本質，已經顯露無遺了：原來他們所尊崇的彌勒菩薩所造的《瑜伽師地論》中的〈菩薩地〉及《辯中邊論》、《寶性論》中所說的法義，早已成爲他們所認爲的**敵**宗了，卻還欺瞞佛教界說他們的法義符合彌勒菩薩諸論。但他們會有這種心態，其實並不難理解；因爲彌勒菩薩所造的論中，完全是以第八識如來藏（異熟識）爲中心而廣陳三乘菩提之正義，這本就是應成派中觀師們所極力否定的法義；但爲了取信於佛弟子，故處處攀援引用，卻不得不曲解之，將菩薩所破斥的意識，取代菩薩所說能出生意識的第八識；所以唯識家彌勒菩薩本來就是他們心中的敵人，只是不便公然否定之，心中卻是一直想要加以推翻的；所以應成派中觀師千餘年來一直都是打著彌勒菩薩的旗號反彌勒菩薩，援引彌勒菩薩的著作語句加以曲解來否定彌勒菩薩的正法。

六識論的應成派中觀師月稱、宗喀巴，一向處於世間凡夫之五蘊我見中，因此僅能夠於六塵之所見所聞六塵覺知境界中妄想空性之相貌，對著六塵境生起虛妄想：「能見能聞之心與心所法不能離於所見所聞之境界，此能覺知與所覺知已是全部之法，無有外於此者；在能覺知與所覺知當下，了知此乃是由一分意識明瞭分所持之習氣力所生起，故是無自體性之空，這就是意識一分明瞭分——細意識之空性。」能夠於所見境當下覺知中通達意識具有彼等所妄想之細意識空性相貌，稱此細意識以及無常所顯的「空性」是眞實有的法，認爲即能破除對於外境計爲實有之執著。但意識、細意識乃至極細意識，都是世尊所宣說五蘊中識蘊所含攝之法，是彌勒菩薩所宣說之生得心，有生則必有滅；亦是無著菩薩所說之不恆行心，正是有生必滅之法，不可能持種出生任何一法，只能了別塵境中的諸法而無其他能生及持種、受熏等功德；月稱、宗喀巴等人將虛妄不實之意識心及意識心所法能領受、覺知一切境界之自性認爲實有，即是最典型墮於我見中而於識陰**非實有事中起增益執**者，這是將佛法推向我見、見取見、戒禁取見中而與常見外道合流，正是毀壞佛法者。

月稱、宗喀巴又認爲佛、菩薩所宣說與申論如來藏阿賴耶識心體之空性，是外於蘊處界、非與蘊處界同時同處，而另行施設建立爲實有空性，並非實有可證之法性，故極力否定其存在；亦認爲此空性非爲一般有情於見聞覺知境所能夠現見者，故不能破除有情對於六塵境之實執；因此彼等主張除意識心以外，絕無眞實有之如來藏阿賴耶識心體存在；這般立論又成爲**於實有事起損減執**，亦是將佛所說法推向無因論與斷滅論之邪見中而毀壞佛法者。

應成派中觀之立論具足增益執與損減執之過失，即是彌勒菩薩所訶責墮於惡取空者；月稱、宗喀巴對自己所墮之二執不能辯白與辨正，不能免於此等訶責，卻以「恐煩不述」爲藉口而迴避辨正的責任，以此藉口企圖遮人眼目；我等則應舉證彌勒菩薩論中對此邪見之訶責語句，以揭露應成派中觀假冒佛法、毀壞佛法—打著紅旗反紅旗—之事實：【云何名爲惡取空者？謂有沙門或婆羅門，由彼故空亦不信受，於此而空亦不信受，如是名爲惡取空者。何以故？由彼故空彼實是無，於此而空此實是有，由此道理可說爲空。若說一切都無所有，何處何者何故名空？亦不應言由此於此即說爲空，是故名爲惡取空者。云何復名善取空者？謂由於此彼無所有，即由彼故正觀爲空；復由於此餘實是有，即由餘故如實知有，如是名爲悟入空性如實無倒。謂於如前所說一切色等想事，所說色等假說性法，都無所有，是故於此色等想事，由彼色等假說性法，說之爲空。於此一切色等想事，何者爲餘？謂即色等假說所依，如是二種皆如實知，謂於此中實有唯事，於唯事中亦有唯假；不於實無起增益執，不於實有起損減執，不增不減不取不捨，如實了知如實眞如離言自性，如是名爲善取空者。】[51]

謹遵照彌勒菩薩《瑜伽師地論》〈本地分〉中〈菩薩地〉〈初持瑜伽處眞

實義品〉之教導，略釋論文如下：「如何是稱爲惡取空者呢？有佛門中之出家人或者外道中之出家人，對於大乘菩薩所勝解、依止之如來藏最勝空性爲大方便所得之法無我智，正觀如來藏心體所生、所現、所顯之色受想行識、眼耳鼻舌身意、色聲香味觸法，有爲、無爲乃至涅槃等，皆是所安立之假說自性，而一切假說本身於所詮表之一切法、一切事皆非有眞實之體以及自性；由於這樣的緣故而說色受想行識等爲空，彼等沙門或婆羅門不能信受。又對於菩薩以大乘法無我智爲大方便，正觀假說詮表既無所有，故一切法、一切事並非隨著所詮表之假說而有自性，亦非隨著假說詮表之無所有而一切都無，由此道理而知如來藏所攝諸法諸事之離言法性，以此離言法性而說空，彼等沙門或婆羅門亦不能信受。由此二法不能信受故，彼等沙門或婆羅門就稱爲惡取空者。什麼緣故呢？由於依蘊處界諸法所假說之自性並非眞實有而是暫有，故是無常空，一切所安立之假說於實質上是沒有體、沒有眞實自性的；由於諸法之離言法性無有一切假說之自性而說空，而此離言法性非隨著一切假說詮表之無所有而一切都無，此離言法性是眞實有體之法，由於這樣的道理才可說爲眞實殊勝之空性。倘若說一切都無所有，又有什麼法的處所、什麼樣的心體、以此心體之種種體性可以稱爲空性？也不應該說由於蘊處界法之假說自性無有眞實體性，而僅於此無有眞實體性而可以說爲空性，因此稱彼等爲惡取空者。

又，如何可稱爲善於攝取空性者？也就是說菩薩以大乘法無我智爲大方便，正觀蘊處界諸法由於是一切假說之暫有自性，非常非恆故非眞實有，即由於此假說自性之無所有而正觀爲空（此說蘊處界之緣起性空而其種種自性不能常住，並無不壞之自性故說爲空）；又由於此暫有而假說之自性無所有，除了一切假說自性以外，餘有諸法實相如來藏之離言法性，在實際上是可以現前領受的，即由於此現前領受之離言法性的緣故，如實了知不空如來藏之法性，這樣就稱爲如實悟入如來藏之空性而無顚倒。也就是說，對於色受想行識等所了知之事，此處所說色蘊之四大質礙性、眼等識之依根了別性等等假說自性之法，並非隨於言說即有彼色等自性，故所假說色等事之自性都無眞實體與眞實自性，因此於色受想行識等所了知之事，由於彼之假說法性而說色受想行識等爲空。於此一切色受想行識等所了知事中，哪一個部分是其餘的法？並就是指色等五蘊假說法性在現象界中是眞實有，然而卻是純屬事相上有，並非常恆不壞的眞有；於純屬事相的現象界中實有五蘊諸事相中，也是有純屬假名安立的緣起性空（緣起性空是依事相法中的五蘊而假名施設之法）故名唯假。如是，了知唯事的蘊處界假有故空，並非實有不壞法性，是故不於假有無常的緣起性空生起增益執而說緣起性空能生諸法，不於緣起性空非實有法生起增益執；也能了知蘊處界及其緣起性空所依之如來藏阿賴耶識（異熟識）之眞如離言法性，現觀唯事諸法所依、所從生之如來藏實有法之確實存在以及可以親證，不於如是實有的離言法性生起損減執，故不妄加否定；於如是二種空與不空都如實了知，就是說於異熟識心體實有之離言法性中亦能生起唯屬根塵觸等事相法，於唯屬事相法之蘊處界中亦能顯示能生蘊處界事相諸法的如來藏離言法性、眞如法性實有而且可證；如是而能不於實無之蘊處界唯事相法加以增益爲常住法，亦不於如來藏實有、如來藏能生蘊處界等唯事諸法的實有離言自性加以損減；於唯事假有的蘊處界等唯事諸法不生起實有之見而取著之，亦不於實有而可親證之如來藏離言法性、眞如法性、能生蘊處界等唯事諸法之眞實法性恆不棄捨；如是眞實而無錯謬的了知如來藏如實可觀、可證的離言自性，如此雙離損減執與增益執的人，就是善取空的菩薩，即是對人我空與法我空等二空已經生起勝解而正確的攝取空性正理者。」

當來下生彌勒尊佛爲諸菩薩廣說修學觀行如來藏阿賴耶識（異熟識）心體之最勝空性，此最勝空性離於實無一切法而假說自性之蘊處界增益執，離於實有如來藏心體而妄謂爲無之損減執；實證如來藏而了知眞實有之如來藏與假有之蘊處界法和合似一，對實有法不以言語妄作損減而謂爲無，對假有法（特指意識之粗細心）不以言語妄作增益而謂爲實有不壞，故離二種虛妄執；因此能夠現前正觀自心如來與其所生之蘊處界不一不異，實證了含攝無常空與眞實空的法界實相而不落於無常空與眞實空兩邊之最勝空性，如是實證而永遠捨離增益執與損減執，才是眞正之中道觀行，方得名爲中觀，方是善取空者。舉凡墮於蘊處界緣起性空而不知蘊處界之所從來的不空如來藏者，皆是尚未實證中道者，仍是意識思惟所知而非實證的中觀。若是如同佛護、月稱、宗喀巴等人一般，對於假有實無的識陰所攝細意識建立爲實有常住心，即墮於增益執中；對於實有常住的如來藏心妄謂爲無，又墮於損減執中；如是具足二執之人皆屬於惡取空者，現代的印順、達賴，正與古時的佛護、月稱、寂天、宗喀巴等人相同，都是此類人，都是未證正確空性之破法凡夫。

菩薩善於攝取如是最勝空性，乃是因為菩薩親證自心如來藏阿賴耶識（異熟識）的緣故；由於以此善於攝取最勝空性為大方便，故能以大乘法無我智正觀自心如來所生蘊處界諸法之自性皆是假說自性，暫有實無而非常恆之實法；並且親證如來藏阿賴耶識心體，而以此等離言法性全無假說自性而正觀自心如來之眞實不空。此處菩薩所正觀之空，並非等同於二乘以及應成派中觀所論述蘊處界緣起性空之一切法空，而是阿賴耶識心體全無三界假法之物象，故名為空；此空卻有能生蘊處界等萬法之實有性，故名空性；此眞實空性與蘊處界無常故空的空，並非同一種空，所觀之法源不同故，一是假有之蘊處界故，另一是實有而能生萬法之如來藏心故。

應成派中觀僅以蘊處界諸法因於假說自性非眞實有之無有自體性而說為空性，將此非實有法之識陰所攝細意識建立為實有空性，成就增益執；並損減一切法所依事——異熟識心體如來藏的功能——謂非眞實有，轉墮於損減執中，正是彌勒菩薩所訶責之惡取空者。應成派中觀繼承人月稱、宗喀巴等所說空性——將蘊處界諸法假說自性但非眞實有之無自體性說為眞實空性，僅是套取佛法名相而拾人牙慧罷了，彼等並非如理作意經觀行而得，何以故？

彼等尚且不能脫離五蘊我見之繫縛，又否定有眞實能生萬法之如來藏阿賴耶識心體，如何可親證如來藏阿賴耶識而勝解大乘法無我智之最勝空性？如是，宗喀巴於抄襲彌勒菩薩《瑜伽師地論》中所說最勝空性名相之餘，卻不能如實理解彌勒菩薩所說「由於此，彼無所有」之義理，也不能辯白自己所墮彌勒菩薩隨後訶責惡取空之義理，雖試圖以「恐煩不述」一語帶過，卻撥除不了其惡取空本質之事實；最勝空性之法，在實證上絕容不得含糊籠統故。

從彌勒菩薩之教導中可以了知，大乘法無我之最勝空性乃是無二之法、絕待之法，非屬三界有所攝之假有法；亦即是說，最勝空性如來藏自身沒有假說為有之蘊處界自性諸法，亦非隨有為假說之蘊處界自性無所有而成為一切都無，乃是能出生蘊處界諸法之實有法。又最勝空性乃是含攝空與不空之法，也就是說：純粹蘊處界之無常空，或者僅僅蘊處界諸法假說自性非眞實有之無自性空，都不得說為眞實空性；因為蘊處界所顯之緣起性空並無眞實體可說為空性，假說為有之蘊處界自性亦無有眞實體及獨自存在而常住不壞之自性可說為空性；還得要有與蘊處界諸法和合似一本來無生如來藏阿賴耶識心體之眞實如如而能生萬法之體性，依此雙具蘊處界空、如來藏實有之非空非不空真實體性，方得說是具足之空性；如是如實了知者，才是真實無顛倒悟入空性者，才是真正遠離惡取空而能善取空者。

應成派中觀月稱、宗喀巴等人實質上皆以我見深重之凡夫心行，虛妄想像大乘佛法般若、空性、中道等等名相之內涵，而其意識覺知心絲毫沒有能力可脫離五塵境之貪愛繫縛，沒有絲毫智慧反觀意識自己是有生必滅而不能常住不斷，又同樣沉墜於雙身法的欲樂淫觸中，不但是未斷我見者，更是未斷外我所樂觸執著的世俗凡夫；卻敢大膽否定阿賴耶識之眞實有，大膽違佛所說而主張細意識實有、能生萬法，以如是雙具二執而空談破除外境或不破除外境；彼等欲主張阿賴耶識乃是爲不能破除外境執著者方便施設而說，以破斥唯識家；正是以應被破斥之自身邪見而說他人正確之法義爲應破之法，故其立論絲毫皆不相應於唯識道理，一向失壞世尊所說之法而墮於我見、見取見、戒禁取見、邪見中，雙具損減執與增益執。

六、認爲意識即是如來藏，故應成派中觀主張如來藏亦是方便說

如來藏即是第八識阿賴耶識，但應成派中觀否定阿賴耶識眞實有，主張

阿賴耶識是以意識之一分明瞭分所假說，主張阿賴耶識是世尊依於一切法無常空之空性密意方便施設之說；而經中世尊處處宣說眾生皆有如來藏，並說阿賴耶識心體即是如來藏，因此應成派中觀復主張：**世尊以何義而說如來藏？即是以彼義而說阿賴耶識**。換句話說，應成派中觀一向皆不離顛倒想，以其誤解的無常空之空性認爲是世尊之最深密意，認爲如來藏或者阿賴耶識僅是異名施設之方便說，僅是世尊爲恐怖空性無我者漸漸趣向無我法所對機之方便說，實無如來藏存在，更無如來藏可以實證。

彼等爲達到否定如來藏阿賴耶識的目的，成立自家六識論的宗旨，故以曲解《楞伽經》之經義爲手段，誤導他人信受彼等邪說：「**倘若執著於如來藏義者，即與外道神我相同**。」與佛在經中所說正理公然相違，如是失壞佛所說法之行止，影響所及，遍於目前台灣顯教追隨承繼故印順法師之三大山頭所弘傳之相似佛法中，導致正覺同修會平實導師如實遵照佛世尊及彌勒、無著、世親、護法、玄奘等菩薩之聖教量，弘傳如來藏最勝空性之親證法門與修證法門，皆遭彼三大山頭之傳法者以凡夫僧之意識常見見解，於私底下以言語冠以「**邪魔外道**」之名，極力抵制及誹謗。

然而如來藏最勝空性之法義即是般若實相之甚深法義，自古以來即不容含糊籠統，是故禪宗祖師皆以如來藏爲證悟標的，於悟後亦皆極力破斥相似佛法意識境界。自古以來經由眞善知識正解經論而將正邪法義予以比對辨正，越發顯現如來藏正法之眞實義與殊勝妙理；筆者亦是於眞實善知識平實導師座下暢飲如是殊勝法乳而得以滅除無明，日日住於《心經》妙理中，時時轉物而能不被物轉，常常轉經而不被經轉，親證禪宗祖師開悟之般若境界，乃能紹承佛菩薩及善知識之威德，轉而利益有緣學人，能以不謬誤之意解，申論並辨明何法是最勝空性、何法爲應成派中觀之邪說空性，以之利益學人。

針對應成派中觀曲解《楞伽經》經義部分，今舉示其事證如下：

如《楞伽經》云：「順有情意所說諸經，是權便義非如實言，譬如陽焰實無有水，欺惑渴鹿。彼所說法，亦爲令諸愚夫歡喜，非是聖智安立之言。故汝唯應隨順其義，莫著其言。」又云：「大慧問曰：『有契經中說如來藏，自性光明，本來清淨，具足成就三十二相，一切有情身中皆有，如摩尼寶始衣纏裹，如是亦被蘊界處衣之所纏裹，而有垢染，然是常住堅固、不變。此如來藏與諸外道所說神我有何差別，外道亦說常住，無作，無德，周徧，不壞爲我。』」

次答彼云：「諸佛爲除愚夫無我恐怖，及爲引誘執我外道，說空無相無願等句義，諸法無我，無現行境，名如來藏。故與外道說我不同，現未菩薩，不應於此而執爲我。欲令諸墮我見意樂有情，安住三解脫境速成正覺，爲利彼故說如來藏，是爲遣除外道見故，隨如來藏無我義轉。」因恐文繁茲不廣引。

此中密意所依，是法無我空性。爲令捨離無我恐怖，及爲漸引執著我者，趣向無我。以此爲因，成立說如來藏與說有我，二者不同。如是當知執有我者，想何而說即所說事，大師爲想何義而說，其意趣義與所說義則大不同。執有我者說我常等，欲所說義於一切時堅固決定，大師所說，是暫顯有所說之義，後仍引趣所想之義，故辨彼二其說不同。此即顯示若於前說如來藏義如言起執，即與外道說我相同。如言違難亦即此義，不可如言而起執者……故當了知，說如來藏與阿賴耶，名義雖別，然佛意趣同在空性，唯因對機有異，故佛說法亦殊。不應自恃辯聰，妄集謗法之罪也。[52]

《楞伽阿跋多羅寶經》中（以下簡稱《楞伽經》），世尊所宣說之空性與法無我，都是以如來藏阿賴耶識（異熟識）心體來含攝空與不空而不墮於空與不空二邊之體性中，如是而宣說空性，是以如來藏心體無有三自性性相之無自性性爲眞實自性而宣說法無我。世尊於阿含四部諸經中以其具足名身、句身、文身之運用無礙言說善巧，善說以如來藏阿賴耶識本識爲因所生蘊處界緣起法之無常與苦，無有眞實常住與自在之體性，是如來藏所生而屬空相之法，非眞實我空性，以此非斷滅空之理善說蘊處界之無常空與無我，雙照蘊處界空相與如來藏空性。世尊施設本識或識之名，或以本識識體之涅槃、清涼、寂靜、常住不壞而名，或以本識之眞實法性、本識爲涅槃之實際，而以此等與如來藏心體之體性，增言爲「**本識、眞實、法、涅槃、清涼、寂靜、實際、諸法本母、入胎識、出生名色之識**」，於初轉法輪之阿含期中，隱覆如來藏阿賴耶識密意，爲滅除二乘聖人恐懼斷滅空而說涅槃爲常住不變的寂靜、清涼、眞實，教導二乘聖人斷除我見與我執，如是方便引度彼等恐怖於輪迴生死苦之二乘有情；以此前提而教導二乘有情緣於蘊處界而如實觀察，知其爲無常苦、無有眞實自在體性，實證蘊處界之緣起性空與無我，斷除緣於五蘊之我見，藉三十七品法道，滅除後有苦蘊積集之因——緣於五蘊之我執與貪愛；二乘有情由此本識常住不滅之前提而遠離斷滅空之恐懼，於斷除我執以後方得安住於蘊處界緣起性空之現觀境界中，領受世尊所說之眞實、法、涅槃、清涼、寂靜、實際、常住不變等法而自證解脫。

二乘聖人親斷我執以後，自知自證解脫、自覺涅槃，於捨報以後五蘊之業報不再生起，彼等於捨報前緣於如來藏心體之眞實、法、涅槃、清涼、寂靜、實際等名，雖然仍未親證此心體之所在，但已能緣於佛語而信受不疑，確信有此如來藏心體恆處於無餘涅槃中而非斷滅空，信有此心體不因能緣之覺知心隨著五蘊之壞滅而壞滅，不再受生而使五蘊業報不再生起而蕩然無存，餘此如來藏識獨存不壞，名爲無餘涅槃；而此如來藏心體之本來自在性、出生名色之自性性、本來清淨性、恆住涅槃性，乃是常不變易之法；世尊所宣說之二乘聲聞法解脫道，乃是依此常住心體之體性而施設生死與涅槃之名言，故如來藏心體於生死中不落於三界有，於涅槃中不落於斷滅空。

應成派中觀月稱、宗喀巴等人，以其凡夫心曲解世尊於阿含諸經乃至《楞伽經》中所宣說，將本識所生蘊處界之無常空與無有眞實我之無我，等同於本識如來藏阿賴耶識心體不落於三界有及斷滅空之空性，將蘊處界無常空等同於眞實常住而有自性性之本識「**法無我性**」。應成派中觀之落處其實就是宗喀巴所說：「**如是當知執有我者，想何而說即所說事，大師爲想何義而說，共其意趣義與所說義則大不同。**」彼等應成派中觀執意識心爲不可摧破之本住法，執意識爲入胎識與一切種子識，即是於五蘊顚倒計執有我者，其所想所說之事皆不離於意識緣於五蘊之攀緣與覺受；以虛妄不實、有所依有所緣、與虛妄我見相應、不能解脫於三界境界繫縛之心，顚倒計著而無根誹謗佛菩薩轉依眞實法所證之聖智內涵，以致應成派中觀師凡所言說，其意趣與義理必定墮於我見、邪見等戲論中，截然不同於佛菩薩依於眞實法之體性增言所宣說之義理。從此書之起始至目前之所有辨正，都已經證實宗喀巴此句話乃是對其自身應成派中觀所有謬論之最佳評點。以下加以分析，令讀者能詳知妙理而了知其曲解及誤會之處：

甲、如來藏非外道神我

世尊於《楞伽經》中所教導大慧菩薩者，並非如宗喀巴對如來藏眞實義之曲解而言者。宗喀巴如是曲解說：**如世尊所說而執有如來藏者，即與執著外道神我者相同。**然世尊所說，非如宗喀巴所妄計，以三界有諸法的法無我空性爲密意，而施設建立非眞實有之如來藏以引度恐怖無我者。茲恭錄《大正藏》所錄藏、記載於《楞伽經》而爲宗喀巴所不敢引述之全文如下，以便於辨正：

爾時世尊復告大慧菩薩摩訶薩言：「大慧！空、無生、無二、離自性相，普入諸佛一切修多羅；凡所有經，悉說此義。諸修多羅，悉隨衆生希望心故，爲分別說，顯示其義，而非眞實在於言說。如鹿渴想，誑惑群鹿，鹿於彼相計著水性，而彼水無，如是！一切修多羅所說諸法，爲令愚夫發歡喜故，非實聖智在於言說；是故當依於義，莫著言說。」爾時大慧菩薩摩訶薩白佛言：「世尊！世尊修多羅說：『如來藏自性清淨，轉三十二相，入於一切衆生身中，如大價寶，垢衣所纏；如來之藏常住不變亦復如是，而陰界入垢衣所纏，貪欲恚癡不實妄想塵勞所污；一切諸佛之所演說。』云何世尊同外道說『我』，言有**如來藏**耶？世尊！外道亦說有常作者，離於求那，周遍不滅。世尊！彼說有『我』。」

佛告大慧：「我說**如來藏**，不同外道所說之**我**。大慧！有時說空、無相、無願、如、實際、法性、法身、涅槃、離自性、不生不滅、本來寂靜、自性涅槃；如是等句說如來藏已，如來應供等正覺，爲斷愚夫畏無我句故，說離妄想無所有境界如來藏門。大慧！未來、現在菩薩摩訶薩，不應作我見計著。譬如陶家於一泥聚，以人工、水、木、輪繩方便，作種種器；如來亦復如是，於法無我離一切妄想相，以種種智慧善巧方便，或說如來藏，或說無我。以是因緣故，說如來藏不同外道所說之我，是名說如來藏。開引計我諸外道故，說如來藏，令離不實我見妄想，入三解脫門境界，希望疾得阿耨多羅三藐三菩提。是故如來應供等正覺，作如是說如來之藏；若不如是，則同外道所說之我。是故大慧！爲離外道見故，當依無我如來之藏。」

爾時世尊欲重宣此義而說偈言：「人相續陰，緣與微塵；勝自在作，心量妄想。」[53]〔案：經文詳解請參考平實導師著，《楞伽經詳解》第三輯，正智出版社（台北）二〇〇〇年五月初版。〕

此段經文之前是世尊針對大慧菩薩所請，爲大慧菩薩解說何等是一切法空、一切法無生、一切法無二、一切法無自性相之內涵；菩薩若能夠如實無倒，覺悟如來藏心體最勝空性之中道性，而不墮於妄計之空、無二、無生、離自性之相中，就得以遠離有無之妄想自性計著，而盡速證得無上佛道。世尊教導親證自心如來之菩薩，應遠離妄想自性所計著之空，有七種：「相空、性自性空、行空、無行空、一切法離言說空、一切法第一義聖智大空、彼彼空」；其中「相空、性自性空、行空、無行空」，乃觀察因緣所生蘊處界諸無自體性之法相、自性不生之法相故空，五陰離我與我所、無有作者與所作故空，諸行皆是緣起展轉而有故空，故說菩薩不應妄計此蘊處界之空相為眞實法，不應將依蘊處界而有之無常空、緣起性空自性誤認為空性如來藏眞實法。

「一切法離言說空」，乃是計著一切法之本際不可說故離於言說，不能勝解如來藏離言法性中無假自性空之眞義而妄說一切法離言說空；「一切法第一義聖智大空」乃是於親證如來藏心體，以此心體遠離諸邪見過失與習氣，而妄計此即為一切法之第一義聖智大空；「彼彼空」者，乃是蘊處界諸法雖無有眞實自性、無有眞實我，即因此而妄計無有蘊處界諸法之法性，無有與蘊處界同時同處如來藏心體之法性。菩薩倘若以意識心思惟妄計此七種空之一切法空以為實性，則不能遠離有無之計著，無法勝解如來藏心體之最勝空性。所說妄想自性，就是七轉識緣於六塵境界而對於境界相之了知性。

妄想自性所計著之一切法無生者，謂一切法眾緣和合而有，無有自體性故一切法不自生，其實一切法皆爲因緣生，而妄想自性計著爲一切法無生；實乃錯會世尊所說一切法攝歸如來藏的無生而說爲無生之意，妄謂有生有滅之一切法爲無生者，應成派中觀師皆屬此類人。能生一切法之如來藏心體本來無生，非一切法無有生之現象，若以一切法不自生而即於此主張一切法無生，即是屬於妄想自性所計著者，世尊指示菩薩應遠離此種妄想計著。妄想自性所計著之一切法離自性相者，如來藏心體本來無生，故遠離於所生法之種種自性，然如來藏有其無量功能差別，非無自性；所生法蘊處界由如來藏空性生，無有自體性而刹那不住、變異不住，故蘊處界法無有眞實常住之自體性；菩薩倘若僅以蘊處界諸法無有自體性之離自性相而說一切法離自性相，即是妄想自性計著者。一切法無二乃依一切法本體之如來藏而言，生死與涅槃雖然是不同的法相，卻都是以如來藏因而有；倘若妄計無有生死方是涅槃，或者不證二乘涅槃則有生死，即是妄想自性所計著之一切法無二。

而此等妄想自性所計著之一切法空、無生、無二、離自性相之內涵，以及如來藏心體最勝空性不落於妄想自性計著之眞實義理，入於諸佛以諸法自性增言所說之一切經中，有爲怖畏斷滅空而以覺知心爲眞實有者、希望解脫於生死苦之二乘有情而說者；有爲恐怖無眞實我，以妄計一切法空爲眞實而不能成就佛道之迴心大乘者所說。此等應機之說，都是不離於依據諸法自性增言而假立名身，乃至廣說眞實義而假立句身，其所顯之義乃是如來藏含攝萬法而不落於名句本身言說詮表之假說自性上，也不落於七轉識自身取境了知之妄想自性上；世尊藉著大慧菩薩之問，教導佛弟子應當如是依於義而不依於語，不應著於言說之假說自性上。

但應成派中觀月稱、宗喀巴等之一貫技倆就是斷章取義，彼等未將《楞伽經》中世尊解說「空、無生、無二、離自性相」之過程與因由如實引用或述說，僅以「恐文繁，茲不廣引」而含糊省略，不作交代，成爲刻意隱瞞世尊眞意之惡行。爲了表達其主張「如來藏爲方便說，是與經中世尊所說相同」，以取信於人，先如是假稱：「順有情意所說諸經，是權便義非如實言，譬如陽燄實無有水，欺惑渴鹿。彼所說法，亦爲令諸愚夫歡喜，非是聖智安立之言。故汝唯應隨順其義，莫著其言。」然後斷章取義而宣稱：「諸佛爲除愚夫無我恐怖，及爲引誘執我外道，說空、無相、無願等句義，諸法無我，無現行境，名如來藏。」以如是謬論誤導他人：如來藏僅是世尊爲除恐怖無我者及誘導執我外道，方便建立如來藏心；再以應成派中觀所妄想之空性，方便稱名爲如來藏，誤導學人說：**故不應執於此稱名之如來藏爲眞實有**。教導學人應當取其所妄想之空性義。應成派中觀如是以顚倒妄想計著而斷取經文一半、曲解經義，誹謗最勝空性所依之如來藏心非眞實有，故意違背世尊之意而謗爲假名所說，藉以成立其意識常住之邪說，才能方便建立無上瑜伽雙身法意識境界爲最高佛法。如是等類刻意扭曲經文、極度不善之事證舉之不盡，一切於佛之正法隨信與信解者皆應予以認清而破斥之，方能救護學習假藏傳佛教中觀之眾生，及顯教中誤修應成派中觀爲眞實中觀者遠離地獄業。

世尊於阿含諸經中施設建立五蘊、十二處、十八界，廣說眾生無始以來顚倒所執之蘊我、處我、界我無有眞實體性，廣說其無常變異不住之內容與相貌，破斥所有墮於蘊處界虛妄法而於其中計執有常住法之常見外道。凡於蘊處界法相中計執有常住不滅之我者，經由蘊處界法之生起無常、壞滅無常、變易無常、散壞無常之如實現觀，即可斷除所計著有常住不壞我之見解。世尊同時於經中廣說一切眾生如來藏識入於眾生身中，雖受五陰十八界十二入所纏，被貪瞋癡及不實妄想所染污，而自性清淨常不變易。

外道所說梵我、神我不外於蘊處界範圍，全部攝在蘊處界中，由如來藏識所生，自性不淨亦復生滅無常；無始劫以來與眾生陰界入同時同處之如來藏識，則是自性清淨常不變易，能生外道所說常而周遍不滅之梵我、神我，當知與外道自認為常而周遍不滅之梵我不同，亦可了知絕對與外道大梵天之神我迥然不同。今時猶墮於陰界入我見中之應成派中觀，所知之心唯限於意識等六識，不知尚有七、八二識實存及可證，疑於世尊所說第八識如來藏甚深空性，猶不知外道神我、梵我乃是第六意識覺知心，異於第八識如來藏勝法空性；亦不能信受意識覺知心不是真實常住之心體，乃至誹謗菩薩親證及弘傳之如來藏法同於外道神我。但是大慧菩薩之最勝問，得以經由世尊聖智之釋疑而利益一切後學佛弟子，以及破除應成派中觀撥無真實如來藏之「損減執」（「損減執」，是將實有法損減為不存在的法。譬如如來藏實有，無知的六識論者強說為不存在，說之為無，即是損減執。猶如世間實有太陽，盲者不見，強說世間實無太陽，名為損減執者）惡見論，應成派中觀見之一切師徒，對此都應有所了知。

世尊於阿含諸經中廣說蘊處界無有真實自在之體性，蘊處界法皆非真實我，也同時宣說有「法住、法性、法如、法空、法不離如、法不異如」，說有此等眞實不顚倒法隨順緣起；或者說已證解脫之阿羅漢於世間無所著、無所取，親證空、無相、無願三昧，梵行已立、所作已作、自知不受後有，唯見法，安住於涅槃、清涼、寂滅、眞實。世尊又於第二轉法輪之般若諸經中，廣說修行般若波羅蜜菩薩與法性、法住、離自性性、實際、不變異性相應，說般若的實證是依實相心第八識如來藏而有；又說菩薩行深般若波羅蜜多時，由於了知諸法不生不滅、本性寂靜之正信力，而於無所得之方便善巧得勝進。如是世尊以法住、法性、如、實際、涅槃、離自性性、不生不滅、本來寂靜、自性涅槃等法句，不顯了而隱說如來藏，故於般若諸經中密意說爲「不念心、非心心、無心相心、無住心」，所說皆爲如來藏心體之種種無我法性，使得畏懼生死苦之二乘有情得於世尊方便善巧施設之法句中安住熏習，久後終能實證般若，不落於斷滅戲論，亦不回墮於外道常見之神我、梵我中，眞實自證本來自性清淨涅槃的不可思議解脫。

然而卻有一類愚癡之二乘凡夫及大乘法中之凡夫眾生，不能勝解世尊所說法性、實際、如等乃是眞實之常住法，而計著陰界入之無我、無常空爲眞實法，因而於世尊所說如來藏眞實體性之無我句產生恐怖與畏懼；二乘凡夫於無我空滋生怖畏，即是阿含所說「於外有恐怖」之凡夫；若於外法五陰的斷滅無所恐怖，一心願樂灰身泯智的無餘涅槃境界，便於生死以無常等行深心厭離，而速疾證入涅槃，則不能迴向於大乘佛菩提之修證；凡夫若計著意識心於境界之種種覺知相爲常者，則不能如實了知生死，也不能於貪瞋癡等一切煩惱深心棄捨，則亦失壞於大乘佛菩提之發心與修證。

乙、外道神我之相貌

佛、菩薩以如來藏法性而觀蘊處界法爲如來藏心體所攝持而運爲，此即是大乘人無我之現觀；又以如來藏心體於無分別中能廣分別之體性，而觀其所攝持一切法之離言自性、假說自性，皆是平等平等以無性爲自性之菩提性，於此如來藏心體菩提性之勝解，即是大乘法無我智之修證。蘊處界無我空乃是大乘**人無我**及**法無我**所含攝之法，諸佛如來以如來藏心體菩提性之大乘無我法爲根本，宣說蘊處界無我空，以方便開引顚倒計度蘊處界法中有實我者（於蘊處界法中計著有我者，譬如執著粗細意識爲常住法、爲結生相續之本住法，如是計著者乃是以妄想分別於蘊處界中覺受與了知，由覺受與了知之有所得境界，因而產生蘊處界實有我與我所之顛倒見解；若以正見斷除蘊處界我與我所實有之妄想分別，此等對於蘊處界非眞實我之覺受與了知，仍屬有所得之境界法）；而如來藏心體眞實菩提性法門，乃是遠離蘊處界中七轉識覺知心於六塵境界之有所得妄想分別相；無有七轉識覺知心緣於境界之妄想分別相者，就是如來藏心體之**本來無我**法性。諸佛如來以此等離一切妄想相之無我法性而說大乘之無我，或以種種智慧善巧方便譬喻諸法猶如幻事、陽燄、夢境、水月、響聲、鏡像、光影等而說種種無我法性之相貌；或者爲大乘種性人演說如來藏我，猶如世尊於《大般涅槃經》中所說：「**我者即是如來藏義，一切眾生悉有佛性，即是我義**。」一切眾生皆有如來藏之菩提性——也就是成佛之性，此菩提性本來自在、本來自性清淨、本來自性涅槃，雖受蘊處界垢衣所纏、貪瞋癡不實妄想種子所染污，心體自身本來清淨涅槃之自性卻是常不變易，而且是各各有情本自具有而尊貴無比，諸佛世尊依此尊貴無比之菩提性而說如來藏「我」，以其無變易性之清淨性故，以其恆離蘊處界我性故，以其無始本有而常住故，以其能生蘊處界等萬法故，得名爲「我」。

雖依如是緣由而說如來藏爲眞實我，但此如來藏菩提性「我」，本質上之自性卻無絲毫蘊我、處我、界我的我性，故是無我的法性；緣於此等無我的法性而常住不滅，方是有情的眞實我，故有時又說爲我。因此世尊雖顯了說如來藏心體及其尊貴無比眞實不虛之法性，卻處處教導親證如來藏心體之菩薩們，應如何修證及現觀如來藏心體之菩提性、無我法性，以勝解大乘最勝空性作爲大方便，而能深入大乘法無我智，最後斷除煩惱障與所知障而圓證無上正等正覺之佛菩提極果；因此世尊教導囑咐未來、現在之菩薩摩訶薩，不應於如來藏「我」生起我見之計著，如來藏實無於六塵境界法中有所得、有妄想分別之蘊處界我性故。倘若不能勝解世尊以種種智慧方便善巧所說如來藏心體種種體性之眞實無我義，若計著如來藏爲眞實有蘊處界之我性，計著爲同於外道神我之第六意識覺知性，則不能以大方便而斷除煩惱障所攝之我執、習氣種子隨眠及所知障隨眠，也不能入於大乘之空、無相、無願三解脫門，更不能產生智慧大勢力而圓成佛道。因此，世尊依如來藏眞實我宣說之我與無我，皆是有因緣而說，非無因緣之施設說也！猶如《大般涅槃經》卷二十七中世尊這麼說：【善男子！是佛性者，實非我也，爲衆生故，說名爲我。善男子！如來有因緣故，說無我爲我、眞實無我，雖作是說，無有虛妄。善男子！有因緣故，說我爲無我，而實有我；爲世界故，雖說無我而無虛妄。佛性無我，如來說我，以其常故；如來是我而說無我，得自在故。】

諸佛如來如是宣說如來藏我及無我如來藏法門，絕對不同於外道所說實有常住法不滅之我，何以故？世尊未於人間示現興化之前，即已有數論外道、勝論外道等出於世間興化；其中數論外道又稱爲僧伽師，主要由迦毘羅所創，其所說之法稱爲僧伽經，主張一切法皆攝入二十五諦，是以冥諦與覺諦爲主而演變成二十五諦。迦毘羅因修禪定而得神通，由於他對前後際所能了知之事，不能超過八萬大劫；八萬大劫以外皆不能了知，但因確信有一實法能生萬法卻無法了知，即稱爲冥；又認爲此萬法根源之識實有不虛，是宇宙萬法之實相而稱爲諦，故合稱爲冥諦。迦毘羅又知有中陰識，然不知此識從何因緣而有，思惟及以神通觀察都不可得知，便計此識從冥漠處生，因此而稱此一道理爲冥諦；又稱爲世性，亦即一切世間以此冥諦爲其本性。又認爲此識有微細覺知異於五陰之覺知，亦異於木石之無知，即建立此爲覺諦；又以此識能持我相故稱爲我心，又計從我心能生五微塵，從五微塵生五大，五大即是五諦；五大生眼等諸根，眼等及手腳即能有所覺知及作用等等。

數論外道窮於神通極限之八萬大劫，雖然能觀察有中陰識並且有五蘊相續之相貌存在，卻不能了知是由何法出生了中陰識，而將不能了知之法託付於冥而歸於世間性。中陰雖由如來藏出生，乃是藉已毀壞之五陰為緣而有，故與此世初壞之五陰有所關聯，故已壞五陰之意識能於中陰現起而有微細及粗略之覺知，此意識於入胎時中陰壞滅以後即隨之斷滅。數論外道以其意識思惟乃至神通觀察皆不能了知：中陰之微細意識覺知心並非持業入胎結生相續之識，又未能觀知中陰實由如來藏生，由此而妄計有一微細覺知之識能夠貫穿三世。又妄計此微細覺知之識能持我之相貌，能生五微細塵乃至能生地水火風空五大，轉而出生眼耳鼻舌身意等根，由此而演變成一切世間法；此等妄計有一不可知之法能生有覺有知之我，為一切世間法之根本，就是外道所計之常住、周遍於所作而不滅之神我，不外於意識之想像，仍屬意識之我所。至於大自在天外道（譬如一神教的造物主）所說的神我，則是指大自在天（上帝）身中的意識心，是第六意識覺知心，常與貪瞋相應，故往往會處罰背叛的信徒及異教徒。

外道所計不可知之常法，不論是數論外道的冥諦，或是勝論外道的大自在天上帝的神我，乃是外道能計著之意識心不如理作意而計著出來之想像法，並非實有可證者；亦是作者所作之法，欲以所作出來之建立因作爲常不可思議之萬法本源，同樣落於意識心或意識妄想所得法中，並非聖智所共許，亦非世間現量所能證實者。如來藏心體之常，非爲他法所作，亦非因意識心之施設想像計著而有，其體性迥異意識心及意識想像法，不可混同爲一法，故不應說如來藏我即是外道神我或梵我；一是意識及意識相應法，攝屬於第六識法；另一是第八識心體，是出生第六意識的眞實不壞我，卻無意識心的體性與心行，當知絕非同一類或同一法。

如來藏心體乃是因爲其本來自在之清淨法相、不生不滅不增不減不來不去不斷不常之涅槃中道法相，因爲心體自身之如是法相而成就常、不可思議功德；親證如來藏心體者自能因此覺悟而觀察自心如來（如來藏、眞如）常而不可思議之法相，並非意識心妄想計著忖度所能得之，故不能僅以經典佛學的研究而證得；依禪宗的參禪法門而求證，才是最正確而且最迅速的行門。而外道神我如世尊所說，純粹是於五陰之相續相中計著，或以妄想而誤計不可知之法為常，或計微塵為常，或者計有勝性，或者計為大自在天所作；此所有神我之計著皆是以覺知心有限之心量，於種種意識相應境界中作有所得之妄想分別而施設之，屬於虛妄不實之我見、我所所攝，亦是如來藏心所生五蘊所攝識蘊中意識之妄想自性所得之法。世尊所說如來藏則不同於外道所說之一切神我，世尊所說之如來藏心體與其種種無我體性皆是可知可證之法而非想像法故，絕非只是思想故。

修禪定、證神通，又窮於推究法界根源之外道，未能值佛世尊出世之開演教導，故有不如理作意之見解；待世尊既出興於世，針對此等妄想計著常住法及計有常住我之外道，以眞實無我如來藏法門予以開示引導，自能脫離墮於我見中之妄想計著，乃能親證可知可證之如來藏心體而入於三解脫門境界，則能速往佛菩提修證之道，乃至進修而圓滿究竟。倘若有人因為不能推究五蘊之來由，而歸之於不可知不可證之法，那就落於數論外道冥諦所攝；若又以微細覺知相之意識作為能生萬法之常住我，即落於數論外道覺諦所攝，亦是不實之我見所攝；倘若不能勝解世尊所說無我性的如來藏心、如來藏我之眞實義，而以意識我之境界執著，計取眞實心如來藏以外之「常」義與「我」義，則同於外道所說之神我。應成派中觀師月稱、宗喀巴等正是世尊所訶責執言起執者，實際上古今之應成派中觀諸傳承者皆落於外道非常計常、非我計我之妄想境界中，翻以外道見而責難勝解如來藏法門者爲同於外道之計著神我；以顚倒妄想之空性曲解爲諸佛之空性宗旨，轉而誹謗如來藏爲方便說，誣爲非眞實有。此等所作所爲，誠如宗喀巴所說：「**不應自恃辯聰，妄集謗法之罪也。**」將宗喀巴此句指責，歸還於彼應成派中觀師，是最恰當不過了。

1 陳玉蛟著，《阿底峽與菩提道燈釋》。作者陳玉蛟以《菩提道燈》及《菩提道燈難處釋》二書所作的譯註，東初出版社（台北），一九九一年四月，頁二二五－二二六。

2 《摩訶般若波羅蜜經》卷三〈集散〉第九，《大正藏》冊八，頁二三六。

3 宗喀巴著，法尊法師譯，《廣論》卷一，頁六，福智之聲出版社（台北）。書中說：「總之雪山聚中前弘聖教，謂聖靜命及蓮華生，建聖教軌。然由支那和尚堪布，解了空性未達扼要。以是因緣，謗方便分，遮止一切作意思惟，損減教法，爲蓮華戒大阿闍黎善破滅已，決擇勝者所有密意，爲恩極重。」

4 江燦騰主編，戴密微著，耿昇譯《吐蕃僧諍記》，商鼎文化出版社（台北），第一版第一刷，一九九四年三月，頁六十一－七十五。

5 《吐蕃僧諍記》譯者耿昇所說。

6 《景德傳燈錄》卷六，《大正藏》冊五十一，頁二五〇。

7 江燦騰主編，戴密微著，耿昇譯《吐蕃僧諍記》，商鼎文化出版社（台北），第一版第一刷，一九九四年三月，頁一二六－一三一。

8 據傳有學術界研究者主張摩訶衍亦曾爲神會弟子！參見黃青萍〈敦煌禪籍的發現對中國禪宗史研究的影響〉如下一段論文及同篇註八十五：【一九六四年饒宗頤根據他發現的二六七二號與戴氏的四六四六合校，重新寫定王錫《頓悟大乘正理決》，並提出宗密《禪門師資承襲圖》中列「摩訶衍」爲神會弟子的承襲圖，主張摩訶衍原本出自北宗嵩嶽一派，聞法於神秀弟子降魔藏、小福、大福（義福）禪師，後來進南宗荷澤神會門下，摩訶衍名列《禪門師資承襲圖》之神會法嗣之中。】然此無關法義內涵正確，故本文不討論。通常錯悟者常引神會禪師的「離念靈知」語句自以爲所悟相同，故此摩訶衍就算曾在神會座下熏習，但是把意識離念靈知心當作神會所說本來離念的第八識心阿賴耶識如來藏，實質上仍是錯悟之野狐，而且圭峰宗密本身就是未悟者，尚未開眼，其所挑選的法嗣是錯悟者，那是必然的。有關圭峰宗密未悟的事實，非本文討論之議題，故略而不談。始自天竺，未至現代的正覺同修會，徹悟菩薩座下一向都有錯悟或未悟弟子，自稱開悟而出世弘法「度人」；是故說法者眞悟或錯悟，當以其所證本質而觀，不應依其傳承名義而斷。

9 《大乘密嚴經》卷下〈阿賴耶微密品〉第八，《大正藏》冊十六，頁七四一。

10 江燦騰主編，戴密微著，耿昇譯《吐蕃僧諍記》，商鼎文化出版社（台北），第一版第一刷，一九九四年三月，頁一六〇－一六二。

11 《黃檗山斷際禪師傳心法要》，《大正藏》冊四十八，頁三八四。

12 《廣論》卷一，頁六。

13 《廣論》卷二十四，頁五四五。

14 《廣論》卷二十四，頁五四六。

15 《廣論》卷二十四，頁五四六－五四七。

16 《大乘寶雲經》卷五〈安樂行品〉第五，《大正藏》冊十六，頁二六九－二七〇。

17 請參閱平實導師著，《狂密與眞密》第一輯至第四輯，正智出版社（台北），二〇〇二年二月。

18 宗喀巴著，法尊法師譯，《密宗道次第廣論》，新文豐出版公司（台北），一九九九年十二月初版三刷。

19《廣論》卷十四，頁三五〇－三五一。

20《廣論》卷八，頁二〇九－二一〇：「圓滿一切德相發心者，僅見利他必須成佛，引起欲得成佛之心猶非滿足，即於自利亦見成佛必不可少而引欲得。又此亦非棄捨利他，亦須爲求利益他故，《現觀莊嚴論》云：『發心爲利他，欲正等菩提。』此說雙求菩提與利他故。」頁二二四中又說：「第三顯所修果即爲發心者。總相如前所引現觀莊嚴教義。」

《現觀莊嚴論》中與此段有關前後之原文爲：「般若波羅密，以八事正說；徧智道智，次一切智性，一切相現觀，至頂及漸次，剎那證菩提，及法身爲八。發心與教授，四種決擇分，正行之所依，謂法界自性……發心爲利他，求正等菩提，彼彼如經中，略廣門宣說。」（《現觀莊嚴論略釋》彌勒菩薩造頌，法尊法師譯釋，頁六－十二。老古文化（台北），一九九〇年三月）。

但彌勒菩薩論中所說乃是已證本識阿賴耶識、能現觀般若實相之菩薩，依於本識之本來自性清淨涅槃體性而發起道種智，爲利他而發心求無上正等正覺。宗喀巴雖聲稱《廣論》來自彌勒菩薩《現觀莊嚴論》及《瑜伽師地論》之教授，卻沒有能力將法義予以應用或引用而解說，乃是借著引用菩薩稱號及其論著名相而誑惑世人罷了。

21 如同前舉之《廣論》卷六，頁一七九所說死沒及結生之理，與《瑜伽師地論》卷一，《大正藏》冊三十，頁二八一中所說，相似度九成以上。而說到結生相續時，《瑜伽師地論》說：「當於此處，一切種子異熟所攝執受所依阿賴耶識和合依託。云何和合依託？謂此所出濃厚精血合成一段，與顛倒緣中有俱滅，與滅同時即由一切種子識功能力故，有餘微細根及大種和合而生，及餘有根同分精血和合摶生，於此時中說識已住結生相續。」（頁二八三）彌勒菩薩於論中所說已住結生相續之識乃是指阿賴耶識，而於《廣論》中，宗喀巴將文字變更及組合後，這麼說：「與此同時中有俱滅，與滅同時，即由阿賴耶識力故，有餘微細諸根大種和合而生，及餘有根同分精血和合摶生。爾時識住，即名結生。諸有不許阿賴耶者，許為意識結生相續。」宗喀巴於此就是將阿賴耶識曲解意識之一分，因為應成派中觀佛護、月稱、宗喀巴等不許有阿賴耶識心體故。

22 《瑜伽師地論》卷二十六〈本地分〉中〈聲聞地〉第十三第二瑜伽處之一，《大正藏》冊三十，頁四二七。

23 宗喀巴疏，法尊法師譯，《入中論善顯密意疏》卷七，頁八，成都西部印務公司代印。

24 《雜阿含經》卷九，第二三八經，《大正藏》冊二，頁五十七。

25 《楞伽阿跋多羅寶經》卷四〈一切佛語心品〉之四，《大正藏》冊十六，頁五一〇。

26 宗喀巴疏，法尊法師譯，《入中論善顯密意疏》卷七，頁九，成都西部印務公司代印。

27 《中阿含經》卷二十四，第九十七經，《大正藏》冊一，頁五七九。

28 《父子合集經》卷十六〈六界差別品〉第二十六之一，《大正藏》冊十一，頁九六六。

29 宗喀巴疏，法尊法師譯，《入中論善顯密意疏》卷七，頁十一－十二，成都西部印務公司代印。

30 同前註之書，頁九－十。

31 《中論》卷四〈觀涅槃品〉第二十五，《大正藏》冊三十，頁三十五。

32 《佛說大般泥洹經》卷五〈如來性品〉第十三，《大正藏》冊十二，頁八八六。

33 《大般涅槃經》卷八〈如來性品〉第十二，《大正藏》冊十二，頁六四八。

34 宗喀巴疏，法尊法師譯，《入中論善顯密意疏》卷七，頁十三，成都西部印務公司代印。

35 《解深密經》卷一〈心意識相品〉第三，《大正藏》冊十六，頁六九二。

36 《究竟一乘寶性論》卷一〈一切眾生有如來藏品〉第五，《大正藏》冊三十一，頁八一四。

37 《摩訶般若波羅蜜經》卷三〈勸學品〉第八，《大正藏》冊八，頁二三三。

38 《摩訶般若波羅蜜經》卷一〈序品〉第一，《大正藏》冊八，頁二一九。

39 《摩訶般若波羅蜜經》卷五〈問乘品〉第十八，《大正藏》冊八，頁二五〇。

40 宗喀巴著，《入中論善顯密意疏》卷七，頁十四，成都西部印務公司代印。

41 佛護是應成派中觀創始者，宗本於聲聞部派佛教中的凡夫六識論，創立意識常住不壞的應成派中觀見。

42 宗喀巴疏，法尊法師譯，《入中論善顯密意疏》卷七，頁十三－十五，成都西部印務公司代印。

43 同前註之書，頁十四－十五。

44 《瑜伽師地論》卷五十一〈攝決擇分〉中〈五識身相應地〉〈意地〉之一，《大正藏》冊三十，頁五七九。

45 《辯中邊論頌》〈辯相品〉第一，《大正藏》冊三十一，頁四七七。

46 《辯中邊論頌》〈辯相品〉第一，《大正藏》冊三十一，頁四七七。

47 《雜阿含經》卷十一，第二七四經，《大正藏》冊二，頁七十三。

48 宗喀巴疏，法尊法師譯，《入中論善顯密意疏》卷八，頁一，成都西部印務公司代印。

49 《楞伽阿跋多羅寶經》卷一〈一切佛語心品〉第一之一，《大正藏》冊十六，頁四八七。

50 宗喀巴疏，法尊法師譯，《入中論善顯密意疏》卷八，頁三，成都西部印務公司代印。

51 《瑜伽師地論》卷三十六〈本地分〉中〈菩薩地〉第十五〈初持瑜伽處眞實義品〉第四，《大正藏》冊三十，頁四八八。

52 宗喀巴著，法尊法師譯，《辨了不了義善說藏論》卷五，大千出版社（台北），一九九八年三月初版，頁二〇四－二一〇。

53《楞伽阿跋多羅寶經》卷二〈一切佛語心品〉第一之一，之二，《大正藏》冊十六，頁四八九。

第五章　應成派中觀思想落於外道自性見之事實

數論外道或者勝論外道等，妄計有一常而不可思議之法，主張此法不可知亦不可證，故說爲冥諦；乃是因爲於所生所作之蘊處界法中，觀察其有生必有死之無常性，無常之法一旦死亡斷滅已，則不可能世世不斷的自己出生，因此而推知有一常法能生此無常之蘊處界法；又因爲所推知必有之常法，乃是彼等所不可知不可證者，故彼外道亦說彼常住之法爲常、不思議。數論外道並非安住於不可知不可證之冥法中，因爲對彼法仍不能知、不能證故；他們是安住於其五蘊身中能覺知一切法之意識心中，通過修證禪定所得之天眼通及宿命通而觀察，計著其於定境中微細之意識覺知性即是能貫穿三世之中陰識；雖然想像中陰識由冥漠處生，然而卻又計著此中陰識能生蘊處界諸法，故實質上仍是將意識覺知心住於定境中之法相，計著爲本來離欲、常住而具足能生諸法與智慧之眞我。外道此等非常計常、非我計我、非因計因之見解，本質上皆是惡見、邪見、見取見之自性，因爲都是妄取五蘊之自性爲眞實，緣於五蘊所生之我見不能斷除，故外道縱使能夠修證四禪八定，仍然不能實證解脫，都屬於心外求法（外於眞實常住心而求佛法、求解脫法）者，故不論是在四阿含或大乘經中，世尊都稱彼等爲外道。

應成派中觀之思想與數論外道見有多分相似，月稱、宗喀巴等六識論者雖未計著有冥諦，然而卻以比量而知不可身證之諸法緣起無自體性之空爲常，如同數論外道一般思惟，雖計著此諸法無自體性之空爲常，卻返身施設而安住於意識能受用五欲境界之明瞭分中，稱此一分意識明瞭分爲細意識或常住之微細我，類同數論外道；又妄想建立不可知、不可證之細意識，建立爲能受熏、持種、入胎結生相續之常住我；又妄想細意識能夠生起蘊處界諸法，妄想細意識本來自在與具足諸法。但意識心或細意識乃至極細意識都是所作之法，不外於五陰世間；皆是由如來藏藉五蘊中之根塵觸三法而生之識蘊所攝，純屬有生之所作法，乃是生滅無常之法，無有常恆之法相，「常」非意識之自相故；以此非常之法而計著爲常、計著爲能生蘊處界之因，等同於兔角之法，並非法界萬法的實相，乃是外於眞心而求佛法者，故亦是外道見。如是假藏傳佛教密宗應成派自創之思想與主張，說它是繼承數論外道法而冠以佛法「中觀」之名相，實不為過。以下諸節將針對應成派中觀妄計五蘊自性為眞實法的事實，加以申論辨正，以澄清其本質，還歸其法為非佛法之喇嘛教外道法。

第一節　應成派中觀於五蘊名稱主張性空唯名，於五蘊自性主張實有常住而有作用，以此為中道

應成派中觀一向主張：空法應是一切眾生於所見內外諸法中即能明瞭現見，如是眾生方得於所見內外諸法以空而遣除執著，執著遣盡即可成佛。而彼宗所謂之空，皆不離於五蘊法而說空，屬於聲聞解脫道的理論與行門，亦即是認為修學解脫道即可成佛，不必修學佛菩提道，認為阿羅漢實質上即是佛。彼宗認為於五蘊執有我者應有多我，故五蘊無我就如同繩上無蛇的正確認知，若有如是正觀，對於五蘊上執有實我及有實我之自性，就能如同繩上無蛇之蛇空而遣除。彼等主張蛇乃是由意識錯亂所安立，故非實有蛇，若無蛇則亦無蛇之自性。亦即是說，五蘊中實有某一法為眞實法的認知，是由意識錯亂所安立；

若知五蘊上並無實法常住，即是了知繩上無蛇的智者，即是阿羅漢而成佛了；如是名為無我及無我之自性，就是彼宗不離五蘊所建立之空性。但應成派中觀師卻又從五蘊的識蘊中，將意識細分出一分明瞭分，建立為常住法，本質上仍然是於繩上計有蛇——仍然是於五蘊中計有常住之法，錯將因緣生的意識所屬之一分明瞭分認為實我，故皆未斷我見。分述如下：

一、應成派中觀「性空唯名而有作用」之真相

應成派中觀師月稱、宗喀巴，不能勝解世尊於四阿含中所說五蘊乃因緣和合而有，故無自性、無自相、無自在之體性，因為五蘊中一一法皆無「因相」——無眞實常住自性之因、無眞實常住自相之因、無眞實自在體性為因、無出生蘊處界的自性故。月稱、宗喀巴等人，卻於此本來即非眞實法之五蘊法相中，假藉大乘四加行中名、義、自性、差別四尋思之名相，於色、受、想、行、識等名言中推究出一個結論：五蘊的色受想行識等五個名稱是建立相，但色受想行識等五蘊自身是眞實有，倘若領受五蘊法時不取色受想行識之名言相—**將五蘊保持能夠遠離語言名相之境界相中而認取色等五法時—就**

能夠了知色受想行識等五個名詞唯是依於色受想行識而增上安立名言，故色受想行識離於名言時之自身即是五蘊名之眞實義，如是即了知五蘊名之義；又以此爲基礎，觀察五蘊之諸蘊皆是依於語言之緣而安立其名，依於諸緣而生，因此五蘊法之名稱自身實無有生之自性，亦無自在之體性。此等五蘊生無自性及無自在之體性，亦是彼宗不離五蘊自性所建立之空性。這就是月稱、宗喀巴對大乘四加行之妄想所說。

如是月稱、宗喀巴等觀察「五蘊無我」之名空，及「無我」名之自性空，觀察五蘊無生之自性空，觀察五蘊無自在之體性空，觀察五蘊體性空而唯有色受想行識之名言安立，如是而建立一切法性空唯名，究其本質，實以五蘊之名稱爲性空，唯名建立；色受想行識等五個名詞本質性空而無作用，唯有名稱而無實質。應成派中觀師即依此認爲第二轉法輪諸般若經都是在講這些法義，並非在講第八識非心心如來藏的法義，是故宗喀巴判定般若諸經中的精義就是講五蘊名稱的性空唯名；釋印順繼承宗喀巴此一思想，故將第二轉法輪諸般若經的精義更明白作出教判，定義爲性空唯名。應成派中觀師古今同一觀點，就是蘊處界等一切法性空，即是彼宗所建立之勝義諦；一切法性空而以名言稱之，即是彼宗所建立之**世俗諦**；因此彼宗主張勝義諦與世俗諦乃是「**一體**」之異分，此「**一體**」即直指五蘊自身實有各種功能自性，而離於（或獨立於）色受想行識等五個名言之外。釋印順繼承這個見解，故判第二轉法輪般若諸經所說爲**性空唯名**，並不令人覺得意外。應成派中觀此義，於前面之章節辨正中已分明顯現，足令讀者詳實了知。但大乘法中的世俗諦，是專指五蘊緣起性空故無常住的我性，名爲人無我，是指眾生同分的人無我；此是世俗諦聲聞法、緣覺法，亦通大乘佛菩提而攝歸佛菩提中；大乘佛菩提的法界實相如來藏心境界方是勝義諦，全部不共二乘菩提，大乘佛菩提勝義諦含攝世俗諦故，大乘佛菩提尚有不共二乘的勝義諦故。

大乘法中的勝義諦，則是專指五蘊之所從來的實相法界如來藏空性的本來自性清淨涅槃，及如來藏所生五蘊與萬法皆是緣起性空而與如來藏不一不異，方屬眞實義之中道，而非六識論應成派中觀思惟誤認之意識境界假名中道。而如來藏自身亦是無我性，以如是甚深極甚深等法理所顯示的法無我，方是勝義諦；故勝義諦唯是大乘法中方有，不通二乘，更不通假藏傳佛教密宗喇嘛外道主張的一切粗細意識境界的相似中道。

但古今一切應成派中觀師不懂大乘法，斷取大乘修證法義四加行及勝義諦名相，套在聲聞法解脫道上面來說；卻又不懂聲聞解脫道，將識蘊認定為實有法，才能與雙身法的樂空雙運結合、相應，而將大乘法中的四加行（雙觀能取的意識等六識識蘊空、所取的內相分六塵空）曲解如上，致令已經實證人無我與法無我的大乘賢聖啼笑皆非，故說假藏傳佛教應成派中觀師一切所說，皆屬胡亂套用大乘法義修證的名相，亂作解說，只能要弄初機學人，不能籠罩眞悟之大乘賢聖。

印順法師即是青年時期初機學佛之時，被宗喀巴的六識論應成派中觀邪思要弄籠罩而信受不疑，故以先入為主之邪見而終生不改；導致晚近數年被平實導師揭示正理及教證而辨正以後，始終都不能稍作回應。這不是他的修養好、不屑於回應，而是無智亦無力回應，所以者何？印順法師一生辨正「邪見」勇往直前、毫無怯懦，對於別人辨正他的法義，向來都是迅速回應而且不假辭色；但是到了名聲更大、勢力更大的晚年，仍然耳聰目明而能為潘煊、邱敏捷修改文詞及錯別字，也能迅速回應評論他法義的鍾慶吉居士，快速的寫文章登報加以辨正；數年來卻對平實導師加諸於他的法義辨正諸書，仍然不聞不問而能安忍，不符釋印順一生不能安忍而疾言厲色迅速回應的作風，可見其自知無能回應也。釋印順如是，其下眾多門徒當知更如是也。

言歸正傳，如何又是彼應成派中觀師所宗四加行之差別相？彼宗認爲色受想行識等名言，乃是由意識分別心所安立；雖然名言是假立，色等五法之名言實無我性，應名無我，而色受想行識卻各各別有作用，因此色等五個名言法中雖無實體，於一切法性空而不取名言之「**勝義**」中（色受想行識五法自身），卻能領受色等六塵法之差別作用，此差別作用即是彼宗所建立之**勝義有**，如此建立五陰爲實有法，否定佛所說五陰因緣生、因緣滅之正理，即能不違背雙身法的樂空雙運、樂空不二的即身成佛享樂理論，故月稱及宗喀巴同時都是雙身法的奉行者。

說穿了，在應成派中觀的「**見地**」中，五蘊能領受六塵境界的自性功能就是勝義有，依五蘊而立名的色受想行識等五個蘊的名詞即是世俗諦，是性空唯名，而色受想行識等五法自身卻是有自性功能的勝義有；因此，應成派中觀自稱經由分別而安立之色受想行識等五個名相所屬的一切法雖然假有，皆無眞實體，而色受想行識能分別之心則有能夠領受六塵境界之各別作用，即是彼宗不落於「空」、不落於假名安立「有」之中觀見最究竟處，完全墮入我見中。例如宗喀巴這麼說：【瓶等諸法由分別安立之理，雖與繩上假立之蛇相同，然瓶等諸法與繩上之蛇，爲有爲無及有無作用等，則極不相同。以彼二事，須否決定名言，即立彼名有無違難等，極不同故。說分別安立之法，能有各別作用者，是佛護、靜天、月稱三大論師解釋龍猛父子意趣之不共勝法。此亦即是中觀見之究竟深處。如寶鬘論云：「色法唯名故，虛空亦唯名，無種寧有色，故名亦非有。受想及行識，如大種如我，皆應如是思，故六界無我。」又云：「唯除於假名，若云有云無，世間寧有此。」此說於勝義中，名亦都無，除名言中唯由名言增上安立，都無所有。故唯是假名。若善了知以上諸義，則能善解一切諸法皆是依緣安立。依緣假設，依緣而生。皆無自性，皆無不由他名增上安立之自在體。隨立何法，皆是不尋彼、假義而安立者。】[1]

如前一段辨正所說，已經了知應成派中觀所說的勝義諦與世俗諦不同於顯教的地方以後，才能眞實理解此一段文字中宗喀巴的意思，就能了知他的落處。宗喀巴爲成就其**一切法性空唯名而有作用**之偏邪理論，於有爲法中強行建立有一不落於有無之差別相者，此等違背法相之論，完全違背諸佛世尊所說正教量。如何是他於有爲法中強行建立有一不落於有無之差別相？他落入自己所斥責的於繩上假立蛇（於五蘊中假立眞我）之我見中，此我見乃是由意識心分別而假立細意識爲眞實不壞心，即是心所法薩迦耶見（亦稱爲我見）所攝；此心所法所攝的我見，與意識及意根末那識相應；此心所法我見乃是意識心隨於五取蘊中的一一法中，以自己的覺觀而執著爲我與我所，依止於生滅我意識而生的我見，生起了見取見、戒禁取見、邪見等惡見；也生起一切不如理作意之邪見——就是我見之作用，因此產生了緣於生滅的五蘊假立爲眞我之見解，說五蘊的名稱性空唯名而五蘊非無作用；而瓶等諸法名言猶如色受想行識諸法等名言，亦是由意識心分別而假立。這就是應成派中觀師將般若精義判定爲**性空唯名**，然後引以爲豪的判教眞相。

但事實上，色受想行識雖有作用，卻同於心所法，本屬因緣生、因緣滅之假我；如是知、如是見者，都不外於我見範疇，五蘊皆是有所依、有所緣、非有眞實體性故。我見（身見、薩迦耶見）乃緣於五蘊而有，依止於意識、末那識而生起作用；我見是經由意識顚倒分別而生，若修解脫道或佛菩提道聖法，即可滅除。於三乘菩提聖法中，滅除我見時所滅之標的，並非應成派中觀所說滅除「**五蘊等名詞爲假有**」之見解，而是直接滅除「**五蘊有眞實法**、**五蘊常住不壞**」之見解；若不知此，甫聞應成派中觀師宣稱已滅我見、已證初果阿羅漢果，已證顯教佛果而自謂已具足修完顯教果位時，將會誤信其言而認定其爲已成究竟佛果之人，則誤會大矣！依上來所說而了知應成派中觀師所謂已具足修完顯教法義及果位時，即能自行判定其所謂顯教佛果之實證仍屬凡夫境界，與常見外道無異。

色蘊五根、五塵、法處所攝色等十一法，都依於如來藏之功能將四大聚合而有；五根、六塵都緣於壽、煖、識及命根不壞，並由第八識如來藏流注相應種子出來時方有作用；五色根及六塵皆是本無今有之**生相**，亦有經由變異、命根毀壞之**滅相**，是生滅法，不可建立爲常住法、本住法；受想行識則依色陰等十一法出生之後，再被如來藏所緣而流注出來方有作用，亦復如同色陰具足生滅相，故宗喀巴亦不應建立為本住法。因此依五色根、六塵為緣而由如來藏所生之我與色受想行識等，縱使遺除名言之安立——捨棄五蘊之一一名稱以後，仍皆同於因緣所生之有為法，生時則有、死時則壞而空無，雙具「有、無」之相，亦有「**無眞實體性**」之無常相、自性相，即是自性見外道之所墮。宗喀巴於生滅性之五蘊中強行建立差別相，而聲稱遺除色受想行識之語文名言，即有各別作用而不落於如同所假立「**我名**」**性空唯名**之空無，即符合佛護、月稱、寂天等人一脈相傳之應成派中觀，自以為可以符合世尊所說的中觀而無違難。但此乃是非量之邪論，完全違背諸佛世尊之聖教量故。

倘若色受想行識五蘊遺除色等名言以後，其各別作用即是勝義有者，此有卻仍然是五蘊所攝之法，所運行之境界仍不離欲界六塵之見聞覺知，落入欲界色蘊之中，尚不能稍離欲界境界，何況出離三界生死？又，依其所說，見聞覺知性亦應為勝義空性之法性，方得稱為勝義有；然而世尊於般若經中處處宣說般若波羅蜜多智慧所證實相境界，本性無有見聞覺知事，亦無能見聞覺知者，維摩詰大士所謂「**法離見聞覺知**」，皆是依第八識非心心、無心相心如來藏識而說，名之爲空性；而應成派中觀所主張之空性，卻是藉由因緣所生五蘊法中之意識心而建立，是將遺除五蘊語文名言後之意識了知作用自稱爲勝義有，乃是墮於我見而又否定第八識者；此乃由於恐怖墮於斷滅而必然產生妄想所取之結果（否定第八識實有又必須遵循佛旨全面否定五蘊後必定墮入斷滅空之恐怖中故），因爲彼等所建立之空性心意識仍有見聞覺知事相，亦有能見聞覺知者，仍未脫離識陰與色陰（五根、五塵）範圍故。

名言所稱之五蘊法，乃至遺除語文名言後之五蘊自身，仍然是生滅之有爲法，不因遺除語文名言而使五蘊自身變成本住法、不生滅法。不迴心阿羅漢滅盡五蘊後有之生因而入無餘涅槃，即不再有後世五蘊出生於三界中，乃至應成派中觀最執著識陰所攝之意識離念靈知亦皆滅盡無餘，唯餘第八識獨存方可名爲無餘涅槃[2]；故五蘊、十八界等一切法乃是可滅盡之法，故應成派中觀師建立細意識離念靈知—**遺除五蘊語文名言後之了知性**—作爲不生滅法、常住法，是胡思亂想的不如理作意的建立法，落入常見外道之知見中，未斷我見，仍被三縛結所繫縛。

如是依五蘊而建立名言空之離念靈知爲空性，於死亡後必隨於五蘊法滅盡而斷滅（離念靈知不能去至後世故，後世的離念靈知是依後世新生的五色根等色陰十一法爲緣而生的另一心，已非此世之離念靈知故），則應成派中觀否定第八識後所謂之勝義諦，即無可避免的成爲斷滅義；本質與斷見外道並無差別，只是藉佛法名相包裝而似有差別罷了，實質上同於斷見外道，無有殊勝可言。

若彼等繼續主張離念靈知是本住法、常住法，則彼等所說的無餘涅槃又將如同常見外道的五現見涅槃相同，仍然屬於常見外道戲論。若他們回歸阿含所說涅槃本際的聖教，則在他們否定第八識（涅槃本際識）的前提下，又將成爲斷滅境界，同於斷見外道，則應成派中觀師的佛法與斷見外道又有何差異？因此，應成派中觀的法義，在實證般若之有智者面前，必然進退失據、全無所憑；故其所有傳承者與修學者，皆必然是不能斷除我見之凡夫，因爲彼等連二乘菩提中最基礎之五蘊**分別我見**，於其自身造成執取諸多邪見之現況都毫無自知之明，對於解脫道中最粗淺的初果所斷意識相應的我見，已皆不能了知；復執取色等五蘊法遠離語文名言後之了知作用作爲勝義有，墮入常見外道身見（我見）

之中，就永遠不能斷除緣於五蘊而生之我見與我執。應成派中觀師以如是錯亂知見之凡夫心智，來解釋龍樹菩薩依八識論而製作之《中論》，所可能產生之顛倒見與邪理，以因果比量而推之，即可輕易了知矣！

對於所有應成派中觀師而言，**性空唯名**乃是假有的五蘊名相法之究竟深處；是說有念靈知必與名言相應而說爲**性空唯名**，而離念靈知離名言故爲實有法，故能離念而有了知之性時即是住於勝義諦中；但若以聲聞解脫道及大乘佛菩提道的實證者觀之，不論是依正教量之理徵之，或從聖智之證量所證，離名言相之色受想行識（或其中的離念靈知）無有一法具有眞實自在、常住不壞之自體。事實上，不論是有名言相或無名言相之靈知心，都是藉由五根觸五塵方得生起之六識心之見聞覺知作用；乃至見聞覺知所牽引之身行、口行作用，於其中推究，皆有色法可得、有受想行識法可得；然後依識陰之見聞覺知性，方能產生**性空唯名**的思想。故**性空唯名**其實只是依五蘊才能存在之思想、觀念，並非能生蘊處界、能生萬法之法界實相。故性空唯名之思想只是六識論之凡夫學人依識陰而生起的戲論，若離識陰即不能存在，故應成派中觀所說諸法悉皆言不及義。如是過失，一切八識論的凡夫佛弟子都不會誤犯，何況實證勝義諦的三賢位菩薩？更無違犯之理；乃至聲稱已經完成顯教佛果而開始實修密宗道雙身法樂空雙運的應成派中觀師，竟然墮落其中而仍無所知，甚且於被指點之後提不出符合正教、符合邏輯之反證，而仍堅持其謬論爲最正確、最高之無上法。

但法界實相的第八識如來藏，不唯能生蘊處界而有識陰之見聞知覺性，不唯能使應成派中觀師產生性空唯名的戲論，也能外於蘊處界而獨自存在，故能使阿羅漢之第八識於捨壽後獨處於無餘涅槃中；但應成派中觀所謂的勝義諦**性空唯名**，卻只能存在於識陰在世之時，當死亡入胎後識陰斷滅時，其**性空唯名**思想即隨著識陰的斷滅而不復存在，故無實存不壞之常住法性，本質是斷滅法，不可說爲般若之眞實義；這與法界實相的第八識—**涅槃本際**—永遠存在而無一法可以壞滅祂的般若眞實義，本質永遠不同，永遠無法找到他法具有如此自性而取代之。

應成派中觀之法義，本質上完全是墮於我見、我所見中之法義，如是不能脫離緣於五蘊法所生我見之作用而生邪見者，依於無有眞實自體之五蘊法所比量推究而得之性空唯名，尚且不能超越五蘊世間，尚且不能如實了知聲聞聖人所證之世俗諦解脫道，如何可說爲更勝妙的大乘法中的勝義諦？故應成派中觀所說的勝義與世俗二諦，理不應成。彼等應成派中觀爲遣除可得之色受想行識五蘊法之名言，主張以名言假立而遣除之，留下色受想行識自身而認作眞實法，則能成立其雙身法樂空雙運的理論。彼等故意引用《寶鬘論》中所說六界無名無我之法句，欲以之證明彼等所說無謬；然而《寶鬘論》所說，實際上並非彼等所妄計之**五蘊性空唯名即是勝義**，若將其中之義涵大略解釋之，即可辨出二者之差別處。假藏傳佛教密宗從梵文翻成藏文所稱之《寶鬘論》，即是收錄於《大正藏》中之《寶行王正論》；爲求往後查證之完整性，此處宜恭錄《寶行王正論》中所記載與宗喀巴所引《寶鬘論》同一範圍之內容解釋之，以示正義：

四大及空識，一聚俱非人；若合離非人，云何執人有？
如六界非人，聚故虛非實；一一界同然，由聚故非實。
陰非我我所，離陰我不顯，不如薪火雜，何依陰成我？
地界非三大，地中亦無三，三中亦無地，相離互不成。

地水火風大，各自性不成，一離三不成，三離一亦爾。
一三及三一，相離若不成，各各自不成，彼相離云何？
若各離自成，離薪何無火？動礙及相聚，水風地亦然。
若火自不成，三云何各立？三大緣生義，相違云何成？
若彼各自成，云何更互有？若各自不成，云何互成有？
若言不相離，諸大各自成，不離則不共，若離非獨成。
諸大非各成，云何各性相？各成無偏多，故相假名說。
色聲香味觸，簡擇義如大；眼色識無明，業生擇亦爾；
作者業及事，數合因果世，短長及名想，非想擇亦然。
地水風火等，長短及小大，善惡言識智，智中滅無餘。
如識處無形，無邊遍一切；此中地等大，一切皆滅盡。
於此無相智，短長善惡等，名色諸及陰，如此滅無餘。
如此等於識，由無明先有；於識若起智，此等後皆盡。
如是等世法，是然識火薪；由實量火光，世識薪燒盡。
由癡別有無，後簡擇眞如，尋有既不得，無云何可得？

由無色所成，故空但名字；離大何爲色？故色亦唯名。
受想行及識，應思如四大；四大如我虛，六界非人法。[3]

略釋所引論文如下：「地水火風四大及空與識等六界，此六界各別之一一法及六界所聚合者，皆非眞實常住而不壞的人我，若六界和合之時及與各別分離之時皆非眞實有人我，如何可執著人類五陰之我爲實有法？如同六界的一一界都不是眞實的人我，皆是由六界聚合而說有人我，故人我是虛法而非實法；而六界的一一界也都是同樣的道理，亦是由於聚合而成就六界的每一界，故六界的一一界亦非實法。

五陰並不是眞正的我，也不是常住不壞的我所，是故都非實我；若離於五陰諸法時，眞實之我亦不能顯現出來；五陰與眞實我並不是如同於薪柴與火相離一般的不可分離（五陰與眞實我如來藏識是可以在死後或入涅槃時分離的），如何可以五陰的全部或其中的一陰、多陰而能建立成爲常住不壞之我呢？

地大之功能堅硬性並不是水大、火大、風大的功能，地大功能中亦無有彼三大之體性，水、火、風三大中亦無有地大之堅硬功能；但若地水火風四大各都離開其餘三大時，各自之體性亦都不能單獨成就色陰諸法。

地大及水火風三大，若相離時則各自之功能性都不能成就色陰諸法，如同其中一大離於其餘三大時即不能於色陰諸法上成就自己的功能，其餘三大若離於此一大時，亦不能成就原來的功能，道理是一樣的。

三大相待於一大以及一大相待於其餘三大時，若是相離時就無法成就色陰諸法上四大各自的功能，這已顯示四大各自都不能單憑自己而成就色陰諸法上應有之功能，那麼四大相離時又如何能成就各自的功能？

倘若四大各自相離而仍然能成就各自的功能，那麼爲何離開了薪柴就沒有火？同樣的道理，由於有動轉性、質礙性及互相合聚，才能有色陰諸法出生及存在；風大之動轉性、火大之熱煖性、地大之堅硬性、水大之溼潤性，它們成就色陰諸法的道理是一樣的。

倘若火大之功能性不能自己成就色陰諸法，其餘三大各自單獨成就色陰諸法的道理又如何能成立？而其餘三大各自藉緣獨立成就色陰諸法之功能性，也與火大不能獨自藉緣成就色陰諸法的道理是同樣相違的，那又怎麼可能講得通呢？

倘若四大各各可以獨自成就自己的物性而出生色陰，爲何又要互相含攝而有色陰？若四大各自都不能獨自成就色陰時，爲何四大互相合聚時便可以成就色陰呢？

倘若主張四大不相離時可以成就色陰，不必有眞我來聚合四大成就色陰時，那麼四大就應該都能各自成就色陰，這時四大不相離時應該也同時是四大不共而各自分離的，若是四大各自分離時又不該說是四大各自成就色陰，因爲『不離則不共』。

顯然四大的功能都非各自能夠成就色陰，爲何還要說四大各自都能有成就色陰之物性相貌？四大各自成就色陰的功能性，並沒有比其他諸大特別偏多，所以眞相是背後有一個眞我假借四大及空、識而成就五陰，六界及五陰之人我相貌其實只是假借名言而爲眾生加以說明罷了。

對於色陰中的色聲香味觸這五塵簡擇之義理，也如同對四大義理的簡擇一般；眼根、色塵、眼識等無有自體性，乃至無明、業與生也同樣無有自體性，其簡擇之義理也是一樣的；能作者、所作之業及種種事相，由各種數法和合所引生之因果、世間，以及不相應行法之短長、名言、了知等法相，乃至三界境界中之有想、無想境界及擇滅無爲等，也是同樣道理，全都不離能生的眞我如來藏識。

舉凡地水火風等法相，長短小大等分別，一切善惡法相、語言文字、意識所識之世間智慧，在意識親證能生一切法之識體所得之般若實相智慧中，是全部攝歸於離言法性的如來藏本來性淨涅槃中，所以依止如來藏的本來性淨涅槃境界來觀察時，根本就沒有以上所說的地水火風等法相及長短大小差別與世間智慧，在實相境界中全部滅盡無餘。

如同意識等六識心體所安住之自己處所無形無色一般，本識如來藏並無方位與邊際，故能遍處於蘊處界等一切法中，從本識識體的自住境界之中來觀待地等四大時，其實並沒有此等諸法可說，故說在本識實相境界中，此等對於堅溼煖動長短小大、善惡言、識、智等諸法相之了知，一切皆滅盡而無所遺餘。從意識親證般若實相心體所得之無相智中，觀短長善惡、六識、世間智慧等法，也觀察名色諸法及陰界入等法相時，也如同這樣的道理一般滅盡無餘。

如同此等名色、陰界入等法，從本識而觀，皆因不知有本識存在之無明先已存在，然後才會次第生起而有陰界入等法，導致不能生起實相智慧而流轉生死；倘若意識覺知心親證此本識而生起無相實相智，則名色陰界入、長短等有漏有爲法皆可次第修除滅盡，如同火燒薪盡一般。

將名色等等世間法執爲實有之無明，即是燃起識陰大火之薪木，由實相現量觀察而得到的智慧火光，能把三界世間的識陰薪木都燒盡無餘。

由於無明使本識於三界不斷現行而出生陰界入，因此而由於無明的緣故分別三界世間諸法之有無；親證本識而得於現量觀行眞實法之智慧火光，得以滅除虛妄分別之我見與我執，即可滅盡牽引本識出生有漏陰界入之因。後來親證本識即能以般若實相智慧簡擇本識藉所生所持所運行之諸法而顯示出來之眞如法性，此時依實相智慧住於本識之眞如法性中，再來尋思陰界入等法之實有時既不可得，那麼依於陰界入等法的存在而說死後或入涅槃後的『無陰界入』之法又如何可得？

因爲『無』是由於滅除色法而成爲無色法存在所成就而施設其爲無，因此，色法滅後的空只是以名字而說是已經空了；反過來說，若是離於四大時還有何法可以稱為色陰？所以色陰亦無實法而唯有名相。

對於受想行識，亦應思惟其如同四大一般，都無能夠單獨存在運作的法性；四大如同五蘊假立之我一樣虛假，也是無有實法而唯有名，因此地水火風空識六界也如同四大一般，皆不是眞實的人我。」

論中主要詳細申論四大、空、識、五陰、六界都無眞實眾生我之眞實義理，經由上文之解釋，論意明顯可得。而其中最為假藏傳佛教密宗所曲解者，即是誤以意識觀察陰界入一切法無自體性而作為佛菩提道中的空性智；彼等認為只要有了此智，就能夠遣除四大、陰界入法之自性（實際上僅遣除名言，仍將能作用之色受想行識等五陰執為眞實法性），若使之於意識分別領受中之言語一一否定，由意識之否定而不再生起語言文字，住在離念靈知之時，即自稱為滅盡我見、滅盡陰界入諸法；其實這個離念靈知正是意識境界，依於色等四陰才能存在或了知，不離意識的能知性與所知的六塵境，只是欲界中的境界，根本上就是欲界我見俱在，遑論色界我見及無色界我見之斷除；至於三界我執之滅除，更無論矣。

彼宗又以其所謂「空性智」觀察陰界入一切法無自性，其「空性智」僅是遣除陰界入諸法之名言相，該「空性智」就是彼等所建立之勝義〔作者案：應成派中觀師更將雙身法中淫樂的觸覺無形無色而說爲空性，認爲這樣認知就是證得空性智，落入欲界我見中，同於外道五現涅槃中之第一種—於五欲中自在享樂之覺知心常住不滅名爲涅槃—自稱已得空性智〕，其實仍然不能外於陰界入法的範圍，不離欲界境界，同樣是我見俱在。又認爲陰界入諸法無自體性即是空，這些陰界入及諸法的名言只是名言上之增上安立，一切名言都無作用、無所有；然又認爲實有五蘊能取境界、受用境界之各別作用，不屬於因緣生、因緣滅之生滅法，故不落於性空唯名之空無，誤以爲安住五蘊而離一切言語名相之時即是契符中道「言語道斷、心行處滅」之觀行。這其實是標準的常見，但應成派中觀受到無明所遮障故，亦因不願捨棄雙身法樂空雙運的淫樂境界享受故，不能也不願觀察能了知諸法者乃是意法爲緣所生之意識心，乃是五蘊法中識蘊所含攝之欲界世間法，故將同屬於因緣所生無自體性之虛妄法妄自施設，將暫離語言思惟而能受用六塵之意識心自身，及所受用之見聞覺知作用性，認取爲常住不滅之勝義有；此乃於不實之陰界入無常法中，妄行建立意識一分爲常，皆是違背世尊解脫道法義之邪論，實非佛法正教。

六界中之識界，有時說為本識，有時說為識陰；唯有說為本識時方能遍一切界、一切處。倘若應成派中觀將之指為六識界或意識界，並指稱為能生名色之結生相續識，則六識或意識皆應是能遍一切界、一切處者；然而世尊說眼識只能於眼根觸色塵之處現起，也就是只能在眼的勝義根處生起；乃至意識於意根觸法塵之處現起，故意識只能在意根所在的勝義根處（頭腦）中現起，不能遍在十二處中。而眼識不能到耳根觸聲塵之處乃至到意根觸法塵之處，如是，意識不能到眼根觸色塵之處乃至身根觸觸塵之處，六識中之一一識也都不能到其餘五識所在之處，故非遍。

而六識之一一識尚且不能遍於內六處，又如何能遍於十八界？既不能遍於十八界中之色法五勝義根處，又如何能夠以彼六識而運作五扶塵根？又如何能運作地水火風四大使有堅溼煖動之法相？故應成派中觀如上所舉誤計識界，就與《寶鬘論》中所說本識「**如識處無形，無邊遍一切，此中地等大，一切皆滅盡**」之義理相違背了。因此，六界中之識界若是能生名色之識時，絕對不是應成派中觀所指稱的六識界，而必定是能夠遍於陰界入諸法中之本識，當然是能遍及陰界入法中的能生、能持、能運行陰界入法之如來藏識；

而且六識已含攝於所生之陰界入法中，攝在本識所遍之一切界中，故此能生名色的識指的就是本識、入胎識、如來藏阿賴耶識（異熟識）。由本識具有大種性自性，故能入胎執取受精卵，能攝取摶食中之四大養分而長養有根身，亦能執持有根身而於五根具足時攝取五塵，因此才有外六入、內六入與六識之生起現行；是故，宗喀巴將本識的結生相續功能套用在識陰中的意識心上，而說意識心是結生相續識，可以出生名色而來往三世，是落入欲界我見中，同於常見外道而無絲毫差異。

親證本識阿賴耶識如來藏者，以般若實相智現觀本識所幻生之陰界入法與本識心體和合似一，而本識識體無有陰界入之法相，無意識之法相，亦無有地水火風之法相，此等般若實相智方得稱爲無相智、空性智；以此無相智、空性智所觀的如來藏本識自住境界爲前提，才有宗喀巴所引的《寶鬘論》所說四大、空界、六識界、五陰、名言、世間智等，都被智慧火光燒盡無餘；這也正是《心經》所說無眼耳鼻舌身意、無色聲香味觸法，乃至無無明亦無無明盡，無智亦無得之眞實義，相符相契而無絲毫差別。

然而本識之眞如法性離於六識之顯境名言與表義名言，所含攝之空與不空法性，親證本識者所得之般若智慧，皆是以本識如來藏之眞實義而假立字身、名身、句身，爲有緣眾生而增言開示；依聖智之智境而言，不可說此空與不空之勝義空性是性空唯名；亦不可說一切皆無所有，唯有言說增上假立，本識自無始以來即已是實有而本具眞如法性故，三界世間一切法皆因無明及執著而從本識如來藏中出生故。若謗本識如來藏爲增言施設之假立法，即是墮於損減執中，成爲誤謗眞實法爲無；在損減之後唯恐墮於斷滅空中，即不得不建立識陰中的某一法爲眞實不壞法，又成爲增益非眞實法爲實有之增益執。應成派中觀古今諸師雙墮如是二執之中，在《瑜伽師地論》中，當來下生彌勒尊佛說此類人即是惡取空者，乃是毀壞諸佛如來所說法、律之邪魔外道，古今所有應成派中觀師正是如此造作惡業。宗喀巴的《廣論》及其他著作中所說莫非如此，目的即是建立五蘊爲實有法，才能使假藏傳佛教的無上瑜伽樂空雙運的男女雙修法理論得以成立，才能建立假藏傳佛教謊稱的「報身佛」淫樂遍身境界爲佛法，卻是全面違背四阿含諸經中所說五蘊是因緣生、因緣滅之生滅法，根本不是佛法而是常見外道法。

倘若一切法唯是假名，皆無所有，無有一切法生滅所依之眞實體，則一切有情所造之善業或惡業，應成爲因果不定所攝，時而無因有果、時而有因無果、時而無因無果、時而有因有果；則修福、修善、修慧與放逸身口意之貪瞋癡凡夫諸行應無差別果報，世間應無證解脫而不退轉之阿羅漢，無有因果律可遵循故。應成派中觀爲救護他人對彼因果失亂之責難，乃主張業無自性生、無自性滅，認爲業滅以後雖亦有事法之「滅」，能引生自果，故宣稱「**雖無本識亦能因果不亂**」，卻成爲業滅以後可以無中生有而實現因果律的荒謬主張。

身口意業有三種，各別又有善、惡、無記之差別，而此有事法之「滅」，是一或是多？若是一，應該是能持諸業種而不失壞者，此能持業種者應該能夠貫穿三世而使因果不亂者；然而應成派中觀一向主張意識是一切種子識，說意識能入胎結生相續，說意識是本住法；毫無疑問的，彼等所說有事法之「滅」就是意識，此「滅」是以意識爲宗旨而說。倘若有事法「滅」是指意識，則意識必須爲不生不滅本來自在之法，方能持種不失而在未來世或無量世後報償而實現因果律，則彼宗所主張一切法性空唯名、皆無所有之理，即不能成立；依其主張，意識滅後應尚有意識及屬於意識之有事法「滅」而仍然存在不滅故，即成自宗相違；此乃是推立只能存在一世之意識於不空之地，故其宗旨已然自相矛盾，成爲自立之宗旨由自說所破故。已見自宗此過，故於此處又補救說「分別安立之法（也就是一切法性空唯名）有各別作用，乃是彼應成派中觀之究竟深處」，卻是自語相違的愚癡言行。

意識乃是世尊在四阿含及第二、三轉法輪諸大乘經中聖言教一再宣說的有生滅法，非屬常住不壞法，不可能來往三世而永續存在。世尊曾說：「諸所有意識，彼一切皆意、法因緣生。」不論是粗細意識，一切都是由根塵觸三法和合方便所生，是有生有滅之無常法，故依意識自體及其能取六塵境界之識性以觀，當知無有絲毫本質可以勝任一切種子識之功能，絕非是能生諸法、能含藏種子之識。

倘若應成派中觀有事法之「滅」，非一是多，則一一業各有其所屬之有事法「滅」，則善業之意行、身行、口行，惡業之意行、身行、口行，無記業之意行、身行、口行等等，此諸多有事法滅後之「滅」，應皆各各有因之分位，不同之因位各各皆能生自果故。若彼諸行各各皆有因之分位，則各各皆應是能持種者、能入胎結生相續、能貫穿三世者。試問：此多因應該一起入胎？或各別入胎？若一起入胎，應當無有同一胞胎之法而實現各類不同因果於一身，應當所有母親都出生多胞胎而符合應成派中觀之立論，方是世間之常法，然而此乃違背現象界之事相而導致世間道理不能成立。若諸因是各別入胎，則應於一有情捨報時有多中陰身依照各別之業因現起，然後各別分割而入胎，眾生即成為可增可減而違世尊《不增不減經》之聖教；然而世尊卻未曾說一有情捨報後將有多中陰身各別入胎而轉增為多有情，故應成派中觀以多有事法之多「滅」，作為多因之法，違背至教量及世間現量，故應成派中觀所立之宗旨無有是處。

二、六識之識性非本住法性

假如一切法性空唯名而有各別作用，是中道觀行之究竟深處，則所說之各別作用應該是真實自性，應該是聖智之智境，應該沒有過失。然而應成派中觀凡所舉示皆不離十八界之見聞覺知性，見聞覺知性若是聖智之智境，則一切凡夫應皆入聖位，有凡聖之差別法故，《解深密經》中世尊已宣說諸行與勝義諦行相都無異者為非如理行，不如正理故。茲將應成派中觀錯以見聞覺知性爲眞實自性之論點披露如下，供大眾檢驗：【外曰：嗚呼噫嘻！既不許「少法是有自性」，忽許「無所造作，不待他成之本性」，汝誠可謂自相矛盾者。答曰：是汝未了《中論》意趣。此中意趣，謂若愚夫所取眼等緣起性，即眼等之本性實際。（則）由顛倒心亦能現證彼本性故，則修梵行徒勞無益。由此眼等緣起性，非本性故，爲證彼性而修梵行。所破自性，是破眼等即是實際。所許自性，是許眼等之法性爲本性。故破諸法性有自性，與許諸法之法性本性，全不相違。如是法性，亦是依世俗諦唯名言有，說爲無所造作、不待他成。說愚夫通常心不能見之法性，名爲本性，甚爲應理。唯許此世俗有，非是勝義有事，亦非眞實之無事。以彼即是自性寂滅故。非但龍猛菩薩自許有此法性本性，亦能令敵者許有此義。故辯論究竟，即立此本性爲自他共許也。】[4]

如上應成派中觀所主張者乃以非眞實法而強言眞實，雖皆引用般若經中諸多名相而似有其義，只要稍加說明論述，其自相矛盾之處，即隨其所說處披露無遺。而今人印順法師以蘊處界一切法滅盡後之「滅相不滅」而虛妄建立涅槃，實同於應成派中觀之立論一般。彼等撿拾「一切法以無性爲自性」

之無自性性字句以後，於其意識心中復增妄想執著建立一切法皆因緣而起無自在之體性，誤以為如斯蘊處界諸法「**皆是緣起，無自在性**」之體性，即是符合般若經中及方廣唯識經中世尊所說之一切法無自性性。

然而般若經中又說一切法本來自性清淨，彼等既然否定了般若經所說具有無自性性及本來自性清淨之法體——如來藏阿賴耶識（異熟識）心體，便只能以意識心離於語言文字時仍能執取六塵境界之見聞覺知性，而妄計成一切法之本性；稱言只要破除眼等緣起性之無自體性，即已破除顛倒心，主張不須實有如來藏，眼等六識自身之見聞覺知性就是非他法所造作、不待他成之本性。月稱、宗喀巴等先前已主張緣起無自體性之無自性空是究竟空性，此無自性空若是究竟，則應是涅槃之實際；若有不待他成、非他法所造作之自性，應歸屬於**涅槃之實際**（涅槃之實際指第八識如來藏，具有圓滿出生名色、有為法、出世間法等真實自性。緣起性空無此等圓成實性，依於所生之眼等諸法而有）所具有之自性；而無自體性之空是由緣起性而衍生，若無自體性空是涅槃實際，則緣起性更應該是涅槃之實際，眼等之緣起性又為何不是其見聞覺知性之本性實際？故宗喀巴本不知緣起性為何，不知無自性空爲何，更不知眼等之本性實際爲何；宗喀巴只知道其所認取之見聞覺知性，一切凡夫皆能證之，爲了要圓謊以及籠罩他人，以文字戲論而主張：破諸法性之無自體性而不破法性本性，全不相違。實際上其自宗之說前後皆不能應理，更違背諸佛如來之聖言教，所說皆不應採信。

經中世尊所說諸法之法性本性，指的是如來藏心體之本來清淨自性，亦即眞如法性，此眞如法性非緣起性，乃本來常住不變易之法；而眼耳鼻舌身意等六識法性，就是見聞覺知性；此見聞覺知性就是眼識乃至意識之識性，識性並非常住不變易之眞如法性，識陰所攝。眼識乃至意識，指的就是了別眼所識色、耳所識聲、鼻所識香、舌所識味、身所識觸、意所識法等六識，此眼等識皆是緣六塵境而生，以第八識如來藏所執藏的六識種子爲因，藉意根之作意及五色根爲緣，才能使識陰六識種子流注於五色根而出生此六識，故識陰六識及其自性都是根塵觸三法所造作之法。六識之識性若是常住不變易之法，則不應隨於六塵之動搖而變異起滅，不應隨於意根作意之有無而起滅，亦不應依完好之五色根爲緣而生，則六識應可離於六塵尙有完整之分別性可得；然非如是，故六識是以如來藏種子爲因，藉六根、六塵爲緣方能出生；六識如是，六識自性更當如是。

若此六識及其自性如同應成派中觀所說是常住法、不滅法，則不應有無想天、無想定、滅盡定等無心位之有情可得，亦不應有眠熟位全無六識之有情可得；而現量與至教量皆證實六識無有如是之眞如法性，六識及其自性皆確定是有生有滅之無常法性，故縱然破除對眼等六識之緣起無自體性，乃至破除對眼等見聞覺知性的執著，彼了知性仍然是無常法，並非大乘經論中所說諸法本來涅槃之法性本性，故非本住法。但應成派中觀落入六識及其自性等無常法中，卻自以爲已證本住法、不生滅法，都是凡夫妄想所說的邪見。

《楞嚴經》中世尊說五陰、六入、十二處、十八界皆「**本如來藏妙眞如性**」，所說乃是指現觀如來藏心體所幻化而有之陰界入法，因緣和合故虛妄有生，因緣散壞故虛妄有滅；而陰界入法，是於幻生幻滅中所呈現之虛妄不實法，即是色受想行識五陰的功能性，即是見聞覺知性等無眞實自性之法性；五陰及見聞覺知性雖虛妄不實，無有眞實自性，卻是由如來藏之妙眞如性藉因緣幻化而有，本屬於如來藏心體無量自性中的一部分，故五陰及見聞覺知性並非三界中自然而有的法性，故說「**非自然生**」；也非外於如來藏而能由因緣和合即能存在，必須由如來藏藉種種助緣才能出生及存在，故說「**非因緣生**」，由此緣故而說「**本如來藏妙眞如性**」。而陰界入等確實是由如來藏心體所變現者，世尊於《楞嚴經》中這麼說：**【諸善男子！我常說言：色心諸緣，及心所使諸所緣法，唯心所現；汝身汝心，皆是妙明眞精妙心中所現物，云何汝等遺失本妙圓妙明心寶明妙性？】**[5]

世尊明確的開示一切有情之五陰色心，皆是如來藏心中所現之物，所有一切七識心所緣、與之相應而使七識心起作用之法，皆是具有妙眞如性之如來藏心所變現者；未親證如來藏心者，一切現觀皆不離六識心之識性範圍，尚不能觀得第七識末那識之識性，更何況能以聖智而得眞精寶明之如來藏妙眞如性？眼等識既然無有自體，又如何能擁有變生名色及一切法之自性？花若無花體，如何有美麗可得？燈若無體，又如何有破暗之性可得？智慧若無體，又如何能破除煩惱？故說般若實相智慧實由親證法界本源（阿含中說爲諸法本母）之如來藏心體，由觀察此心體而了知法界的實相，才能有般若實相智慧可得；應成派中觀所墮的法義全都不外於蘊處界等虛妄法，所說都是世俗法中的想像智慧，依世俗法蘊處界的不實觀察而有，當知不是佛法中的眞實自性。因此，應成派中觀主張一切法性空唯名，無有纖毫自體、無有少法有眞實自性，卻又於五蘊中妄想有一非造作、不待他成、自有作用之法性本性，將識陰六識遠離語言名相時猶能了知六塵的功能性，建立爲本住法，指爲諸法根源而說是應成派中觀之甚深意趣；非但與其本所立論自相違背，實質上亦完全違背諸佛如來聖教量之意趣。必須有眞實不壞之如來藏心體常住而持種，有此心體攝持陰界入及諸法種子，方得依於此心體而有眞精妙明之妙眞如性，能與陰界入等虛妄法性和合似一而運行；倘若否定此如來藏心體，虛妄不實之陰界入法尚不能出生、尚不可得，遑論能證眞精妙明圓明之妙眞如性？

一切法無自體性，所說者皆是指如來藏心所生陰界入法之虛妄性，而見聞覺知心非如來藏心，不可妄將能離名言之識陰六識功能來取代如來藏心；此乃世尊於經中所明白宣示者，再舉示《楞嚴經》卷一中世尊之開示以爲證明：【如來常說：諸法所生，唯心所現；一切因果、世界、微塵，因心成體。阿難！若諸世界一切所有，其中乃至草葉縷結，詰其根元，咸有體性；縱令虛空亦有名貌，何況清淨妙淨明心、性一切心而自無體？若汝執吝分別覺觀所了知性必爲心者，此心即應離諸一切色香味觸諸塵事業，別有全性。如汝今者承聽我法，此則因聲而有分別；縱滅一切見聞覺知，內守幽閑，猶爲法塵分別影事。我非敕汝執爲非心，但汝於心微細揣摩：若離前塵有分別性，即眞汝心。若分別性離塵無體，斯則前塵分別影事；塵非常住，若變滅時，此心則同龜毛兔角，則汝法身同於斷滅，其誰修證無生法忍？】

世尊說一切法、一切因果與世界微塵等，皆因如來藏心而成就法體，而此如來藏心必有自體；分別覺觀之了知性非如來藏心體之心性，分別覺觀即是六識心之見聞覺知性，此見聞覺知性恆與一切色聲香味觸法六塵相應，恆緣於六塵法起滅而行了知之作用。識陰六識等見聞覺知心有一個永遠不變的特性，即是不能離於六塵而獨處；若離六塵境界，六識即不能現行，更不能繼續存在，又如何有六識之識性可得？這是六識等「分別、覺觀所了知性」永遠不會改變的識性。世尊又特別指出，能生現一切法之眞實心體的運作，從來都遠離一切色等諸塵事，亦遠離緣於諸塵所生之分別作用，而另外有其完整具足之自心體性，異於見聞覺知心對六塵了別的自性。見聞覺知心若離六塵諸事業，則無有他分之體性可得，亦不能繼續存在。眼識緣於色塵，則有青黃赤白顯色之分別；意識與眼識同境時，則有長短方圓等形色之分別，乃至能有去來進止屈伸俯仰、神韻氣質等表色與無表色之分別；若遠離色塵境，眼識及意識即無如是種種分別可得，亦無別有他分之體性，耳識、鼻識、舌識、身識亦同樣道理。

縱然能夠通過禪定定力之修證而滅卻六識心緣於五塵之見聞覺知，例如二禪以上的等至位中，仍然還有定境法塵作爲意識所緣而行其分別性；亦如無想定、滅盡定、無想天中，識陰盡滅以後，亦仍有意根末那識對法塵的了別性存在。意識面對定境法塵而起的分別性，若離於定境法塵即無別有體性可得；在定外，若離六塵亦不能生起分別性，故說識陰六識的「**分別、覺觀所了知性**」，若離面前對應的六塵時，即無了知性可得；若離定境法塵，亦無二禪以上等至位中的定中意識可得。因此縱然具有遠離五塵見聞覺知而不分別五塵之定力，進入二禪以上的等至位中安住，不觸五塵境界時雖然似無境界相可得，其實仍然別有幽閒法塵之分別性存在，住於幽閒法塵中；仍是依幽閒法塵才能存在著，不是能離所對的法塵而獨自存在的本住心、自在心，故六識之識性仍然不是眞心本性，因爲該分別性是不能遠離幽閒法塵而單獨有體性可得的。

世尊為何特別強調離諸色聲香味觸等事業而別有全性之心才是眞心？因為能見聞覺知之六識心，皆是隨於六塵之動搖而起滅；五塵及其中所顯之法塵皆非常住法，是故經由變異隔離即可滅除六識。例如耳根毀壞而不能攝取聲塵，則耳識隨之不復現起；或者長年處於黑暗洞穴之動物，生來不見色塵光影，眼根不需再攝取色塵，其眼根即慢慢退化，眼識亦不復現起；或者色界天人不需倚賴摶食來長養色身，僅以禪悅為食，無有香塵與味塵，則鼻識與舌識亦不復現起。如是，諸塵一經變滅，見聞覺知心則同於兔角龜毛一般成為無法，不能生起及存在。倘若見聞覺知心即是眞心、即是法身，當行者進入無想定、滅盡定，或往生到無想天中時，則其法身即告斷滅，成為有生可滅之斷滅無法，則無法身，亦無法可安住，即無本來無生之法可得，如何還能有無生法忍可證？則一切修證皆成戲論。

根據以上世尊經文中的聖教，六識的見聞知覺性都是依六塵為緣才能生起及存在的，是故見聞知覺性乃是六識心之識性，是緣生緣滅之法性，非本住法性；本住法性必須是常住不滅之眞心，眞心則是離一切色聲香味觸諸塵事業而能單獨存在，並且別有自身迥異六識心性之體性，悟後現觀一切法界時，則證實唯有如來藏心體方能如是。眞心如來藏非經由所緣之境界與作意及分別性而生起現行，因爲六識所面對的所有六塵境界都是從如來藏中出生的，但如來藏不是依靠六塵境界才出生的。而如來藏本來無生故無有滅，故如來藏所生之諸塵若變異而滅失時，如來藏心體仍然能安住於其本有之無生法性、清淨法性中，故說此爲常住不滅之清淨法身；一切親證如來藏心體之菩薩，都可依此心體之本來無生無滅及清淨自性而安住之、轉依之、進修之，如是方可稱爲修證無生法忍。

然應成派中觀立論：一切法無自體性空、無纖毫體性可得，又翻轉過來說性空唯名而有各別作用即是彼等立論之究竟深處。全然違背世尊如上經文中的聖教，亦全然違背實證無生法性菩薩的實證現觀。從以上所摘錄《楞嚴經》中世尊之開示可以得知，倘若一切法無自體性空是彼等所認取之法身，則此法身將隨一切法之散壞而成爲無法；有各別作用之眼等見聞覺知性，亦將隨於諸塵之變滅而成爲無法，因此其立論之所謂究竟處，皆已墮於世尊所說之龜毛兔角無法之中，全屬想像所得之虛妄法，屬於虛相，並非實相。彼等若將一切法無自性空歸攝於意識心之體性，一則世尊已說意識心之分別性離於諸塵事業即無有他分之性可得，則彼等之妄計，實已公然違背佛意。二則世尊亦已預破：意識心於諸塵變滅時，即同於兔角龜毛，以此意識作為法身時，則法身同於斷滅；故應成派中觀妄計意識心為本住法之主張，早已由世尊之聖言量所預破；彼說皆不應理，全無是處。由以上所舉證據，可知宗喀巴誣攀龍樹菩薩所許之法性本性同於彼等所立之眼等見聞覺知性，實乃指鹿為馬、混淆是非之舉；後於《中論正義》之釋義中，將顯示龍樹菩薩之中觀正見，顯示其與宗喀巴等應成派中觀互異之處，此處不先贅言。

第二節 應成派中觀主張外境實有

應成派中觀之性空唯名而許有各別作用說，以「性空唯名不落於有，有作用故不落於無」，假想為中觀之究竟；推究其根本，其一切立論之宗旨所匯歸者都是意識心，以意識心的離念作為實證標的；意識心與五識俱時，對於所緣五塵境中之見聞覺知性，乃至滅卻一切五塵見聞覺知，內守幽閒而了別於定境法塵，此等皆是六識識性之作用。若以領受此識性之作用視為本住法性，又觀察、思惟一切根塵諸法無自體性，如是即為中道之現觀的話，則其所謂中道性之心仍是意識心；但世尊說意識心一旦現起，必定緣於六塵諸法，若緣六塵諸法則有取捨，非中道心；世尊亦說意識心非眞實心，是緣生緣滅之生滅心，是虛妄心。只有能出生五陰、能出生意識的心才是眞實心；此眞實心如來藏不緣於六塵而不了知，不了知六塵即無取捨；無取無捨方能遠離二邊，才是中道心，中道心的自住境界中無有見聞覺知事與見聞覺知者故。應成派中觀由於未能實證第八識而否定之，錯以意識心為中道心的緣故，對於必須依於六塵而起滅之六識心而言，倘若外境諸塵非實有，則其主張意識所具之見聞覺知性為勝義有，此勝義有即已成為龜毛兔角；由於此勝義有必須依六塵外境才能存在，故彼等一向主張外境實有。

一、見聞覺知心所分別者並非真實外境

由於應成派中觀歷代所有傳承者，從未眞實認知何者為五蘊之法相，從未斷除五蘊我見之繫縛，凡所想、所說皆不能脫離五蘊色心二法之範疇；如

是具足五蘊我見者，皆不能如理而知五蘊非我、非我所，更不能察覺意識心自我繫著於五欲六塵之我所相貌。應成派中觀以這樣的欲界凡夫世間戲論觀念，面對實證如來藏之唯識家以出世間之如來藏心爲宗旨所說：「一切法唯心所現，見聞覺知心所分別之似爲外境諸塵皆是內相分，乃是自心如來所變現的內相分，並非眞實外境。」絕無絲毫信受，對於實證唯識之菩薩們依據大乘法無我之證境而說的眞實法義，妄加月旦而強力排斥之。應成派中觀又一向否定有眞實如來藏阿賴耶識心體的存在，說如來藏心體只是名言施設的方便說，法界並無此心存在故不可證知；應成派中觀諸古今凡夫，以其未親證如來藏之見聞覺知心世間智慧，本就無法想像如何才是「離見聞覺知事、無見聞覺知者」之心行，故彼等爲維護其不離六塵之六識見聞覺知性是本住法性之主張，推崇實有外境之說，刻意否定六塵相分有內外之別，並以諸多矯亂之論而欲破斥「覺知心所分別者非眞實外境」之正理。今舉示彼等之說詞如下，並辨正之：【「無色不應執有心，有心不應執無色。」若許無外色者，則亦不應執有內心。若許有內心者，則亦不應執無外色。若時以正理推求假立義，了知無外色者，亦應了達無有內心，以內外二法之有，皆非正理所成立故。若時了達有內心者，亦應了達有外色。以二法俱是世間所共許故。此說唯識師許心色二法有無不同者，其所無之色，謂無外色。如論云：「無外所取，由自種變似青等。」釋云：「雖無青等外色」，說無色時於所破上加外簡別。釋又云：「故彼唯字不（能）破所知，更以異門明不（可能）破外境。」說破色非是經義時，解釋破色即是破外境故。若不如是解，但依文者，則釋云：「故彼唯字不（能）破所知」，亦應說唯識宗許唯字破所知心也。若謂唯識宗不許有色者，則唯識宗成立阿賴耶識時，《攝大乘論》云：「復次結生相續已，若離異熟識，執受色根亦不可得。」又云：「若離異熟識，識與名色更互相依，譬如蘆束相依而轉，此亦不成。」應皆成相違，以許有色法，即須許有外境故。以是當知：雖許以識爲緣生名色等，不須許有外境。不可違此而說。明唯識宗不共建立時，多作如是說故。即由聖教亦應了達內心外境有無相同。】[6]

有別於器世間之山河大地花草木石等外色，眼等五根（含扶塵根與勝義根）稱爲內色。相對於眼等五根，外色又可分爲色聲香味觸法外六塵。如世尊於阿含中所說有眼等內六入以及色等外六入，由於外法六塵光明所照的緣故，而有與內色根及心法意根相應之眼入、耳入等內六入。世尊於經中亦說眼色爲緣生於眼識、耳聲爲緣生於耳識，乃至意法爲緣生於意識，故識蘊所攝之眼耳鼻舌身意六識心，現起時之所緣必定是內六入等內六塵而不是外六塵；倘若眼等六識所觸所緣爲外六入色法，則眼等六識亦應爲色法而非心法。只有互相都屬物質色法者，相互之間方能接觸而產生變異，此乃世間物質道理不可侵奪之現象，心與物不相涉故。必須是由自心如來藏以其大種性自性所變現之內色六塵，此六塵似有質相，方能被純屬心法之六識所觸。

倘若眼等六識所入爲外六塵色法，則世尊不應又說有內六入；若實無內六入，則必定無有阿羅漢能滅盡十八界而入無餘涅槃；然而古來已有諸多阿羅漢入無餘涅槃而滅盡十八界；十八界已含攝六塵界，若所滅爲外六塵，則古時阿羅漢滅盡十八界而入涅槃以後，今時世間應已沒有六塵存在了；但現實上吾人仍能領受六塵，故知各人都有各人的內六塵，證明識陰六識所觸都是內六塵而非外六塵。三界中一切有情，乃至一神教號稱全知全能之大自在天天主，都無力滅盡器世間外六塵；故世尊於四阿含中所說有內六入，乃如實語，古來實有阿羅漢滅盡五根、意根、內六塵、六識等十八界後有而入無餘涅槃故。

眼等六識見聞覺知心所觸所緣雖爲內六入，此內六入乃因如來藏心藉親生之五色根及意根，攝取外色六塵而變現似同外境之帶質境相分，本是自心如來藏所變現之內六塵相分，是故有情之六識所觸知的六塵都是內境而非外境；內六入是對六識心而說，實無外境六塵可被識陰六識觸知，故說外境非實有。但內六塵要依如來藏所觸外六塵才能如實變現，若無外塵，例如色界天人無有摶食所引生之外香塵與外味塵，色界天人之如來藏心即無因緣變現內香塵與內味塵，即不能出生鼻識與舌識；又如人間有情耳根之扶塵根毀損時，其如來藏心亦因無具足耳根之藉緣，而不能在耳根勝義根中變現似外境之內聲塵，則無內耳入而不能變現耳識；故六識心及其所見聞覺知之內六入，均非眞實法，內六入所觸內六塵是如來藏所生之生滅法故，依內六塵方有六識心及內六入故。而未迴小向大之二乘有學、無學及凡夫位之有情，不能觀察陰界入乃如來藏所幻化變生，六識所分別之六塵相分唯是如來藏所變現，不曾接觸過外六塵，是故主張外六塵確實被六識所觸知分別，主張外六塵在六識心中確實存有。二乘學人聽聞世尊所教導之內六入、外六塵及十八界法，於其中所思惟觀察而斷除我執者，皆是緣於無常性、變異性而觀，未曾觸及六識心中是否有外塵境之領受等觀行。二乘所修之四念處觀，以身念處爲首，所緣不離自身、他身乃至屍身以及外塵境，以及所引生之「身受、心受、苦受、樂受」等種種受、「貪心、瞋心、癡心、散心、舉心、悔心」等種種心念、「貪之因緣、瞋之因緣、癡之因緣、離貪瞋癡而解脫」等種種法，皆不離於五陰及相應我執之煩惱中來觀察思惟對治，不須探索識陰所觸是外塵境或內塵境。故二乘所緣、所安住、所修、所證，未曾以外境非實有之智慧而斷除六識心之執著，亦未曾以六識心之不眞實爲所緣境而斷除外六塵之執著；二乘聖者以其能見聞覺知之心，緣於外六塵而修斷我與我所之執著，乃是源於執著五陰眞實有我與我所之顚倒想而修斷；若無此執，所修斷者又是何等，而言斷除對十八界之我執？故若以二乘之所知角度探討內心與外境，絕不能逾越「內心與外境俱有」或「內心與外境俱無」之範疇，此乃必然之結果。

應成派中觀自佛護以來，至月稱、阿底峽、宗喀巴等人所學法義之背景，皆是源於小乘聲聞部派佛教六識論凡夫之見解所展轉演化而成；如是從聲聞部派佛教六識論凡夫見解演化而成的所謂「**大乘**」法義，本非大乘經典中所說的大乘法義，二者內涵並不相同；因此月稱所說「**無色不應執有心，有心不應執無色**」，純粹是從聲聞六識論凡夫所緣世間智慧境界爲出發點來討論，未離我見無明，故不能脫離內心與外境俱有與俱無之最終推論，從來不曾涉及實相的探討，竟自稱爲最究竟了知大乘實相智慧者，公開宣稱已經修學完成顯教妙法。而月稱、宗喀巴等人又誤會聲聞解脫道的法義，不知聲聞解脫道中本就承認有第八識入胎識能出生名色萬法，堅持一切人只有六識；受到識陰我見繫縛的緣故，將意識心及意識心不離六塵之見聞覺知性，認定爲常住之法性，堅住於聲聞初果人所斷之無明之中；又否定眞實有如來藏阿賴耶識，故以彼等之世間心守護意識心及與意識心相應之六塵外境，對於唯識師從親證如來藏而生之出世間智，論述「**六識心及內六入皆是如來藏心所變現，六識心所觸所緣非眞實外境**」之大乘無生法忍修證智境，不能應許而無知地欲加以推翻。

由於應成派中觀一向否定阿賴耶識眞實存在的緣故，一向認定阿賴耶識是依一切法緣起性空而假說，或是依意識之一分明瞭分所假說，不許阿賴耶識實有，如此來看待經中世尊所宣說一切眾生皆有如來藏之清淨義，以這樣的知見來認定萬法唯識、三界唯心所指之心識爲意識心；當唯識師論述大乘見道者緣於第八識阿賴耶識之智境而說「**心體實有不虛、陰界入法皆阿賴耶識所變生幻化、六識心所分別者非眞實外境**」時，應成派中觀諸傳承者以其意識心所住之我見及見取見，不能安忍於「**實有如來藏心體離六塵之見聞覺知、六識所見聞覺知者非六塵外境**」之唯識勝義。因此，當眞悟之唯識師以阿賴耶識智境而破六識心所緣非眞實外境時，月稱、宗喀巴等人不知所以然，致有《入中論》、《入中論善顯密意疏》諸書之寫作，大膽評論眞悟之唯識師爲「**唯破外境，不破所知**（未悟之唯識師才會有如此說法）」，然而深究其中所載兩造法義諍辯內容，卻只是未證般若空性的應成派中觀師與未悟唯識正理的唯識師之間的凡夫法戰，與實證唯識空性正理的菩薩所說全然無關。

但應成派中觀師卻又常常不分眞悟假悟唯識師，一體總破，成爲破壞正法及誹謗賢聖的大過失。彼等認爲所知之六識心與外境，應當俱有或俱無，所以一向不許眞唯識師所說的外境實無——**外境不曾被六識所觸受**——六識所觸受的只是內相分六塵境。六識心是陰界入中之法，是三界中因緣和合而生之有；既是因緣和合而有，後必經歷因緣散壞之無；月稱、宗喀巴等欲以此墮於有無中之法，等視不落於三界陰界入有無中之阿賴耶識心體，甚至起而否定之、摧破之。實質上，阿賴耶識實相心之眞實理，在實證者之漸次深入議論下，乃越辯越明；眞實親證者所說皆與諸佛世尊之正教量相符合，不同於未悟之凡夫唯識師所說，故應成派中觀之種種虛妄建立若與證悟者所說眞實理相遇時，皆不攻自破。

宗喀巴更以管窺蠡測之所得，欲破斥眞悟唯識師之眞實唯識，極其狂妄無知而說：「**破唯識宗，非但不違正理，亦不違聖教。……唯識宗無通達究竟了義之慧力，其所立宗義，恆應破斥也。**」[7] 然而恆應破斥者乃是應成派中觀之惡取空中觀及落入常見之中觀，彼等否定三乘佛法之根本理體如來藏阿賴耶識，將虛妄不實之有無法建立爲常住之法界法性，完全違背解脫道及佛菩提道之眞實佛法正理、違背諸佛世尊之聖教，故佛護以來諸應成派中觀一脈相傳所立性空唯名而有作用之宗派，恆應加以破斥也。

應成派中觀不知眞實唯識之正理，守護著彼等所不能斷除的外六塵境我所執著，破斥眞實唯識師所許「**識緣名色、名色與識不相離**」的正理，認爲眞悟唯識師許有色法而指責其以異門不破外境即成相違。但眞悟唯識師眞的如月稱、宗喀巴等所說是自相違背嗎？宗喀巴所舉《攝大乘論》中無著菩薩論述入胎結生相續者，乃是一切種子識阿賴耶識（異熟識），是依阿賴耶異熟識出生名色執受五根等正理，辨正實有阿賴耶識心體，所破斥之對象就是如同應成派中觀一般不許有眞實阿賴耶識心體者；而宗喀巴故意忽略論中明確之重要旨意，以爲他人皆爲文盲，無法閱讀經論，故斷章取義而引用之，並且任意曲解，以達到其欲破盡他宗以顯其自宗六識論中觀勝妙之目的。茲舉示世親菩薩釋義《攝大乘論》與宗喀巴所引有關之論文與釋論比對如下：

論曰：復次，結生相續已，若離異熟識，執受色根亦不可得；其餘諸識各別依故，不堅住故，是諸色根不應離識。

釋曰：「結生相續已」者，謂已得自體。「若離異熟識」者，謂離阿賴耶識。「其餘諸識各別依故，不堅住故」者，謂餘六識各別處故，易動轉故。且如眼識，眼爲別依；如是其餘耳等諸識，耳等色根爲各別依；由此道理，如是諸識但應執受自所依根。又此諸識易動轉故，或時無有；若離阿賴耶識，爾時眼等諸根無能執受，便應爛壞。

論曰：若離異熟識，識與名色更互相依，譬如蘆束相依而轉，此亦不成。

釋曰：「若離異熟識」者，謂離阿賴耶識。如不得成，今當顯示：謂世尊言識緣名色，名色緣識。此中識緣名者，謂六識中非色四蘊；識緣色者，謂羯邏藍。若不說有阿賴耶識，何等名爲名色緣識？由依名色剎那展轉，相似相續流轉不絕。[8]

略釋上舉釋論文意如下：「釋曰：所謂『結生相續已』，就是指阿賴耶識（異熟識）體已經捨棄中陰，與母胎中之羯邏藍相和合，異熟種子現行，阿賴耶識（異熟識）自體相續不斷。『若離異熟識』的意思，就是說倘若母胎中之羯邏藍離開了阿賴耶識的話，即無有識能執受色根。『其餘諸識各別依故，不堅住故』的意思，就是指其餘的眼等六識各別有其所依與生起之處所，很容易受到影響而使其動轉，不能恆住於無分別的自性中。就像眼識之生起，眼根是其各別之所依；其餘的耳識等也是同樣道理，耳根、鼻根、舌根、身根都是耳識等四識生起時之各別所依；由於這個道理，眼等諸識應當執受自體生起時所依之有色根。而眼等諸識容易受到影響變異而使其動轉，生起分別性，即不能平等的執持一切種子，亦不能平等的安住於母胎中來攝取四大而出生五色根。若是有時會動轉的識，一定會有中斷的時候，就不能恆時執持各別所依的有色根，有色根就會爛壞；由這個道理來看，六識心都不可能遍執諸根，只有永不動轉的第八識才能遍執諸根而不中斷，五色根（身體）才不會爛壞，是故倘若無有阿賴耶識執受五色根，當眼等六識不現起運轉時，則眼等五根（身體）應無能執受之心識存在了，則眼等五根便應該爛壞了。

『若離異熟識』這一句，是指離開了阿賴耶識。意思是說阿賴耶識即是結生相續之識，若離開了阿賴耶識，名色就一定會毀壞而不能繼續存在，那麼世尊在阿含中說『識緣名色、名色緣識』的識與名色展轉互作所依而示現在三界中的聖教，又以猶如蘆束必須綁在一起而互相依止才能成爲掃把來運作的譬喻，說明識與名色更互相依、安危共同的聖教，也將不能成立。換句話說，阿賴耶識心體與名、色三法，在人間是互相依止而運轉的，若互離時就不能在人間示現及運轉了；譬如蘆桿要綁在一起互相依止才能成爲掃把而運作，此中之義理，就是世尊所說識緣名色，名色緣識的正義，應當予以顯示。初入胎時的識緣名色，其中之『名』指的是六識未生起前之意根與其心所法；出胎後識緣名色中所說『名』，則是指意根與六識心及其受想行等非色法之四蘊；識緣名色所說之『色』，初入胎時指的就是羯邏藍（受精卵）。倘若不說有眞實阿賴耶識，在初入胎時是有什麼樣的法可爲名色所緣而稱名色緣識？由於阿賴耶識與名色五蘊相依，依止於名色中不斷流注六識種子出來而出生六識心，故六識雖然是刹那展轉而不斷地變異著，卻能在一世之中相續流轉而永遠不會斷絕（眠熟暫時斷滅了卻能重新生起而醒過來）。」

以上所舉《攝大乘論》以及釋論中所說，皆在申論一項事實：若無阿賴耶識入胎執取受精卵以及緣於意根而住母胎中，則於初入胎的羯邏藍位中，將無有「名色緣識、識緣名色」之法，如此則世尊所說此法即有不遍及不定之過失，而世尊所說名、色、識三法猶如蘆束相依而轉之譬喻則不能成立；然而世尊乃如實語者，所說之法眞實不虛、眞實如理，法界實相法爾如是故。於羯邏藍位之歌羅邏身、安浮陀身、閉尸、伽那等等色蘊變異之差別，皆因入胎識阿賴耶識之大種性自性等七種性自性之功德所執受，隨著異熟業種之內容而得以變異增長；而五根身色蘊雖由阿賴耶識所幻化變生，色蘊本身乃是四大聚集而有，故於現象界實有色法生住異滅之運行，雖實有色法而色法並非眞實常住不滅。阿賴耶識親生五根身爲緣所生六識之識種雖有變異，而六識心體於一世之中卻可以在常常中斷的情況下相續而維持一世，此等非斷非常乃是阿賴耶識心體於流轉門所顯之中道性，因此世尊所說之識緣名色、名色緣識猶如蘆束相依而轉，於六道有情之中有位、入胎結生相續時之生有位及本有位之正報身中，皆符合此理；此入胎位名色緣識所說之「識」，皆是指阿賴耶識而不是意識，意識已經含攝於「名」之中故，且意識常有不現前位的緣故，初入胎位亦未有意識存在的緣故。

有五根色法生住異滅、不斷變異，此乃三界各各有情之自心如來阿賴耶識執持業種，並依照業種內容所呈現之不可思議因果身相；器世間山河大地之種種差別相，亦是有情之入胎識阿賴耶識緣於共業之力，令其生住異滅而受果報。證悟如來藏而入唯識位中修唯識行之菩薩，不曾否定有情五根色法及器世間外境之暫時存在；但從現觀與領受自心如來之種種功德而見法性，並確認意識覺知心之虛妄不實，確認六識心之見聞覺知性及所見聞覺知之內六塵，皆是自心如來藉根塵觸三法方便所生所現，由此確認意識心所緣所觸所分別者皆非六塵外境，故說實無外境；這是說實無外境被六識心所觸受，並非是說沒有外六塵境界的客觀存在；是故真悟唯識之菩薩，真實了知能取空與所取空所顯示的，就是自心如來之無我眞如法性。因此，眞悟之唯識師所申論者，乃是能取之六識心以及所分別、所取之內六塵，皆爲自心如來阿賴耶識所幻化；所說「實無外境」之語，是破斥未入唯識位的凡夫及二乘聖人所主張「實有外境被六識心所領受」的錯誤說法；乃是說六識心之所取，是取阿賴耶識所變現的內六塵，並非取受眞實外境，所以不是否定現象界之外境實有。然宗喀巴以其凡夫之意識我見身，不知六識心所領受的萬法唯心所現之眞實義，盡是於外境之有無滋生諍論，依自己誤會經論後的錯誤知見，責難無著、世親菩薩等眞悟唯識師所申論阿賴耶識（異熟識）與所生名色猶如蘆束相依而轉之般若智境，責難如是許有色法等同許有外境而說是與破外境相違。月稱、宗喀巴等人如是將假法妄想建立爲眞實法，以完全違背正理及聖教之邪論來誣謗唯識種智正教，顯現出彼等應成派中觀之強詞奪理手段，確實處處可見。（詳續下冊。）

1 宗喀巴疏，法尊法師譯，《入中論善顯密意疏》卷四，頁十五－十六，成都西部印務公司代印。

2 請詳平實導師《邪見與佛法》、《阿含正義》書中之演述及引證之經文。

3 《寶行王正論》〈安樂解脫品〉第一，《大正藏》冊三十二，頁四九五。

4 宗喀巴著，法尊法師譯，《入中論善顯密意疏》卷十三，頁三八一－三八二，成都西部印務公司代印。

5 《大佛頂如來密因修證了義諸菩薩萬行首楞嚴經》卷二，《大正藏》冊十九，頁一一〇。

6 宗喀巴著，法尊法師譯，《入中論善顯密意疏》卷十，頁三，成都西部印務公司代印。

7 同前註之書，卷八，頁十三－十五。

8 玄奘菩薩譯，無著菩薩論，世親菩薩釋，《攝大乘論釋》卷三，〈所知依分〉第二之三，《大正藏》冊三十一，頁三三二。

佛教正覺同修會〈修學佛道次第表〉

第一階段

＊以憶佛及拜佛方式修習動中定力。
＊學第一義佛法及禪法知見。
＊無相拜佛功夫成就。
＊具備一念相續功夫—動靜中皆能看話頭。
＊努力培植福德資糧，勤修三福淨業。

第二階段

＊參話頭，參公案。
＊開悟明心，一片悟境。
＊鍛鍊功夫求見佛性。
＊眼見佛性〈餘五根亦如是〉親見世界如幻，成就如幻觀。
＊學習禪門差別智。
＊深入第一義經典。
＊修除性障及隨分修學禪定。
＊修證十行位陽焰觀。

第三階段

＊學一切種智真實正理—楞伽經、解深密經、成唯識論…。
＊參究末後句。
＊解悟末後句。
＊透牢關—親自體驗所悟末後句境界，親見實相，無得無失。
＊救護一切衆生迴向正道。護持了義正法，修證十迴向位如夢觀。
＊發十無盡願，修習百法明門，親證猶如鏡像現觀。
＊修除五蓋，發起禪定。持一切善法戒。親證猶如光影現觀。
＊進修四禪八定、四無量心、五神通。進修大乘種智，求證猶如谷響現觀。

佛菩提二主要道次第概要表——二道並修，以外無別佛法

佛菩提道——大菩提道

遠波羅蜜多

資糧位

十信位修集信心——一劫乃至一萬劫

初住位修集布施功德（以財施為主）。

二住位修集持戒功德。

三住位修集忍辱功德。

四住位修集精進功德。

五住位修集禪定功德。

六住位修集般若功德（熏習般若中觀及斷我見，加行位也）。

外門廣修六度萬行

七住位明心般若正觀現前，親證本來自性清淨涅槃。

八住位於一切法現觀般若中道。漸除性障。

十住位眼見佛性，世界如幻觀成就。

見道位

一至十行位，於廣行六度萬行中，依般若中道慧，現觀陰處界猶如陽焰，至第十行滿心位，陽焰觀成就。

一至十迴向位熏習一切種智；修除性障，唯留最後一分思惑不斷。第十迴向滿心位成就菩薩道如夢觀。

內門廣修六度萬行

初地：第十迴向位滿心時，成就道種智一分（八識心王一一親證後，領受五法、三自性、七種第一義、七種性自性、二種無我法）復由勇發十無盡願，成通達位菩薩。復又永伏性障而不具斷，能證慧解脫而不取證，由大願故留惑潤生。此地主修法施波羅蜜多及百法明門。證「猶如鏡像」現觀，故滿初地心。

二地：初地功德滿足以後，再成就道種智一分而入二地；主修戒波羅蜜多及一切種智。滿心位成就「猶如光影」現觀，戒行自然清淨。

解脫道：二乘菩提

斷三縛結，成初果解脫

薄貪瞋癡，成二果解脫

斷五下分結，成三果解脫

入地前的四加行令煩惱障現行悉斷，成四果解脫，留惑潤生。分段生死已斷，煩惱障習氣種子開始斷除，兼斷無始無明上煩惱。

近波羅蜜多 ／ 大波羅蜜多 ／ 圓滿波羅蜜多

修道位 ／ 究竟位

三地：二地滿心再證道種智一分，故入三地。此地主修忍波羅蜜多及四禪八定、四無量心、五神通。能成就俱解脫果而不取證，留惑潤生。滿心位成就「猶如谷響」現觀及無漏妙定意生身。

四地：由三地再證道種智一分故入四地。主修精進波羅蜜多，於此土及他方世界廣度有緣，無有疲倦。進修一切種智，滿心位成就「如水中月」現觀。

五地：由四地再證道種智一分故入五地。主修禪定波羅蜜多及一切種智，斷除下乘涅槃貪。滿心位成就「變化所成」現觀。

六地：由五地再證道種智一分故入六地。此地主修般若波羅蜜多——依道種智現觀十二因緣一一有支及意生身化身，皆自心眞如變化所現，「非有似有」，成就細相觀，不由加行而自然證得滅盡定，成俱解脫大乘無學。

七地：由六地「非有似有」現觀，再證道種智一分故入七地。此地主修一切種智及方便波羅蜜多，由重觀十二有支一一支中之流轉門及還滅門一切細相，成就方便善巧，念念隨入滅盡定。滿心位證得「如犍闥婆城」現觀。

八地：由七地極細相觀成就故再證道種智一分而入八地。此地主修一切種智及願波羅蜜多。至滿心位純無相觀任運恆起，故於相土自在，滿心位復證「如實覺知諸法相意生身」故。

九地：由八地再證道種智一分故入九地。主修力波羅蜜多及一切種智，成就四無礙，滿心位證得「種類俱生無行作意生身」。

十地：由九地再證道種智一分故入此地。此地主修一切種智——智波羅蜜多。滿心位起大法智雲，及現起大法智雲所含藏種種功德，成受職菩薩。

等覺：由十地道種智成就故入此地。此地應修一切種智，圓滿等覺地無生法忍；於百劫中修集極廣大福德，以之圓滿三十二大人相及無量隨形好。

妙覺：示現受生人間已斷盡煩惱障一切習氣種子，並斷盡所知障一切隨眠，永斷變易生死無明，成就大般涅槃，四智圓明。人間捨壽後，報身常住色究竟天利樂十方地上菩薩；以諸化身利樂有情，永無盡期，成就究竟佛道。

圓滿成就究竟佛果

七地滿心斷除故意保留之最後一分思惑時，煩惱障所攝色、受、想三陰有漏習氣種子全部斷盡。

← 煩惱障所攝行、識二陰無漏習氣種子任運漸斷，所知障所攝上煩惱任運漸斷。

← 斷盡變易生死成就大般涅槃

佛子蕭平實 謹製
（二〇〇九、〇二 修訂）
（二〇一二、〇二 增補）

佛教正覺同修會 共修現況 及 招生公告 2016/1/16

一、共修現況：（請在共修時間來電，以免無人接聽。）

台北正覺講堂 103 台北市承德路三段 277 號九樓 捷運淡水線圓山站旁 Tel..**總機** 02-25957295（晚上）（**分機：九樓**辦公室 10、11；知客櫃檯 12、13。 **十樓**知客櫃檯 15、16；書局櫃檯 14。 **五樓**辦公室 18；知客櫃檯 19。**二樓**辦公室 20；知客櫃檯 21。）Fax..25954493

第一講堂 台北市承德路三段 277 號九樓

禪淨班：週一晚上班、週三晚上班、週四晚上班、週五晚上班、週六下午班、週六上午班（皆須報名建立學籍後始可參加共修，欲報名者詳見本公告末頁）

增上班：瑜伽師地論詳解：每月第一、三、五週之週末 17.50～20.50 平實導師講解（僅限已明心之會員參加）

禪門差別智：每月第一週日全天 平實導師主講（事冗暫停）。

佛藏經詳解 平實導師主講。已於 2013/12/17 開講，歡迎已發成佛大願的菩薩種性學人，攜眷共同參與此殊勝法會聽講。詳解 釋迦世尊於《佛藏經》中所開示的眞實義理，更爲今時後世佛子四眾，闡述佛陀演說此經的本懷。眞實尋求佛菩提道的有緣佛子，親承聽聞如是勝妙開示，當能如實理解經中義理，亦能了知於大乘法中：如何是諸法實相？善知識、惡知識要如何簡擇？如何才是清淨持戒？如何才能清淨說法？於此末法之世，眾生五濁益重，不知佛、不解法、不識僧，唯見表相，不信眞實，貪著五欲，諸方大師不淨說法，各各將導大量徒眾趣入三塗，如是師徒俱堪憐憫。是故，平實導師以大慈悲心，用淺白易懂之語句，佐以實例、譬喻而爲演說，普令聞者易解佛意，皆得契入佛法正道，如實了知佛法大藏。

此經中，對於實相念佛多所著墨，亦指出念佛要點：以實相爲依，念佛者應依止淨戒、依止清淨僧寶，捨離違犯重戒之師僧，應受學清淨之法，遠離邪見。本經是現代佛門大法師所厭惡之經典：一者由於大法師們已全都落入意識境界而無法親證實相，故於此經中所說實相全無所知，都不樂有人聞此經名，以免讀後提出問疑時無法回答；二者現代大乘佛法地區，已經普被藏密喇嘛教滲透，許多有名之大法師們大多已曾或繼續在修練雙身法，都已失去聲聞戒體及菩薩戒體，成爲地獄種姓人，已非眞正出家之人，本質只是身著僧衣而住在寺院中的世俗人。這些人對於此經都是讀不懂的，也是極爲厭惡的；他們尙不樂見此經之印行，何況流通與講解？今爲救護廣大學佛人，兼欲護持佛教血脈永續常傳，特選此經宣講之。每逢週二 18.50~20.50 開示，不限制聽講資格。會外人士需憑身分證件換證入內聽講（此是大樓管理處之安全規定，敬請見諒）。桃園、台中、台南、高雄等地講堂，亦於每週二晚上播放平實導師所講本經之 DVD，不必出示身分證件即可入內聽講，歡迎各地善信同霑法益。

第二講堂　台北市承德路三段 267 號十樓。

禪淨班：週一晚上班、週六下午班。

進階班：週三晚上班、週四晚上班、週五晚上班（禪淨班結業後轉入共修）。

佛藏經詳解：平實導師講解。每週二 18.50~20.50（影像音聲即時傳輸）。本會學員憑上課證進入聽講，會外學人請以身分證件換證進入聽講（此爲大樓管理處安全管理規定之要求，敬請諒解）。

第三講堂　台北市承德路三段 277 號五樓。

進階班：週一晚上班、週三晚上班、週四晚上班、週五晚上班。

佛藏經詳解：平實導師講解。每週二 18.50~20.50（影像音聲即時傳輸）。本會學員憑上課證進入聽講，會外學人請以身分證件換證進入聽講（此爲大樓管理處安全管理規定之要求，敬請諒解）。

第四講堂　台北市承德路三段 267 號二樓。

進階班：週一晚上班、週三晚上班、週四晚上班、週五晚上班（禪淨班結業後轉入共修）。

佛藏經詳解：平實導師講解。每週二 18.50~20.50（影像音聲即時傳輸）。本會學員憑上課證進入聽講，會外學人請以身分證件換證進入聽講（此爲大樓管理處安全管理規定之要求，敬請諒解）。

第五、第六講堂　爲**開放式講堂**，不需以身分證件換證即可進入聽講，台北市承德路三段 267 號地下一樓、地下二樓。已規劃整修完成，每逢週二晚上講經時段開放給會外人士自由聽經，請由大樓側面梯階逕行進入聽講。**聽講者請尊重講者的著作權及肖像權，請勿錄音錄影，以免違法；若有錄音錄影被查獲者，將依法處理。**

正覺祖師堂　大溪鎮美華里信義路 650 巷坑底 5 之 6 號（台 3 號省道 34 公里處 妙法寺對面斜坡道進入）電話 03-3886110　傳真 03-3881692 本堂供奉 克勤圓悟大師，專供會員每年四月、十月各二次精進禪三共修，兼作本會出家菩薩掛單常住之用。除禪三時間以外，每逢單月第一週之週日 9:00~17:00 開放會內、外人士參訪，當天並提供午齋結緣。教內共修團體或道場，得另申請其餘時間作團體參訪，務請事先與常住確定日期，以便安排常住菩薩接引導覽，亦免妨礙常住菩薩之日常作息及修行。

桃園正覺講堂（第一、第二講堂）：桃園市介壽路 286、288 號 10 樓（陽明運動公園對面）電話：03-3749363（請於共修時聯繫，或與台北聯繫）

禪淨班：週一晚上班、週三晚上班、週四晚上班、週五晚上班。

進階班：週六上午班、週五晚上班。

佛藏經詳解：平實導師講解。每週二晚上，以台北正覺講堂所錄 DVD 放映；歡迎會外學人共同聽講，不需出示身分證件。

新竹正覺講堂 新竹市東光路 55 號二樓之一　電話 03-5724297（晚上）

第一講堂：

禪淨班：週一晚上班、週五晚上班、週六上午班。

進階班：週三晚上班、週四晚上班（由禪淨班結業後轉入共修）。

佛藏經詳解：平實導師講解。每週二晚上，以台北正覺講堂所錄 DVD 放映。歡迎會外學人共同聽講，不需出示身分證件。

第二講堂：

禪淨班：週三晚上班、週四晚上班。

佛藏經詳解：每週二晚上與第一講堂同時播放佛藏經詳解 DVD。

台中正覺講堂 04-23816090（晚上）

第一講堂 台中市南屯區五權西路二段 666 號 13 樓之四（國泰世華銀行樓上。鄰近縣市經第一高速公路前來者，由五權西路交流道可以快速到達，大樓旁有停車場，對面有素食館）。

禪淨班：週三晚上班、週四晚上班。

進階班：週一晚上班、週六上午班（由禪淨班結業後轉入共修）。

增上班：單週週末以台北增上班課程錄成 DVD 放映之，限已明心之會員參加。

佛藏經詳解：平實導師講解。每週二晚上，以台北正覺講堂所錄 DVD 放映。歡迎會外學人共同聽講，不需出示身分證件。

第二講堂 台中市南屯區五權西路二段 666 號 4 樓

禪淨班：週一晚上班、週三晚上班、週六上午班。

進階班：週五晚上班（由禪淨班結業後轉入共修）。

佛藏經詳解：每週二晚上與第一講堂同時播放佛藏經詳解 DVD。

第三講堂、第四講堂：台中市南屯區五權西路二段 666 號 4 樓。

嘉義正覺講堂 嘉義市友愛路 288 號八樓之一　電話：05-2318228

第一講堂：

禪淨班：週一晚上班、週四晚上班、週五晚上班。

進階班：週三晚上班（由禪淨班結業後轉入共修）。

佛藏經詳解：平實導師講解。每週二晚上，以台北正覺講堂所錄 DVD 放映。歡迎會外學人共同聽講，不需出示身分證件。

第二講堂 嘉義市友愛路 288 號八樓之二。

台南正覺講堂

第一講堂 台南市西門路四段 15 號 4 樓。06-2820541（晚上）

禪淨班：週一晚上班、週三晚上班、週四晚上班、週五晚上班、週六下午班。

增上班：單週週末下午，以台北增上班課程錄成 DVD 放映之，限已明心之會員參加。

佛藏經詳解：平實導師講解。每週二晚上，以台北正覺講堂所錄 DVD 放映。歡迎會外學人共同聽講，不需出示身分證件。

第二講堂　台南市西門路四段 15 號 3 樓。

佛藏經詳解：每週二晚上與第一講堂同時播放佛藏經詳解 DVD。

第三講堂　台南市西門路四段 15 號 3 樓。

進階班：週三晚上班、週四晚上班、週六上午班（由禪淨班結業後轉入共修）。

佛藏經詳解：每週二晚上與第一講堂同時播放佛藏經詳解 DVD。

高雄正覺講堂　高雄市新興區中正三路 45 號五樓 07-2234248（晚上）

第一講堂（五樓）：

禪淨班：週一晚上班、週三晚上班、週四晚上班、週五晚上班、週六上午班。

增上班：單週週末下午，以台北增上班課程錄成 DVD 放映之，限已明心之會員參加。

佛藏經詳解：平實導師講解。每週二晚上，以台北正覺講堂所錄 DVD 放映。歡迎會外學人共同聽講，不需出示身分證件。

第二講堂（四樓）：

進階班：週三晚上班、週四晚上班、週六上午班（由禪淨班結業後轉入共修）。

佛藏經詳解：每週二晚上與第一講堂同時播放佛藏經詳解 DVD。

第三講堂（三樓）：

進階班：週四晚上班（由禪淨班結業後轉入共修）。

香港正覺講堂　**☆已遷移新址☆**

九龍觀塘，成業街 10 號，電訊一代廣場 27 樓 E 室。

（觀塘地鐵站 B1 出口，步行約 4 分鐘）。電話：(852) 23262231

英文地址：Unit E, 27th Floor, TG Place, 10 Shing Yip Street, Kwun Tong, Kowloon

禪淨班：雙週六下午班 14:30-17:30，已經額滿。
雙週日下午班 14:30-17:30，2016 年 4 月底前尚可報名。

進階班：雙週五晚上班（由禪淨班結業後轉入共修）。

增上班：單週週末上午，以台北增上班課程錄成 DVD 放映之，限已明心之會員參加。

妙法蓮華經詳解：平實導師講解。雙週六 19:00-21:00，以台北正覺講堂所錄 DVD 放映；歡迎會外學人共同聽講，不需出示身分證件。

美國洛杉磯正覺講堂　☆已遷移新址☆

825 S. Lemon Ave Diamond Bar, CA 91798 U.S.A.
Tel. (909) 595-5222（請於週六 9:00~18:00 之間聯繫）
Cell. (626) 454-0607

禪淨班：每逢週末 15：30~17：30 上課。

進階班：每逢週末上午 10：00~12：00 上課。

佛藏經詳解：平實導師講解。每週六下午 13：00~15：00，以台北正覺講堂所錄 DVD 放映。歡迎各界人士共享第一義諦無上法益，不需報名。

二、招生公告　**本會台北講堂及全省各講堂，每逢四月、十月下旬開新班，每週共修一次**（每次二小時。開課日起三個月內仍可插班）；**但美國洛杉磯共修處之禪淨班得隨時插班共修。各班共修期間皆爲二年半，欲參加者請向本會函索報名表**（各共修處皆於共修時間方有人執事，非共修時間請勿電詢或前來洽詢、請書），**或直接從本會官方網站**(http://www.enlighten.org.tw/newsflash/class)**或成佛之道網站下載報名表**。共修期滿時，若經報名禪三審核通過者，可參加四天三夜之禪三精進共修，有機會明心、取證如來藏，發起般若實相智慧，成爲實義菩薩，脫離凡夫菩薩位。

三、新春禮佛祈福 農曆**年假**期間停止共修：自農曆新年前七天起停止共修與弘法，正月 8 日起回復共修、弘法事務。新春期間正月初一～初七 9.00～17.00 開放台北講堂、正月初一~初三開放新竹講堂、台中講堂、台南講堂、高雄講堂，以及大溪禪三道場（正覺祖師堂），方便會員供佛、祈福及會外人士請書。美國洛杉磯共修處之休假時間，請逕詢該共修處。

密宗四大派修雙身法，是外道性力派的邪法；又以生滅的識陰作為常住法，是常見外道，是假的藏傳佛教。

西藏覺囊巴以他空見弘揚第八識如來藏勝法，才是真藏傳佛教

佛教正覺同修會　弘法行事表　2014/08/19

1、**禪淨班**　以無相念佛及拜佛方式修習動中定力，實證一心不亂功夫。傳授解脫道正理及第一義諦佛法，以及參禪知見。共修期間：二年六個月。每逢四月、十月開新班，詳見招生公告表。

2、**《佛藏經》詳解**　平實導師主講。已於 2013/12/17 開講，歡迎已發成佛大願的菩薩種性學人，攜眷共同參與此殊勝法會聽講。詳解釋迦世尊於《佛藏經》中所開示的眞實義理，更爲今時後世佛子四眾，闡述 佛陀演說此經的本懷。眞實尋求佛菩提道的有緣佛子，親承聽聞如是勝妙開示，當能如實理解經中義理，亦能了知於大乘法中：如何是諸法實相？善知識、惡知識要如何簡擇？如何才是清淨持戒？如何才能清淨說法？於此末法之世，眾生五濁益重，不知佛、不解法、不識僧，唯見表相，不信眞實，貪著五欲，諸方大師不淨說法，各各將導大量徒眾趣入三塗，如是師徒俱堪憐憫。是故，平實導師以大慈悲心，用淺白易懂之語句，佐以實例、譬喻而爲演說，普令聞者易解佛意，皆得契入佛法正道，如實了知佛法大藏。每逢週二 18.50~20.50 開示，不限制聽講資格。會外人士需憑身分證件換證入內聽講（此是大樓管理處之安全規定，敬請見諒）。桃園、新竹、台中、台南、高雄等地講堂，亦於每週二晚上播放平實導師講經之 DVD，不必出示身分證件即可入內聽講，歡迎各地善信同霑法益。

有某道場專弘淨土法門數十年，於教導信徒研讀《佛藏經》時，往往告誡信徒曰：「後半部不許閱讀。」由此緣故坐令信徒失去提升念佛層次之機緣，師徒只能低品位往生淨土，令人深覺愚癡無智。由有多人建議故，平實導師開始宣講《佛藏經》，藉以轉易如是邪見，並提升念佛人之知見與往生品位。此經中，對於實相念佛多所著墨，亦指出念佛要點：**以實相爲依，念佛者應依止淨戒、依止清淨僧寶，捨離違犯重戒之師僧，應受學清淨之法，遠離邪見。**本經是現代佛門大法師所厭惡之經典：**一者由於大法師們已全都落入意識境界而無法親證實相，故於此經中所說實相全無所知，都不樂有人聞此經名，以免讀後提出問疑時無法回答；二者現代大乘佛法地區，已經普被藏密喇嘛教滲透，許多有名之大法師們大多已曾或繼續在修練雙身法，都已失去聲聞戒體及菩薩戒體，成爲地獄種姓人，已非眞正出家之人，本質上只是身著僧衣而住在寺院中的世俗人。**這些人對於此經都是讀不懂的，也是極爲厭惡的；他們尚不樂見此經之印行，何況流通與講解？今爲救護廣大學佛人，兼欲護持佛教血脈永續常傳，特選此經宣講之，主講者平實導師。

3、**瑜伽師地論**詳解　詳解論中所言凡夫地至佛地等 17 師之修證境界與理論，從凡夫地、聲聞地……宣演到諸地所證一切種智之眞實正理。由平實導師開講，每逢一、三、五週之週末晚上開示，僅限已明心之會員參加。

4、**精進禪三**　主三和尙：平實導師。於四天三夜中，以克勤圓悟大師及大慧宗杲之禪風，施設機鋒與小參、公案密意之開示，幫助會員剋期取證，親證不生不滅之眞實心——人人本有之如來藏。每年四月、十月各舉辦二個梯次；平實導師主持。僅限本會會員參加禪淨班共修期滿，報名審核通過者，方可參加。並選擇會中定力、慧力、福德三條件皆已具足之已明心會員，給以指引，令得眼見自己無形無相之佛性遍佈山河大地，眞實而無障礙，得以肉眼現觀世界身心悉皆如幻，具足成就如幻觀，圓滿十住菩薩之證境。

5、**阿含經**詳解　選擇重要之阿含部經典，依無餘涅槃之實際而加以詳解，令大眾得以現觀諸法緣起性空，亦復不墮斷滅見中，顯示經中所隱說之涅槃實際—如來藏—確實已於四阿含中隱說；令大眾得以聞後觀行，確實斷除我見乃至我執，證得**見到**眞現觀，乃至**身證**……等眞現觀；已得大乘或二乘見道者，亦可由此聞熏及聞後之觀行，除斷我所之貪著，成就慧解脫果。由平實導師詳解。不限制聽講資格。

6、**大法鼓經**詳解　詳解末法時代大乘佛法修行之道。佛教正法消毒妙藥塗於大鼓而以擊之，凡有眾生聞之者，一切邪見鉅毒悉皆消殞；此經即是大法鼓之正義，凡聞之者，所有邪見之毒悉皆滅除，見道不難；亦能發起菩薩無量功德，是故諸大菩薩遠從諸方佛土來此娑婆聞修此經。由平實導師詳解。不限制聽講資格。

7、**解深密經**詳解　重講本經之目的，在於令諸已悟之人明解大乘法道之成佛次第，以及悟後進修一切種智之內涵，確實證知三種自性性，並得據此證解七眞如、十眞如等正理。每逢週二 18.50~20.50 開示，由平實導師詳解。將於《大法鼓經》講畢後開講。不限制聽講資格。

8、**成唯識論**詳解　詳解一切種智眞實正理，詳細剖析一切種智之微細深妙廣大正理；並加以舉例說明，使已悟之會員深入體驗所證如來藏之微密行相；及證驗見分相分與所生一切法，皆由如來藏—阿賴耶識—直接或展轉而生，因此證知一切法無我，證知無餘涅槃之本際。將於增上班《瑜伽師地論》講畢後，由平實導師重講。僅限已明心之會員參加。

9、**精選如來藏系經典**詳解　精選如來藏系經典一部，詳細解說，以此完全印證會員所悟如來藏之眞實，得入不退轉住。另行擇期詳細解說之，由平實導師講解。僅限已明心之會員參加。

10、**禪門差別智**　藉禪宗公案之微細淆訛難知難解之處，加以宣說及剖析，以增進明心、見性之功德，啓發差別智，建立擇法眼。每月第一週日全天，由平實導師開示，僅限破參明心後，復又眼見佛性者參加（事冗暫停）。

11、**枯木禪** 先講智者大師的《小止觀》，後說《釋禪波羅蜜》，詳解四禪八定之修證理論與實修方法，細述一般學人修定之邪見與岔路，及對禪定證境之誤會，消除枉用功夫、浪費生命之現象。已悟般若者，可以藉此而實修初禪，進入大乘通教及聲聞教的三果心解脫境界，配合應有的大福德及後得無分別智、十無盡願，即可進入初地心中。親教師：平實導師。未來緣熟時將於大溪正覺寺開講。不限制聽講資格。

註：本會例行年假，自 2004 年起，改爲每年農曆新年前七天開始停息弘法事務及共修課程，農曆正月 8 日回復所有共修及弘法事務。新春期間（每日 9.00~17.00）開放台北講堂，方便會員禮佛祈福及會外人士請書。大溪鎮的正覺祖師堂，開放參訪時間，詳見〈正覺電子報〉或成佛之道網站。本表得因時節因緣需要而隨時修改之，不另作通知。

佛教正覺同修會　贈閱書籍 目錄　2015/09/29

1.**無相念佛**　平實導師著　回郵 10 元
2.**念佛三昧修學次第**　平實導師述著　回郵 25 元
3.**正法眼藏—護法集**　平實導師述著　回郵 35 元
4.**真假開悟簡易辨正法＆佛子之省思**　平實導師著　回郵 3.5 元
5.**生命實相之辨正**　平實導師著　回郵 10 元
6.**如何契入念佛法門**（**附**：印順法師否定極樂世界）平實導師著　回郵 3.5 元
7.**平實書箋**—答元覽居士書　平實導師著　回郵 35 元
8.**三乘唯識**—如來藏系經律彙編　平實導師編　回郵 80 元
（精裝本　長 27 cm　寬 21 cm　高 7.5 cm　重 2.8 公斤）
9.**三時繫念全集**—修正本　回郵掛號 40 元（長 26.5 cm×寬 19 cm）
10.**明心與初地**　平實導師述　回郵 3.5 元
11.**邪見與佛法**　平實導師述著　回郵 20 元
12.**菩薩正道**—回應義雲高、釋性圓…等外道之邪見　正燦居士著 回郵 20 元
13.**甘露法雨**　平實導師述　回郵 20 元
14.**我與無我**　平實導師述　回郵 20 元
15.**學佛之心態**—修正錯誤之學佛心態始能與正法相應 孫正德老師著 回郵35元
附錄：平實導師著**《略說八、九識並存…等之過失》**
16.**大乘無我觀**—《悟前與悟後》別說　平實導師述著　回郵 20 元
17.**佛教之危機**—中國台灣地區現代佛教之真相（附錄：公案拈提六則）
平實導師著　回郵 25 元
18.**燈 影**—燈下黑（覆「求教後學」來函等）　平實導師著　回郵 35 元
19.**護法與毀法**—覆上平居士與徐恒志居士網站毀法二文
張正圜老師著　回郵 35 元
20.**淨土聖道**—兼評選擇本願念佛　正德老師著　**由正覺同修會購贈** 回郵 25 元
21.**辨唯識性相**—對「紫蓮心海《辯唯識性相》書中否定阿賴耶識」之回應
正覺同修會 台南共修處法義組 著　回郵 25 元
22.**假如來藏**—對法蓮法師《如來藏與阿賴耶識》書中否定阿賴耶識之回應
正覺同修會 台南共修處法義組 著　回郵 35 元
23.**入不二門**—公案拈提集錦 第一輯（於平實導師公案拈提諸書中選錄約二十則，
合輯爲一冊流通之）平實導師著　回郵 20 元
24.**真假邪說**—西藏密宗索達吉喇嘛《破除邪說論》真是邪說
釋正安法師著　回郵 35 元
25.**真假開悟**—真如、如來藏、阿賴耶識間之關係　平實導師述著　回郵 35 元
26.**真假禪和**—辨正釋傳聖之謗法謬說　孫正德老師著　回郵 30 元

27.**眼見佛性**—駁慧廣法師眼見佛性的含義文中謬說

游正光老師著　回郵25元

28.**普門自在**—公案拈提集錦 第二輯（於平實導師公案拈提諸書中選錄約二十則，合輯爲一冊流通之）平實導師著　回郵25元

29.**印順法師的悲哀**—以現代禪的質疑為線索　恒毓博士著　回郵25元

30.**識蘊真義**—現觀識蘊內涵、取證初果、親斷三縛結之具體行門。

—依《成唯識論》及《惟識述記》正義，略顯安慧《大乘廣五蘊論》之邪謬

平實導師著　回郵35元

31.**正覺電子報** 各期紙版本　免附回郵　每次最多函索三期或三本。

（已無存書之較早各期，不另增印贈閱）

32.**現代人應有的宗教觀**　蔡正禮老師 著　回郵3.5元

33.**遠惑趣道**—正覺電子報般若信箱問答錄　第一輯　回郵20元

34.**遠惑趣道**—正覺電子報般若信箱問答錄　第二輯　回郵20元

35.**確保您的權益**—器官捐贈應注意自我保護　游正光老師 著　回郵10元

36.**正覺教團電視弘法三乘菩提 DVD 光碟（一）**

由正覺教團多位親教師共同講述錄製 DVD 8片，MP3 一片，共9片。有二大講題：一爲「三乘菩提之意涵」，二爲「學佛的正知見」。內容精闢，深入淺出，精彩絕倫，幫助大眾快速建立三乘法道的正知見，免被外道邪見所誤導。有志修學三乘佛法之學人不可不看。（製作工本費100元，回郵 25元）

37.**正覺教團電視弘法 DVD 專輯（二）**

總有二大講題：一爲「三乘菩提之念佛法門」，一爲「學佛正知見（第二篇）」，由正覺教團多位親教師輪番講述，內容詳細闡述如何修學念佛法門、實證念佛三昧，以及學佛應具有的正確知見，可以幫助發願往生西方極樂淨土之學人，得以把握往生，更可令學人快速建立三乘法道的正知見，免於被外道邪見所誤導。有志修學三乘佛法之學人不可不看。（一套17片，工本費160元。回郵 35元）

38.**佛藏經** 燙金精裝本 每冊回郵20元。正修佛法之道場欲大量索取者，請正式發函並蓋用大印寄來索取（2008.04.30起開始敬贈）

39.**喇嘛性世界**—揭開假藏傳佛教譚崔瑜伽的面紗　張善思 等人合著

由正覺同修會購贈　回郵20元

40.**假藏傳佛教的神話**—性、謊言、喇嘛教　張正玄教授編著　回郵20元

由正覺同修會購贈　回郵20元

41.**隨 緣**—理隨緣與事隨緣　平實導師述　回郵20元。

42.**學佛的覺醒**　正枝居士 著　回郵25元

43.**導師之真實義**　蔡正禮老師 著　回郵10元

44.**淺談達賴喇嘛之雙身法**—兼論解讀「密續」之達文西密碼

吳明芷居士 著　回郵10元

45.**魔界轉世**　張正玄居士 著　回郵10元

46.**一貫道與開悟**　蔡正禮老師 著　回郵10元

47.**博愛**—愛盡天下女人　正覺教育基金會 編印　回郵 10 元

48.**意識虛妄經教彙編**—實證解脫道的關鍵經文　正覺同修會編印　回郵 25 元

49.**邪箭囈語**—破斥藏密外道多識仁波切《破魔金剛箭雨論》之邪說
陸正元老師著　上、下冊回郵各 30 元

50.**真假沙門**—依 佛聖教闡釋佛教僧寶之定義
蔡正禮老師著　俟正覺電子報連載後結集出版

51.**真假禪宗**—藉評論釋性廣《印順導師對變質禪法之批判
及對禪宗之肯定》以顯示真假禪宗
附論一：凡夫知見 無助於佛法之信解行證
附論二：世間與出世間一切法皆從如來藏實際而生而顯
余正偉老師著　俟正覺電子報連載後結集出版　回郵未定

52.**假鋒虛焰金剛乘**—揭示顯密正理，兼破索達吉師徒《般若鋒兮金剛焰》。
釋正安 法師著　俟正覺電子報連載後結集出版

★ 上列贈書之郵資，係台灣本島地區郵資，大陸、港、澳地區及外國地區，請另計酌增（大陸、港、澳、國外地區之郵票不許通用）。尚未出版之書，請勿先寄來郵資，以免增加作業煩擾。

★ 本目錄若有變動，唯於後印之書籍及「成佛之道」網站上修正公佈之，不另行個別通知。

函索書籍請寄：佛教正覺同修會　103 台北市承德路 3 段 277 號 9 樓
台灣地區函索書籍者請附寄郵票，無時間購買郵票者可以等值現金抵用，但不接受郵政劃撥、支票、匯票。大陸地區得以人民幣計算，國外地區請以美元計算（請勿寄來當地郵票，在台灣地區不能使用）。欲以掛號寄遞者，請另附掛號郵資。

親自索閱：正覺同修會各共修處。　★請於共修時間前往取書，餘時無人在道場，請勿前往索取；共修時間與地點，詳見書末正覺同修會共修現況表（以近期之共修現況表為準）。

註：正智出版社發售之局版書，請向各大書局購閱。若書局之書架上已經售出而無陳列者，請向書局櫃台指定洽購；若書局不便代購者，請於正覺同修會共修時間前往各共修處請購，正智出版社已派人於共修時間送書前往各共修處流通。 郵政劃撥購書及 大陸地區 購書，請詳別頁正智出版社發售書籍目錄最後頁之說明。

成佛之道 網站：http://www.a202.idv.tw　正覺同修會已出版之結緣書籍，多已登載於 成佛之道 網站，若住外國、或住處遙遠，不便取得正覺同修會贈閱書籍者，可以從本網站閱讀及下載。　書局版之《宗通與說通》亦已上網，台灣讀者可向書局洽購，售價 300 元。《狂密與眞密》第一輯~第四輯，亦於 2003.5.1.全部於本網站登載完畢；台灣地區讀者請向書局洽購，每輯約 400 頁，售價 300 元（網站下載紙張費用較貴，容易散失，難以保存，亦較不精美）。

＊＊假藏傳佛教修雙身法，非佛教＊＊

正智出版社 籌募弘法基金發售書籍目錄　2016/1/11

1.**宗門正眼**—公案拈提 第一輯 重拈　平實導師著 500 元

因重寫內容大幅度增加故，字體必須改小，並增為 576 頁 主文 546 頁。比初版更精彩、更有內容。初版《禪門摩尼寶聚》之讀者，可寄回本公司免費調換新版書。免附回郵，亦無截止期限。（2007 年起，每冊附贈本公司精製公案拈提〈超意境〉CD 一片。市售價格 280 元，多購多贈。）

2.**禪淨圓融**　平實導師著 200 元（第一版舊書可換新版書。）

3.**真實如來藏**　平實導師著 400 元

4.**禪—悟前與悟後**　平實導師著 上、下冊，每冊 250 元

5.**宗門法眼**—公案拈提 第二輯　平實導師著 500 元

（2007 年起，每冊附贈本公司精製公案拈提〈超意境〉CD 一片）

6.**楞伽經詳解**　平實導師著　全套共 10 輯　每輯 250 元

7.**宗門道眼**—公案拈提 第三輯　平實導師著 500 元

（2007 年起，每冊附贈本公司精製公案拈提〈超意境〉CD 一片）

8.**宗門血脈**—公案拈提 第四輯　平實導師著 500 元

（2007 年起，每冊附贈本公司精製公案拈提〈超意境〉CD 一片）

9.**宗通與說通**—成佛之道 平實導師著 主文 381 頁 全書 400 頁售價 300 元

10.**宗門正道**—公案拈提 第五輯　平實導師著 500 元

（2007 年起，每冊附贈本公司精製公案拈提〈超意境〉CD 一片）

11.**狂密與真密** 一～四輯　平實導師著　西藏密宗是人間最邪淫的宗教，本質不是佛教，只是披著佛教外衣的印度教性力派流毒的喇嘛教。此書中將西藏密宗密傳之男女雙身合修樂空雙運所有祕密與修法，毫無保留完全公開，並將全部喇嘛們所不知道的部分也一併公開。內容比大辣出版社喧騰一時的《西藏慾經》更詳細。並且函蓋藏密的所有祕密及其錯誤的中觀見、如來藏見……等，藏密的所有法義都在書中詳述、分析、辨正。每輯主文三百餘頁　每輯全書約 400 頁　售價每輯 300 元

12.**宗門正義**—公案拈提 第六輯　平實導師著 500 元

（2007 年起，每冊附贈本公司精製公案拈提〈超意境〉CD 一片）

13.**心經密意**—心經與解脫道、佛菩提道、祖師公案之關係與密意 平實導師述 300 元

14.**宗門密意**—公案拈提 第七輯 平實導師著 500 元

（2007 年起，每冊附贈本公司精製公案拈提〈超意境〉CD 一片）

15.**淨土聖道**—兼評「選擇本願念佛」　正德老師著 200 元

16.**起信論講記**　平實導師述著　共六輯　每輯三百餘頁　售價各 250 元

17.**優婆塞戒經講記**　平實導師述著 共八輯 每輯三百餘頁 售價各 250 元

18.**真假活佛**—略論附佛外道盧勝彥之邪說（對前岳靈犀網站主張「盧勝彥是證悟者」之修正）　正犀居士（岳靈犀）著　流通價 140 元

19.**阿含正義**—唯識學探源　平實導師著　共七輯　每輯 300 元

20.**超意境** CD 以平實導師公案拈提書中超越意境之頌詞，加上曲風優美的旋律，錄成令人嚮往的超意境歌曲，其中包括正覺發願文及平實導師親自譜成的黃梅調歌曲一首。詞曲雋永，殊堪翫味，可供學禪者吟詠，有助於見道。內附設計精美的彩色小冊，解說每一首詞的背景本事。每片 280 元。【每購買公案拈提書籍一冊，即贈送一片。】

21.**菩薩底憂鬱** CD 將菩薩情懷及禪宗公案寫成新詞，並製作成超越意境的優美歌曲。 1.主題曲〈菩薩底憂鬱〉，描述地後菩薩能離三界生死而迴向繼續生在人間，但因尚未斷盡習氣種子而有極深沈之憂鬱，非三賢位菩薩及二乘聖者所知，此憂鬱在七地滿心位方才斷盡；本曲之詞中所說義理極深，昔來所未曾見；此曲係以優美的情歌風格寫詞及作曲，聞者得以激發嚮往諸地菩薩境界之大心，詞、曲都非常優美，難得一見；其中勝妙義理之解說，已印在附贈之彩色小冊中。 2.以各輯公案拈提中直示禪門入處之頌文，作成各種不同曲風之超意境歌曲，值得玩味、參究；聆聽公案拈提之優美歌曲時，請同時閱讀內附之印刷精美說明小冊，可以領會超越三界的證悟境界；未悟者可以因此引發求悟之意向及疑情，眞發菩提心而邁向求悟之途，乃至因此眞實悟入般若，成眞菩薩。 3.正覺總持咒新曲，總持佛法大意；總持咒之義理，已加以解說並印在隨附之小冊中。本 CD 共有十首歌曲，長達 63 分鐘。每盒各附贈二張購書優惠券。每片 280 元。

22.**禪意無限** CD 平實導師以公案拈提書中偈頌寫成不同風格曲子，與他人所寫不同風格曲子共同錄製出版，幫助參禪人進入禪門超越意識之境界。盒中附贈彩色印製的精美解說小冊，以供聆聽時閱讀，令參禪人得以發起參禪之疑情，即有機會證悟本來面目而發起實相智慧，實證大乘菩提般若，能如實證知般若經中的眞實意。本 CD 共有十首歌曲，長達 69 分鐘，每盒各附贈二張購書優惠券。每片 280 元。

23.**我的菩提路**第一輯　釋悟圓、釋善藏等人合著　售價 300 元

24.**我的菩提路**第二輯　郭正益、張志成等人合著　售價 300 元

25.**鈍鳥與靈龜**—考證後代凡夫對大慧宗杲禪師的無根誹謗。

平實導師著 共 458 頁 售價 350 元

26.**維摩詰經講記** 平實導師述 共六輯 每輯三百餘頁 售價各 250 元

27.**眞假外道**—破劉東亮、杜大威、釋證嚴常見外道見　正光老師著　200 元

28.**勝鬘經講記**—兼論印順《勝鬘經講記》對於《勝鬘經》之誤解。

平實導師述　共六輯　每輯三百餘頁　售價250 元

29.**楞嚴經講記** 平實導師述 共 **15** 輯，每輯三百餘頁 售價 300 元

30.**明心與眼見佛性**—駁慧廣〈蕭氏「眼見佛性」與「明心」之非〉文中謬說

正光老師著　共 448 頁　售價 300 元

31.**見性與看話頭** 黃正倖老師 著，本書是禪宗參禪的方法論。

內文 375 頁，全書 416 頁，售價 300 元。

32.**達賴真面目**—玩盡天下女人 白正偉老師 等著 中英對照彩色精裝大本 800 元

33.**喇嘛性世界**—揭開假藏傳佛教譚崔瑜伽的面紗　張善思 等人著　200 元
34.**假藏傳佛教的神話**—性、謊言、喇嘛教　正玄教授編著　200 元
35.**金剛經宗通**　平實導師述　共九輯　每輯售價 250 元。
36.**空行母**—性別、身分定位，以及藏傳佛教。
珍妮·坎貝爾著 呂艾倫 中譯 售價 250 元
37.**末代達賴**—性交教主的悲歌　張善思、呂艾倫、辛燕編著 售價 250 元
38.**霧峰無霧**—給哥哥的信　辨正釋印順對佛法的無量誤解
游宗明 老師著　售價 250 元
39.**第七意識與第八意識？**—穿越時空「超意識」
平實導師述　每冊 300 元
40.**黯淡的達賴**—失去光彩的諾貝爾和平獎
正覺教育基金會編著　每冊 250 元
41.**童女迦葉考**—論呂凱文〈佛教輪迴思想的論述分析〉之謬。
平實導師 著　定價 180 元
42.**人間佛教**—實證者必定不悖三乘菩提
平實導師 述，定價 400 元
43.**實相經宗通**　平實導師述　共八輯　每輯 250 元
44.**真心告訴您(一)**—達賴喇嘛在幹什麼？
正覺教育基金會編著　售價 250 元
45.**中觀金鑑**—詳述應成派中觀的起源與其破法本質
孫正德老師著　分為上、中、下三冊，每冊 250 元
46.**佛法入門**—迅速進入三乘佛法大門，消除久學佛法漫無方向之窘境。
○○居士著　將於正覺電子報連載後出版。售價 250 元
47.**藏傳佛教要義**—《狂密與真密》之簡體字版　平實導師 著 上、下冊
僅在大陸流通　每冊 300 元
48.**法華經講義**　平實導師述　共二十五輯　每輯 300 元
已於 2015/05/31 起開始出版，每二個月出版一輯
49.**西藏「活佛轉世」制度**—附佛、造神、世俗法
許正豐、張正玄老師合著　定價 150 元
50.**廣論三部曲**　郭正益老師著　定價 150 元
51.**真心告訴您(二)**—達賴喇嘛是佛教僧侶嗎？
—補祝達賴喇嘛八十大壽
正覺教育基金會編著　售價 300 元
52.**廣論之平議**—宗喀巴《菩提道次第廣論》之平議　正雄居士著
約二或三輯　俟正覺電子報連載後結集出版　書價未定
53.**末法導護**—對印順法師中心思想之綜合判攝　正慶老師著　書價未定
54.**菩薩學處**—菩薩四攝六度之要義　陸正元老師著　出版日期未定。
55.**八識規矩頌**詳解　○○居士 註解　出版日期另訂　書價未定。
56.**印度佛教史**—法義與考證。依法義史實評論印順《印度佛教思想史、佛教史地考論》之謬說　正偉老師著　出版日期未定　書價未定

57.**中國佛教史**—依中國佛教正法史實而論。〇〇老師 著　書價未定。
58.**中論正義**—釋龍樹菩薩《中論》頌正理。
孫正德老師著　出版日期未定　書價未定
59.**中觀正義**—註解平實導師《中論正義頌》。
〇〇法師（居士）著　出版日期未定　書價未定
60.**佛藏經講記**　平實導師述　出版日期未定　書價未定
61.**阿含經講記**—將選錄四阿含中數部重要經典全經講解之，講後整理出版。
平實導師述　約二輯　每輯 300 元　出版日期未定
62.**寶積經講記**　平實導師述　每輯三百餘頁　優惠價 300 元　出版日期未定
63.**解深密經講記**　平實導師述　約四輯　將於重講後整理出版
64.**成唯識論略解**　平實導師著　五～六輯　每輯300 元　出版日期未定
65.**修習止觀坐禪法要講記**　平實導師述　每輯三百餘頁
將於正覺寺建成後重講、以講記逐輯出版　出版日期未定
66.**無門關**—《無門關》公案拈提　平實導師著　出版日期未定
67.**中觀再論**—兼述印順《中觀今論》謬誤之平議。正光老師著　出版日期未定
68.**輪迴與超度**—佛教超度法會之真義。
〇〇法師（居士）著　出版日期未定　書價未定
69.**《釋摩訶衍論》平議**—對偽稱龍樹所造《釋摩訶衍論》之平議
〇〇法師（居士）著　出版日期未定　書價未定
70.**正覺發願文**註解—以真實大願為因　得證菩提
正德老師著　出版日期未定　書價未定
71.**正覺總持咒**—佛法之總持　正圜老師著　出版日期未定　書價未定
72.**涅槃**—論四種涅槃　平實導師著　出版日期未定　書價未定
73.**三自性**—依四食、五蘊、十二因緣、十八界法，說三性三無性。
作者未定　出版日期未定
74.**道品**—從三自性說大小乘三十七道品　作者未定　出版日期未定
75.**大乘緣起觀**—依四聖諦七真如現觀十二緣起　作者未定　出版日期未定
76.**三德**—論解脫德、法身德、般若德。　作者未定　出版日期未定
77.**真假如來藏**—對印順《如來藏之研究》謬說之平議　作者未定 出版日期未定
78.**大乘道次第**　作者未定　出版日期未定　書價未定
79.**四緣**—依如來藏故有四緣。　作者未定　出版日期未定
80.**空之探究**—印順《空之探究》謬誤之平議　作者未定 出版日期未定
81.**十法義**—論阿含經中十法之正義　作者未定　出版日期未定
82.**外道見**—論述外道六十二見　作者未定　出版日期未定

正智出版社有限公司書籍介紹

禪淨圓融：言淨土諸祖所未曾言，示諸宗祖師所未曾示；禪淨圓融，另闢成佛捷徑，兼顧自力他力，闡釋淨土門之速行易行道，亦同時揭櫫聖教門之速行易行道；令廣大淨土行者得免緩行難證之苦，亦令聖道門行者得以藉著淨土速行道而加快成佛之時劫。乃前無古人之超勝見地，非一般弘揚禪淨法門典籍也，先讀為快。平實導師著 200元。

宗門正眼——**公案拈提**第一輯：繼承克勤圜悟大師碧巖錄宗旨之禪門鉅作。先則舉示當代大法師之邪說，消弭當代禪門大師鄉愿之心態，摧破當今禪門「世俗禪」之妄談；次則旁通教法，表顯宗門正理；繼以道之次第，消弭古今狂禪；後藉言語及文字機鋒，直示宗門入處。悲智雙運，禪味十足，數百年來難得一睹之禪門鉅著也。平實導師著　500元（原初版書《禪門摩尼寶聚》，改版後補充為五百餘頁新書，總計多達二十四萬字，內容更精彩，並改名為《宗門正眼》，讀者原購初版《禪門摩尼寶聚》皆可寄回本公司免費換新，免附回郵，亦無截止期限）（2007年起，凡購買公案拈提第一輯至第七輯，每購一輯皆贈送本公司精製公案拈提〈超意境〉CD一片，市售價格280元，多購多贈）。

禪—悟前與悟後：本書能建立學人悟道之信心與正確知見，圓滿具足而有次第地詳述禪悟之功夫與禪悟之內容，指陳參禪中細微淆訛之處，能使學人明自眞心、見自本性。若未能悟入，亦能以正確知見辨別古今中外一切大師究係眞悟？或屬錯悟？便有能力揀擇，捨名師而選明師，後時必有悟道之緣。一旦悟道，遲者七次人天往返，便出三界，速者一生取辦。學人欲求開悟者，不可不讀。平實導師著。上、下冊共500元，單冊250元。

真實如來藏：如來藏眞實存在，乃宇宙萬有之本體，並非印順法師、達賴喇嘛等人所說之「唯有名相、無此心體」。如來藏是涅槃之本際，是一切有智之人竭盡心智、不斷探索而不能得之生命實相；是古今中外許多大師自以爲悟而當面錯過之生命實相。如來藏即是阿賴耶識，乃是一切有情本自具足、不生不滅之眞實心。當代中外大師於此書出版之前所未能言者，作者於本書中盡情流露、詳細闡釋。眞悟者讀之，必能增益悟境、智慧增上；錯悟者讀之，必能檢討自己之錯誤，免犯大妄語業；未悟者讀之，能知參禪之理路，亦能以之檢查一切名師是否眞悟。此書是一切哲學家、宗教家、學佛者及欲昇華心智之人必讀之鉅著。平實導師著 售價400元。

宗門法眼—**公案拈提**第二輯：列舉實例，闡釋土城廣欽老和尚之悟處；並直示這位不識字的老和尚妙智橫生之根由，繼而剖析禪宗歷代大德之開悟公案，解析當代密宗高僧卡盧仁波切之錯悟證據，並例舉當代顯宗高僧、大居士之錯悟證據（凡健在者，爲免影響其名聞利養，皆隱其名）。藉辨正當代名師之邪見，向廣大佛子指陳禪悟之正道，彰顯宗門法眼。悲勇兼出，強捋虎鬚；慈智雙運，巧探驪龍；摩尼寶珠在手，直示宗門入處，禪味十足；若非大悟徹底，不能爲之。禪門精奇人物，允宜人手一冊，供作參究及悟後印證之圭臬。本書於2008年4月改版，增寫為大約500頁篇幅，以利學人研讀參究時更易悟入宗門正法，以前所購初版首刷及初版二刷舊書，皆可免費換取新書。平實導師著 500元（2007年起，凡購買公案拈提第一輯至第七輯，每購一輯皆贈送本公司精製公案拈提〈超意境〉CD一片，市售價格280元，多購多贈）。

宗門道眼—**公案拈提**第三輯：繼宗門法眼之後，再以金剛之作略、慈悲之胸懷、犀利之筆觸，舉示寒山、拾得、布袋三大士之悟處，消弭當代錯悟者對於寒山大士……等之誤會及誹謗。亦舉出民初以來與虛雲和尚齊名之蜀郡鹽亭袁煥仙夫子——南懷瑾老師之師，其「悟處」何在？並蒐羅許多眞悟祖師之證悟公案，顯示禪宗歷代祖師之睿智，指陳部分祖師、奧修及當代顯密大師之謬悟，作爲殷鑑，幫助禪子建立及修正參禪之方向及知見。假使讀者閱此書已，一時尚未能悟，亦可一面加功用行，一面以此宗門道眼辨別眞假善知識，避開錯誤之印證及歧路，可免大妄語業之長劫慘痛果報。欲修禪宗之禪者，務請細讀。平實導師著 售價500元（2007年起，凡購買公案拈提第一輯至第七輯，每購一輯皆贈送本公司精製公案拈提〈超意境〉CD一片，市售價格280元，多購多贈）。

楞伽經詳解：本經是禪宗見道者印證所悟眞僞之根本經典，亦是禪宗見道者悟後起修之依據經典；故達摩祖師於印證二祖慧可大師之後，將此經典連同佛鉢祖衣一併交付二祖，令其依此經典佛示金言、進入修道位，修學一切種智。由此可知此經對於眞悟之人修學佛道，是非常重要之一部經典。此經能破外道邪說，亦破佛門中錯悟名師之謬說，亦破禪宗部分祖師之狂禪：不讀經典、一向主張「一悟即成究竟佛」之謬執。並開示愚夫所行禪、觀察義禪、攀緣如禪、如來禪等差別，令行者對於三乘禪法差異有所分辨；亦糾正禪宗祖師古來對於如來禪之誤解，嗣後可免以訛傳訛之弊。此經亦是法相唯識宗之根本經典，禪者悟後欲修一切種智而入初地者，必須詳讀。平實導師著，全套共十輯，已全部出版完畢，每輯主文約320頁，每冊約352頁，定價250元。

宗門血脈—公案拈提第四輯：末法怪象—許多修行人自以爲悟，每將無念靈知認作眞實；崇尚二乘法諸師及其徒眾，則將**外於如來藏之緣起性空**—無因論之無常空、斷滅空、一切法空—錯認爲 佛所說之般若空性。這兩種現象已於當今海峽兩岸及美加地區顯密大師之中普遍存在；人人自以爲悟，心高氣壯，便敢寫書解釋祖師證悟之公案，大多出於意識思惟所得，言不及義，錯誤百出，因此誤導廣大佛子同陷大妄語之地獄業中而不能自知。彼等書中所說之悟處，其實處處違背第一義經典之聖言量。彼等諸人不論是否身披袈裟，都非佛法宗門血脈，或雖有禪宗法脈之傳承，亦只徒具形式；猶如螟蛉，非眞血脈，未悟得根本眞實故。禪子欲知佛、祖之眞血脈者，請讀此書，便知分曉。平實導師著，主文452頁，全書464頁，定價500元（2007年起，凡購買公案拈提第一輯至第七輯，每購一輯皆贈送本公司精製公案拈提〈超意境〉CD一片，市售價格280元，多購多贈）。

宗通與說通：古今中外，錯誤之人如麻似粟，每以常見外道所說之靈知心，認作眞心；或妄想虛空之勝性能量爲眞如，或錯認物質四大元素藉冥性（靈知心本體）能成就吾人色身及知覺，或認初禪至四禪中之了知心爲不生不滅之涅槃心。此等皆非通宗者之見地。復有錯悟之人一向主張「宗門與教門不相干」，此即尚未通達宗門之人也。其實宗門與教門互通不二，宗門所證者乃是眞如與佛性，教門所說者乃說宗門證悟之眞如佛性，故教門與宗門不二。本書作者以宗教二門互通之見地，細說「宗通與說通」，從初見道至悟後起修之道、細說分明；並將諸宗諸派在整體佛教中之地位與次第，加以明確之教判，學人讀之即可了知佛法之梗概也。欲擇明師學法之前，允宜先讀。平實導師著，主文共381頁，全書392頁，只售成本價300元。

宗門正道—**公案拈提**第五輯：修學大乘佛法有二果須證解脫果及大菩提果。二乘人不證大菩提果，唯證解脫果；此果之智慧，名爲聲聞菩提、緣覺菩提。大乘佛子所證二果之菩提果爲佛菩提，故名大菩提果，其慧名爲一切種智函蓋二乘解脫果。然此大乘二果修證，須經由禪宗之宗門證悟方能相應。而宗門證悟極難，自古已然；其所以難者，咎在古今佛教界普遍存在三種邪見：1.以修定認作佛法，2.以無因論之緣起性空—否定涅槃本際如來藏以後之一切法空作爲佛法，3.以常見外道邪見（離語言妄念之靈知性）作爲佛法。如是邪見，或因自身正見未立所致，或因邪師之邪教導所致，或因無始劫來虛妄熏習所致。若不破除此三種邪見，永劫不悟宗門眞義、不入大乘正道，唯能外門廣修菩薩行。平實導師於此書中，有極爲詳細之說明，有志佛子欲摧邪見、入於內門修菩薩行者，當閱此書。主文共496頁，全書512頁。售價500元（2007年起，凡購買公案拈提第一輯至第七輯，每購一輯皆贈送本公司精製公案拈提〈超意境〉CD一片，市售價格280元，多購多贈）。

狂密與真密：密教之修學，皆由有相之觀行法門而入，其最終目標仍不離顯教經典所說第一義諦之修證；若離顯教第一義經典、或違背顯教第一義經典，即非佛教。西藏密教之觀行法，如灌頂、觀想、遷識法、寶瓶氣、大聖歡喜雙身修法、喜金剛、無上瑜伽、大樂光明、樂空雙運等，皆是印度教兩性生生不息思想之轉化，自始至終皆以如何能運用交合淫樂之法達到全身受樂爲其中心思想，純屬欲界五欲的貪愛，不能令人超出欲界輪迴，更不能令人斷除我見；何況大乘之明心與見性，更無論矣！故密宗之法絕非佛法也。而其明光大手印、大圓滿法教，又皆同以常見外道所說離語言妄念之無念靈知心錯認爲佛地之眞如，不能直指不生不滅之眞如。西藏密宗所有法王與徒眾，都尚未開頂門眼，不能辨別眞僞，以依人不依法、依密續不依經典故，不肯將其上師喇嘛所說對照第一義經典，純依密續之藏密祖師所說爲準，因此而誇大其證德與證量，動輒謂彼祖師上師爲究竟佛、爲地上菩薩；如今台海兩岸亦有自謂其師證量高於 釋迦文佛者，然觀其師所述，猶未見道，仍在觀行即佛階段，尚未到禪宗相似即佛、分證即佛階位，竟敢標榜爲究竟佛及地上法王，誑惑初機學人。凡此怪象皆是狂密，不同於眞密之修行者。近年狂密盛行，密宗行者被誤導者極眾，動輒自謂已證佛地眞如，自視爲究竟佛，陷於大妄語業中而不知自省，反謗顯宗眞修實證者之證量粗淺；或如義雲高與釋性圓…等人，於報紙上公然誹謗眞實證道者爲「騙子、無道人、人妖、癩蛤蟆…」等，造下誹謗大乘勝義僧之大惡業；或以外道法中有爲有作之甘露、魔術……等法，誑騙初機學人，狂言彼外道法爲眞佛法。如是怪象，在西藏密宗及附藏密之外道中，不一而足，舉之不盡，學人宜應愼思明辨，以免上當後又犯毀破菩薩戒之重罪。密宗學人若欲遠離邪知邪見者，請閱此書，即能了知密宗之邪謬，從此遠離邪見與邪修，轉入眞正之佛道。

平實導師著 共四輯 每輯約400頁（主文約340頁）每輯售價300元。

宗門正義—公案拈提第六輯：佛教有六大危機，乃是藏密化、世俗化、膚淺化、學術化、宗門密意失傳、悟後進修諸地之次第混淆；其中尤以宗門密意之失傳，爲當代佛教最大之危機。由宗門密意失傳故，易令世尊本懷普被錯解，易令世尊正法被轉易爲外道法，以及加以淺化、世俗化，是故宗門密意之廣泛弘傳與具緣佛弟子，極爲重要。然而欲令宗門密意之廣泛弘傳予具緣之佛弟子者，必須同時配合錯誤知見之解析、普令佛弟子知之，然後輔以公案解析之直示入處，方能令具緣之佛弟子悟入。而此二者，皆須以公案拈提之方式爲之，方易成其功、竟其業，是故平實導師續作宗門正義一書，以利學人。全書500餘頁，售價500元（2007年起，凡購買公案拈提第一輯至第七輯，每購一輯皆贈送本公司精製公案拈提〈超意境〉CD一片，市售價格280元，多購多贈）。

心經密意—心經與解脫道、佛菩提道、祖師公案之關係與密意。二乘菩提所證之解脫道，實依第八識心之斷除煩惱障現行而立解脫之名；大乘菩提所證之佛菩提道，實依親證第八識如來藏之涅槃性、清淨自性、及其中道性而立般若之名；禪宗祖師公案所證之眞心，即是此第八識如來藏；是故三乘佛法所修所證之三乘菩提，皆依此如來藏心而立名也。此第八識心，即是《心經》所說之心也。證得此如來藏已，即能漸入大乘佛菩提道，亦可因證知此心而了知二乘無學所不能知之無餘涅槃本際，是故《心經》之密意，與三乘佛菩提之關係極爲密切、不可分割，三乘佛法皆依此心而立名故。今者平實導師以其所證解脫道之無生智及佛菩提之般若種智，將《心經》與解脫道、佛菩提道、祖師公案之關係與密意，以演講之方式，用淺顯之語句和盤托出，發前人所未言，呈三乘菩提之眞義，令人藉此《心經密意》一舉而窺三乘菩提之堂奧，迴異諸方言不及義之說；欲求眞實佛智者、不可不讀！主文317頁，連同跋文及序文…等共384頁，售價300元。

宗門密意—**公案拈提**第七輯：佛教之世俗化，將導致學人以信仰作爲學佛，則將以感應及世間法之庇祐，作爲學佛之主要目標，不能了知學佛之主要目標爲親證三乘菩提。大乘菩提則以般若實相智慧爲主要修習目標，以二乘菩提解脫道爲附帶修習之標的；是故學習大乘法者，應以禪宗之證悟爲要務，能親入大乘菩提之實相般若智慧中故，般若實相智慧非二乘聖人所能知故。此書則以台灣世俗化佛教之三大法師，說法似是而非之實例，配合眞悟祖師之公案解析，提示證悟般若之關節，令學人易得悟入。平實導師著，全書五百餘頁，售價500元（2007年起，凡購買公案拈提第一輯至第七輯，每購一輯皆贈送本公司精製公案拈提〈超意境〉CD一片，市售價格280元，多購多贈）。

淨土聖道—兼評日本本願念佛：佛法甚深極廣，般若玄微，非諸二乘聖僧所能知之，一切凡夫更無論矣！所謂一切證量皆歸淨土是也！是故大乘法中「聖道之淨土、淨土之聖道」，其義甚深，難可了知；乃至眞悟之人，初心亦難知也。今有正德老師眞實證悟後，復能深探淨土與聖道之緊密關係，憐憫眾生之誤會淨土實義，亦欲利益廣大淨土行人同入聖道，同獲淨土中之聖道門要義，乃振奮心神、書以成文，今得刊行天下。主文279頁，連同序文等共301頁，總有十一萬六千餘字，正德老師著，成本價200元。

起信論講記：詳解大乘起信論**心生滅門**與**心眞如門**之眞實意旨，消除以往大師與學人對起信論所說**心生滅門**之誤解，由是而得了知眞心如來藏之非常非斷中道正理；亦因此一講解，令此論以往隱晦而被誤解之眞實義，得以如實顯示，令大乘佛菩提道之正理得以顯揚光大；初機學者亦可藉此正論所顯示之法義，對大乘法理生起正信，從此得以眞發菩提心，眞入大乘法中修學，世世常修菩薩正行。平實導師演述，共六輯，都已出版，每輯三百餘頁，售價250元。

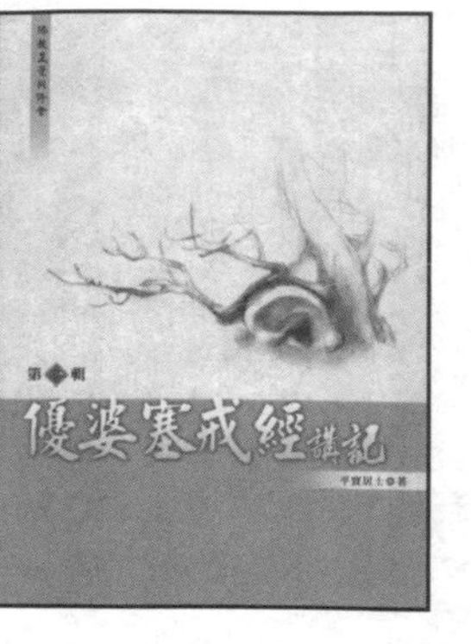

優婆塞戒經講記：本經詳述在家菩薩修學大乘佛法，應如何受持菩薩戒？對人間善行應如何看待？對三寶應如何護持？應如何正確地修集此世後世證法之福德？應如何修集後世「行菩薩道之資糧」？並詳述第一義諦之正義：五蘊非我非異我、自作自受、異作異受、不作不受……等深妙法義，乃是修學大乘佛法、行菩薩行之在家菩薩所應當了知者。出家菩薩今世或未來世登地已，捨報之後多數將如華嚴經中諸大菩薩，以在家菩薩身而修行菩薩行，故亦應以此經所述正理而修之，配合《楞伽經、解深密經、楞嚴經、華嚴經》等道次第正理，方得漸次成就佛道；故此經是一切大乘行者皆應證知之正法。平實導師講述，每輯三百餘頁，售價各250元；共八輯，已全部出版。

真假活佛—略論附佛外道盧勝彥之邪說：人人身中都有眞活佛，永生不滅而有大神用，但眾生都不了知，所以常被身外的西藏密宗假活佛籠罩欺瞞。本來就眞實存在的眞活佛，才是眞正的密宗無上密！諾那活佛因此而說禪宗是大密宗，但藏密的所有活佛都不知道、也不曾實證自身中的眞活佛。本書詳實宣示眞活佛的道理，舉證盧勝彥的「佛法」不是眞佛法，也顯示盧勝彥是假活佛，直接的闡釋第一義佛法見道的眞實正理。眞佛宗的所有上師與學人們，都應該詳細閱讀，包括盧勝彥個人在內。正犀居士著，優惠價140元。

阿含正義—唯識學探源：廣說四大部《阿含經》諸經中隱說之眞正義理，一一舉示佛陀本懷，令阿含時期初轉法輪根本經典之眞義，如實顯現於佛子眼前。並提示末法大師對於阿含眞義誤解之實例，一一比對之，證實唯識增上慧學確於原始佛法之阿含諸經中已隱覆密意而略說之，證實 世尊確於原始佛法中已曾密意而說第八識如來藏之總相；亦證實 世尊在四阿含中已說此藏識是名色十八界之因、之本—證明如來藏是能生萬法之根本心。佛子可據此修正以往受諸大師（譬如西藏密宗應成派中觀師：印順、昭慧、性廣、大願、達賴、宗喀巴、寂天、月稱、……等人）誤導之邪見，建立正見，轉入正道乃至親證初果而無困難；書中並詳說三果所證的**心解脫**，以及四果**慧解脫**的親證，都是如實可行的具體知見與行門。全書共七輯，已出版完畢。平實導師著，每輯三百餘頁，售價300元。

超意境CD：以平實導師公案拈提書中超越意境之頌詞，加上曲風優美的旋律，錄成令人嚮往的超意境歌曲，其中包括正覺發願文及平實導師親自譜成的黃梅調歌曲一首。詞曲雋永，殊堪翫味，可供學禪者吟詠，有助於見道。內附設計精美的彩色小冊，解說每一首詞的背景本事。每片280元。【每購買公案拈提書籍一冊，即贈送一片。】

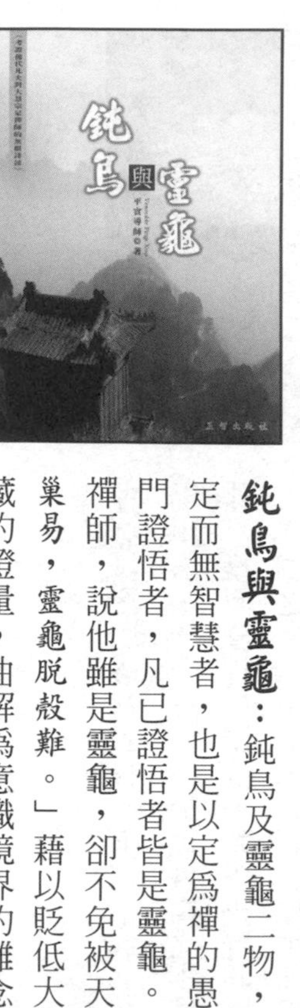

鈍鳥與靈龜：鈍鳥及靈龜二物，被宗門證悟者說爲二種人：前者是精修禪定而無智慧者，也是以定爲禪的愚癡禪人；後者是或有禪定、或無禪定的宗門證悟者，凡已證悟者皆是靈龜。但後來被人虛造事實，用以嘲笑大慧宗杲禪師，說他雖是靈龜，卻不免被天童禪師預記「患背」痛苦而亡：「**鈍鳥離巢易，靈龜脫殼難**。」藉以貶低大慧宗杲的證量。同時將天童禪師實證如來藏的證量，曲解爲意識境界的離念靈知。自從大慧禪師入滅以後，錯悟凡夫對他的不實毀謗就一直存在著，不曾止息，並且捏造的假事實也隨著年月的增加而越來越多，終至編成「鈍鳥與靈龜」的假公案、假故事。本書是考證大慧與天童之間的不朽情誼，顯現這件假公案的虛妄不實；更見大慧宗杲面對惡勢力時的正直不阿，亦顯示大慧對天童禪師的至情深義，將使後人對大慧宗杲的誣謗至此而止，不再有人誤犯毀謗賢聖的惡業。書中亦舉證宗門的所悟確以第八識如來藏爲標的，詳讀之後必可改正以前被錯悟大師誤導的參禪知見，日後必定有助於實證禪宗的開悟境界，得階大乘眞見道位中，即是實證般若之賢聖。全書459頁，售價350元。

我的菩提路第一輯：凡夫及二乘聖人不能實證的佛菩提證悟，末法時代的今天仍然有人能得實證，由正覺同修會釋悟圓、釋善藏法師等二十餘位實證如來藏者所寫的見道報告，已爲當代學人見證宗門正法之絲縷不絕，證明大乘義學的法脈仍然存在，爲末法時代求悟般若之學人照耀出光明的坦途。由二十餘位大乘見道者所繕，敘述各種不同的學法、見道因緣與過程，參禪求悟者必讀。全書三百餘頁，售價300元。

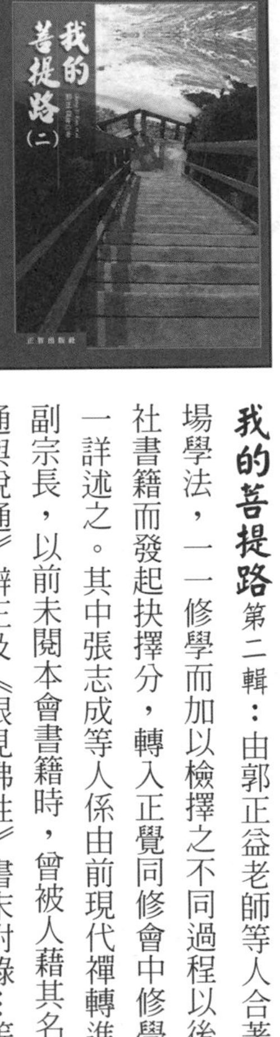

我的菩提路第二輯：由郭正益老師等人合著，書中詳述彼等諸人歷經各處道場學法，一一修學而加以檢擇之不同過程以後，因閱讀正覺同修會、正智出版社書籍而發起抉擇分，轉入正覺同修會中修學；乃至學法及見道之過程，都一一詳述之。其中張志成等人係由前現代禪轉進正覺同修會，張志成原爲現代禪副宗長，以前未閱本會書籍時，曾被人藉其名義著文評論 平實導師（詳見《宗通與說通》辨正及《眼見佛性》書末附錄…等）；後因偶然接觸正覺同修會書籍，深覺以前聽人評論平實導師之語不實，於是投入極多時間閱讀本會書籍、深入思辨，詳細探索中觀與唯識之關聯與異同，認爲正覺之法義方是正法，深覺相應；亦解開多年來對佛法的迷雲，確定應依八識論正理修學方是正法。乃不顧面子，毅然前往正覺同修會面見平實導師懺悔，並正式學法求悟。今已與其同修王美伶（亦爲前現代禪傳法老師），同樣證悟如來藏而證得法界實相，生起實相般若眞智。此書中尙有七年來本會第一位眼見佛性者之見性報告一篇，一同供養大乘佛弟子。全書共四百頁，售價300元。

維摩詰經講記：本經係 世尊在世時，由等覺菩薩維摩詰居士藉疾病而演說之大乘菩提無上妙義，所說函蓋甚廣，然極簡略，是故今時諸方大師與學人讀之悉皆錯解，何況能知其中隱含之深妙正義，是故普遍無法爲人解說；若強爲人說，則成依文解義而有諸多過失。今由平實導師公開宣講之後，詳實解釋其中密意，令維摩詰菩薩所說大乘不可思議解脫之深妙正法得以正確宣流於人間，利益當代學人及與諸方大師。書中詳實演述大乘佛法深妙不共二乘之智慧境界，顯示諸法之中絕待之實相境界，建立大乘菩薩妙道於永遠不敗不壞之地，以此成就護法偉功，欲冀永利娑婆人天。已經宣講圓滿整理成書流通，以利諸方大師及諸學人。全書共六輯，每輯三百餘頁，售價各250元。

真假外道：本書具體舉證佛門中的常見外道知見實例，並加以教證及理證上的辨正，幫助讀者輕鬆而快速的了知常見外道的錯誤知見，進而遠離佛門內外的常見外道知見，因此即能改正修學方向而快速實證佛法。游正光老師著。成本價200元。

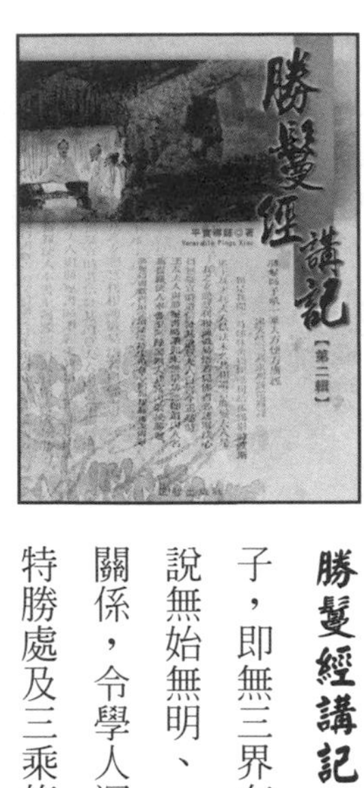

勝鬘經講記：如來藏爲三乘菩提之所依，若離如來藏心體及其含藏之一切種子，即無三界有情及一切世間法，亦無二乘菩提緣起性空之出世間法；本經詳說無始無明、一念無明皆依如來藏而有之正理，藉著詳解煩惱障與所知障間之關係，令學人深入了知二乘菩提與佛菩提相異之妙理；聞後即可了知佛菩提之特勝處及三乘修道之方向與原理，邁向攝受正法而速成佛道的境界中。平實導師講述，共六輯，每輯三百餘頁，售價各250元。

楞嚴經講記：楞嚴經係密教部之重要經典，亦是顯教中普受重視之經典；經中宣說明心與見性之內涵極爲詳細，將一切法都會歸如來藏及佛性—妙眞如性；亦闡釋佛菩提道修學過程中之種種魔境，以及外道誤會涅槃之狀況，旁及三界世間之起源。然因言句深澀難解，法義亦復深妙寬廣，學人讀之普難通達，是故讀者大多誤會，不能如實理解佛所說之明心與見性內涵，亦因是故多有悟錯之人引爲開悟之證言，成就大妄語罪。今由平實導師詳細講解之後，整理成文，以易讀易懂之語體文刊行天下，以利學人。全書十五輯，全部出版完畢。每輯三百餘頁，售價每輯300元。

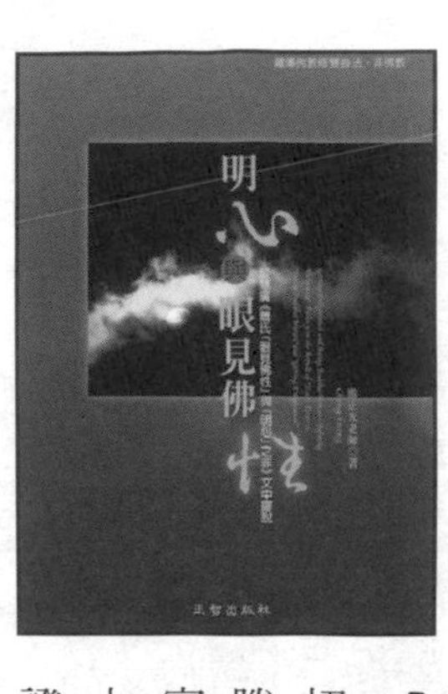

明心與眼見佛性：本書細述明心與眼見佛性之異同，同時顯示了中國禪宗破初參明心與重關眼見佛性二關之間的關聯；書中又藉法義辨正而旁述其他許多勝妙法義，讀後必能遠離佛門長久以來積非成是的錯誤知見，令讀者在佛法的實證上有極大助益。也藉慧廣法師的謬論來教導佛門學人回歸正知正見，遠離古今禪門錯悟者所墮的意識境界，非唯有助於斷我見，也對未來的開悟明心實證第八識如來藏有所助益，是故學禪者都應細讀之。游正光老師著　共448頁　售價300元。

菩薩底憂鬱CD將菩薩情懷及禪宗公案寫成新詞，並製作成超越意境的優美歌曲。1.主題曲〈菩薩底憂鬱〉，描述地後菩薩能離三界生死而迴向繼續生在人間，但因尚未斷盡習氣種子而有極深沈之憂鬱，非三賢位菩薩及二乘聖者所知，此憂鬱在七地滿心位方才斷盡；本曲之詞中所說義理極深，昔來所未曾見；此曲係以優美的情歌風格寫詞及作曲，聞者得以激發嚮往諸地菩薩境界之大心，詞、曲都非常優美，難得一見；其中勝妙義理之解說，已印在附贈之彩色小冊中。2.以各輯公案拈提中直示禪門入處之頌文，作成各種不同曲風之超意境歌曲，值得玩味、參究；聆聽公案拈提之優美歌曲時，請同時閱讀內附之印刷精美說明小冊，可以領會超越三界的證悟境界；未悟者可以因此引發求悟之意向及疑情，眞發菩提心而邁向求悟之途，乃至因此眞實悟入般若，成眞菩薩。3.正覺總持咒新曲，總持佛法大意；總持咒之義理，已加以解說並印在隨附之小冊中。本CD共有十首歌曲，長達63分鐘，附贈二張購書優惠券。每片280元。

禪意無限CD平實導師以公案拈提書中偈頌寫成不同風格曲子，與他人所寫不同風格曲子共同錄製出版，幫助參禪人進入禪門超越意識之境界。盒中附贈彩色印製的精美解說小冊，以供聆聽時閱讀，令參禪人得以發起參禪之疑情，即有機會證悟本來面目，實證大乘菩提般若。本CD共有十首歌曲，長達69分鐘，每盒各附贈二張購書優惠券。每片280元。

金剛經宗通：三界唯心，萬法唯識，是成佛之修證內容，是諸地菩薩之所修；般若則是成佛之道（實證三界唯心、萬法唯識）的入門，若未證悟實相般若，即無成佛之可能，必將永在外門廣行菩薩六度，永在凡夫位中。然而實相般若的發起，全賴實證萬法的實相；若欲證知萬法的眞相，則必須探究萬法之所從來，則須實證自心如來—金剛心如來藏，然後現觀這個金剛心的金剛性、眞實性、如如性、清淨性、涅槃性、能生萬法的自性性、本住性，名爲證眞如；進而現觀三界六道唯是此金剛心所成，人間萬法須藉八識心王和合運作方能現起。如是實證《華嚴經》的「三界唯心、萬法唯識」以後，由此等現觀而發起實相般若智慧，繼續進修第十住位的如幻觀、第十行位的陽焰觀、第十迴向位的如夢觀，再生起增上意樂而勇發十無盡願，方能滿足三賢位的實證，轉入初地；自知成佛之道而無偏倚，從此按部就班、次第進修乃至成佛。第八識自心如來是般若智慧之所依，般若智慧的修證則要從實證金剛心自心如來開始；《金剛經》則是解說自心如來之經典，是一切三賢位菩薩所應進修之實相般若經典。這一套書，是將平實導師宣講的《金剛經宗通》內容，整理成文字而流通之；書中所說義理，迥異古今諸家依文解義之說，指出大乘見道方向與理路，有益於禪宗學人求開悟見道，及轉入內門廣修六度萬行。講述完畢後結集出版，總共9輯，每輯約三百餘頁，售價各250元。

空行母—性別、身分定位，以及藏傳佛教：本書作者爲蘇格蘭哲學家，因爲嚮往佛教深妙的哲學內涵，於是進入當年盛行於歐美的假藏傳佛教密宗，擔任卡盧仁波切的翻譯工作多年以後，被邀請成爲卡盧的空行母（又名佛母、明妃），開始了她在密宗裡的實修過程；後來發覺在密宗雙身法中的修行，其實無法使自己成佛，也發覺密宗對女性岐視而處處貶抑，並剝奪女性在雙身法中擔任一半角色時應有的身分定位。當她發覺自己只是雙身法中被喇嘛利用的工具，沒有獲得絲毫應有的尊重與基本定位時，發現了密宗的父權社會控制女性的本質；於是作者傷心地離開了卡盧仁波切與密宗，但是卻被恐嚇不許講出她在密宗裡的經歷，也不許她說出自己對密宗的教義與教制下對女性剝削的本質，否則將被咒殺死亡。後來她去加拿大定居，十餘年後方才擺脫這個恐嚇陰影，下定決心將親身經歷的實情及觀察到的事實寫下來並且出版，公諸於世。出版之後，她被流亡的達賴集團人士大力攻訐，誣指她爲精神狀態失常、說謊……等。但有智之士並未被達賴集團的政治操作及各國政府政治運作吹捧達賴的表相所欺，使她的書銷售無阻而又再版。正智出版社鑑於作者此書是親身經歷的事實，所說具有針對「藏傳佛教」而作學術研究的價值，也有使人認清假藏傳佛教剝削佛母、明妃的男性本位實質，因此洽請作者同意中譯而出版於華人地區。珍妮・坎貝爾女士著，呂艾倫 中譯，每冊250元。

霧峰無霧—給哥哥的信：本書作者藉兄弟之間信件往來論義，略述佛法大義；並以多篇短文辨義，舉出釋印順對佛法的無量誤解證據，並一一給予簡單而清晰的辨正，令人一讀即知。久讀、多讀之後即能認清楚釋印順的六識論見解，與眞實佛法之牴觸是多麼嚴重；於是在久讀、多讀之後，於不知不覺之間提升了對佛法的極深入理解，正知正見就在不知不覺間建立起來了。當三乘佛法的正知見建立起來之後，對於三乘菩提的見道條件便將隨之具足，於是聲聞解脫道的見道也就水到渠成；接著大乘見道的因緣也將次第成熟，未來自然也會有親見大乘菩提之道的因緣，悟入大乘實相般若也將自然成功，自能通達般若系列諸經而成實義菩薩。作者居住於南投縣霧峰鄉，自喻見道之後不復再見霧峰之霧，故鄉原野美景一一明見，於是立此書名爲《霧峰無霧》；讀者若欲撥霧見月，可以此書爲緣。游宗明 老師著 售價250元。

假藏傳佛教的神話—性、謊言、喇嘛教：本書編著者是由一首名叫「阿姊鼓」的歌曲為緣起，展開了序幕，揭開假藏傳佛教—喇嘛教—的神祕面紗。其重點是蒐集、摘錄網路上質疑「喇嘛教」的帖子，以揭穿「假藏傳佛教的神話」為主題，串聯成書，並附加彩色插圖以及說明，讓讀者們瞭解西藏密宗及相關人事如何被操作為「神話」的過程，以及神話背後的眞相。作者：張正玄教授。售價200元。

達賴真面目—玩盡天下女人：假使您不想戴綠帽子，請記得詳細閱讀此書；假使您不想讓好朋友戴綠帽子，請您將此書介紹給您的好朋友。假使您想保護家中的女性，也想要保護好朋友的女眷，請記得將此書送給家中的女性和好友的女眷都來閱讀。本書為印刷精美的大本彩色中英對照精裝本，為您揭開達賴喇嘛的眞面目，內容精彩不容錯過，為利益社會大眾，特別以優惠價格嘉惠所有讀者。編著者：白志偉等。大開版雪銅紙彩色精裝本。售價800元。

喇嘛性世界—揭開假藏傳佛教譚崔瑜伽的面紗：這個世界中的喇嘛，號稱來自世外桃源的香格里拉，穿著或紅或黃的喇嘛長袍，散布於我們的身邊傳教灌頂，吸引了無數的人嚮往學習；這些喇嘛虔誠地為大眾祈福，手中拿著寶杵（金剛）與寶鈴（蓮花），口中唸著咒語：「唵．嘛呢．叭咪．吽……」，咒語的意思是說：「我至誠歸命金剛杵上的寶珠伸向蓮花寶穴之中」！「喇嘛性世界」是什麼樣的「世界」呢？本書將為您呈現喇嘛世界的面貌。當您發現眞相以後，您將會唸：「噢！喇嘛．性．世界，譚崔性交嘛！」作者：張善思、呂艾倫。售價200元。

末代達賴—性交教主的悲歌：簡介從藏傳僞佛教（喇嘛教）的修行核心—性力派男女雙修，探討達賴喇嘛及藏傳僞佛教的修行內涵。書中引用外國知名學者著作、世界各地新聞報導，包含：歷代達賴喇嘛的祕史、達賴六世修雙身法的事蹟，以及《時輪續》中的性交灌頂儀式……等；達賴喇嘛書中開示的雙修法、達賴喇嘛的黑暗政治手段；達賴喇嘛所領導的寺院爆發喇嘛性侵兒童；新聞報導《西藏生死書》作者索甲仁波切性侵女信徒、澳洲喇嘛秋達公開道歉、美國最大假藏傳佛教組織領導人邱陽創巴仁波切的性氾濫；等等事件背後眞相的揭露。作者：張善思、呂艾倫、辛燕。售價250元。

第七意識與第八意識？—穿越時空「超意識」：「三界唯心，萬法唯識」是佛教中應該實證的聖教，也是《華嚴經》中明載而可以實證的法界實相。唯心者，三界一切境界、一切諸法唯是一心所成就，即是每一個有情的第八識如來藏，不是意識心。唯識者，即是人類各各都具足的八識心王——眼識、耳鼻舌身意識、意根、阿賴耶識，第八阿賴耶識又名如來藏，人類五陰相應的萬法，莫不由八識心王共同運作而成就，故說萬法唯識。依聖教量及現量、比量，都可以證明意識是二法因緣生，是由第八識藉意根與法塵二法爲因緣而出生，又是夜夜斷滅不存之生滅心，即無可能反過來出生第七識意根、第八識如來藏，當知不可能從生滅性的意識心中，細分出恆審思量的第七識意根，更無可能細分出恆而不審的第八識如來藏。本書是將演講內容整理成文字，細說如是內容，並已在〈正覺電子報〉連載完畢，今彙集成書以廣流通，欲幫助佛門有緣人斷除意識我見，跳脫於識陰之外而取證聲聞初果；嗣後修學禪宗時即得不墮外道神我之中，得以求證第八識金剛心而發起般若實智。平實導師 述，每冊300元。

黯淡的達賴——失去光彩的諾貝爾和平獎：本書舉出很多證據與論述，詳述達賴喇嘛不為世人所知的一面，顯示達賴喇嘛並不是眞正的和平使者，而是假借諾貝爾和平獎的光環來欺騙世人；透過本書的說明與舉證，讀者可以更清楚的瞭解，達賴喇嘛是結合暴力、黑暗、淫欲於喇嘛教裡的集團首領，其政治行為與宗教主張，早已讓諾貝爾和平獎的光環染污了。　本書由財團法人正覺教育基金會寫作、編輯，由正覺出版社印行，每冊250元。

童女迦葉考——論呂凱文〈佛教輪迴思想的論述分析〉之謬：童女迦葉是佛世率領五百大比丘遊行於人間的歷史事實，是以童貞行而依止菩薩戒弘化於人間的大菩薩，不依別解脫戒（聲聞戒）來弘化於人間。這是大乘佛教與聲聞佛教同時存在於佛世的歷史明證，證明大乘佛教不是從聲聞法中分裂出來的部派佛教的產物，卻是聲聞佛教分裂出來的部派佛教聲聞凡夫僧所不樂見的史實；於是古今聲聞法中的凡夫都欲加以扭曲而作詭說，更是末法時代高聲大呼「大乘非佛說」的六識論聲聞凡夫極力想要扭曲的佛教史實之一，於是想方設法扭曲迦葉菩薩為聲聞僧，以及扭曲迦葉童女為比丘僧等荒謬不實之論著便陸續出現，古時聲聞僧寫作的《分別功德論》是最具體之事例，現代之代表作則是呂凱文先生的〈佛教輪迴思想的論述分析〉論文。鑑於如是假藉學術考證以籠罩大眾之不實謬論，未來仍將繼續造作及流竄於佛教界，繼續扼殺大乘佛教學人法身慧命，必須舉證辨正之，遂成此書。平實導師　著，每冊180元。

人間佛教——實證者必定不悖三乘菩提：「大乘非佛說」的講法似乎流傳已久，卻只是日本人企圖擺脫中國正統佛教的影響，而在明治維新時期才開始提出來的說法；台灣佛教、大陸佛教的淺學無智之人，由於未曾實證佛法而迷信日本人錯誤的學術考證，錯認爲這些別有用心的日本佛學考證的講法爲天竺佛教的眞實歷史；甚至還有更激進的反對佛教者提出「釋迦牟尼佛並非眞實存在，只是後人捏造的假歷史人物」，竟然也有少數人願意跟著「學術」的假光環而信受不疑，於是開始有一些佛教界人士造作了反對中國佛教而推崇南洋小乘佛教的行爲，使佛教的信仰者難以檢擇，導致一般大陸人士開始轉入基督教的盲目迷信中。在這些佛教及外教人士之中，也就有一分人根據此邪說而大聲主張「大乘非佛說」的謬論，這些人以「人間佛教」的名義來抵制中國正統佛教，公然宣稱中國的大乘佛教是由聲聞部派佛教的凡夫僧所創造出來的。這樣的說法流傳於台灣及大陸佛教界凡夫僧之中已久，卻非眞正的佛教歷史中曾經發生過的事，只是繼承六識論的聲聞法中凡夫僧依自己的意識境界立場，純憑臆想而編造出來的妄想說法，卻已經影響許多無智之凡夫僧俗信受不移。本書則是從佛教的經藏法義實質及實證的現量內涵本質立論，證明大乘佛法本是佛說，是從《阿含正義》尚未說過的不同面向來討論「人間佛教」的議題，證明「大乘眞佛說」。閱讀本書可以斷除六識論邪見，迴入三乘菩提正道發起實證的因緣；也能斷除禪宗學人學禪時普遍存在之錯誤知見，對於建立參禪時的正知見有很深的著墨。平實導師 述，內文488頁，全書528頁，定價400元。

見性與看話頭：黃正倖老師的《見性與看話頭》於《正覺電子報》連載完畢，今集結出版。書中詳說禪宗看話頭的詳細方法，並細說看話頭與眼見佛性的關係，以及眼見佛性者求見佛性前必須具備的條件。本書是禪宗實修者追求明心開悟時參禪的方法書，也是求見佛性者作功夫時必讀的方法書，內容兼顧眼見佛性的理論與實修之方法，是依實修之體驗配合理論而詳述，條理分明而且極爲詳實、周全、深入。本書內文375頁，全書416頁，售價300元。

中觀金鑑—詳述應成派中觀的起源與其破法本質：學佛人往往迷於中觀學派之不同學說，被應成派與自續派所迷惑；修學般若中觀二十年後自以爲實證般若中觀了，卻仍不曾入門，甫聞實證般若中觀者之所說，則茫無所知，迷惑不解；隨後信心盡失，不知如何實證佛法；凡此，皆因惑於這二派中觀學說所致。自續派中觀所說同於常見，以意識境界立爲第八識如來藏之境界，應成派所說則同於斷見，但又同立意識爲常住法，故亦具足斷常二見。今者孫正德老師有鑑於此，乃將起源於密宗的應成派中觀學說，追本溯源，詳考其來源之外，亦一一舉證其立論內容，詳加辨正，令密宗雙身法祖師以識陰境界而造之應成派中觀學說本質，詳細呈現於學人眼前，令其維護雙身法之目的無所遁形。若欲遠離密宗此二大派中觀謬說，欲於三乘菩提有所進道者，允宜具足閱讀並細加思惟，反覆讀之以後將可捨棄邪道返歸正道，則於般若之實證即有可能，證後自能現觀如來藏之中道境界而成就中觀。本書分上、中、下三冊，每冊250元，已全部出版完畢。

真心告訴您（一）—達賴喇嘛在幹什麼？這是一本報導篇章的選集，更是「破邪顯正」的暮鼓晨鐘。「破邪」是戳破假象，說明達賴喇嘛及其所率領的密宗四大派法王、喇嘛們，弘傳的佛法是仿冒的佛法；他們是假藏傳佛教，是坦特羅（譚崔性交）外道法和藏地崇奉鬼神的苯教混合成的「喇嘛教」，推廣的是以所謂「無上瑜伽」的男女雙身法冒充佛法的假佛教，詐財騙色誤導眾生，常常造成信徒家庭破碎、家中兒少失怙的嚴重後果。「顯正」是揭櫫眞相，指出眞正的藏傳佛教只有一個，就是覺囊巴，傳的是 釋迦牟尼佛演繹的第八識如來藏妙法，稱爲他空見大中觀。正覺教育基金會即以此古今輝映的如來藏正法正知見，在眞心新聞網中逐次報導出來，將箇中原委「眞心告訴您」，如今結集成書，與想要知道密宗眞相的您分享。售價250元。

實相經宗通：學佛之目的在於實證一切法界背後之實相，禪宗稱之為本來面目或本地風光，佛菩提道中稱之為實相法界；此實相法界即是金剛藏，又名佛法之祕密藏，即是能生有情五陰、十八界及宇宙萬有（山河大地、諸天、三惡道世間）的第八識如來藏，又名阿賴耶識心，即是禪宗祖師所說的眞如心，此心即是三界萬有背後的實相。證得此第八識心時，自能瞭解般若諸經中隱說的種種密意，即得發起實相般若——實相智慧。每見學佛人修學佛法二十年後仍對實相般若茫然無知，亦不知如何入門，茫無所趣；更因不知三乘菩提的互異互同，是故越是久學者對佛法越覺茫然，都肇因於尚未瞭解佛法的全貌，亦未瞭解佛法的修證內容即是第八識心所致。本書對於修學佛法者所應實證的實相境界提出明確解析，並提示趣入佛菩提道的入手處，有心親證實相般若的佛法實修者，宜詳讀之，於佛菩提道之實證即有下手處。平實導師述著，共八輯，全部出版完畢，每輯成本價250元。

法華經講義：此書為平實導師始從2009/7/21演述至2014/1/14之講經錄音整理所成。世尊一代時教，總分五時三教，即是華嚴時、聲聞緣覺教、般若教、種智唯識教、法華時；依此五時三教區分為藏、通、別、圓四教。本經是最後一時的圓教經典，圓滿收攝一切法教於本經中，是故最後的圓教聖訓中，特地指出無有三乘菩提，其實唯有一佛乘；皆因眾生愚迷故，方便區分為三乘菩提以助眾生證道。世尊於此經中特地說明如來示現於人間的唯一大事因緣，便是為有緣眾生「開、示、悟、入」諸佛的所知所見——第八識如來藏妙眞如心，並於諸品中隱說「妙法蓮花」如來藏心的密意。然因此經所說甚深難解，眞義隱晦，古來難得有人能窺堂奧；平實導師以知如是密意故，特為末法佛門四眾演述《妙法蓮華經》中各品蘊含之密意，使古來未曾被古德註解出來的「此經」密意，如實顯示於當代學人眼前。乃至〈藥王菩薩本事品〉、〈妙音菩薩品〉、〈觀世音菩薩普門品〉、〈普賢菩薩勸發品〉中的微細密意，亦皆一併詳述之，開前人所未曾言之密意，示前人所未見之妙法。最後乃至以〈法華大意〉而總其成，全經妙旨貫通始終，而依佛旨圓攝於一心如來藏妙心，厥為曠古未有之大說也。平實導師述　已於2015/5/31起出版第一輯，每兩個月出版一輯，共有25輯。每輯300元。

西藏「活佛轉世」制度——附佛、造神、世俗法：歷來關於喇嘛教活佛轉世的研究，多針對歷史及文化兩部分，於其所以成立的理論基礎，較少系統化的探討。尤其是此制度是否依據「佛法」而施設？是否合乎佛法眞實義？現有的文獻大多含糊其詞，或人云亦云，不曾有明確的闡釋與如實的見解。因此本文先從活佛轉世的由來，探索此制度的起源、背景與功能，並進而從活佛的尋訪與認證之過程，發掘活佛轉世的特徵，以確認「活佛轉世」在佛法中應具足何種果德。定價150元。

真心告訴您（二）——達賴喇嘛是佛教僧侶嗎？補祝達賴喇嘛八十大壽：這是一本針對當今達賴喇嘛所領導的喇嘛教，冒用佛教名相、於師徒間或師兄姊間，實修男女邪淫，而從佛法三乘菩提的現量與聖教量，揭發其謊言與邪術，證明達賴及其喇嘛教是仿冒佛教的外道，是「假藏傳佛教」。藏密四大派教義雖有「八識論」與「六識論」的表面差異，然其實修之內容，皆共許「無上瑜伽」四部灌頂爲究竟「成佛」之法門，也就是共以男女雙修之邪淫法爲「即身成佛」之密要，雖美其名曰「欲貪爲道」之「金剛乘」，並誇稱其成就超越於（應身佛）釋迦牟尼佛所傳之顯教般若乘之上；然詳考其理論，則或以意識離念時之粗細心爲第八識如來藏，或以中脈裡的明點爲第八識如來藏，或如宗喀巴與達賴堅決主張第六意識爲常恆不變之眞心者，分別墮於外道之常見與斷見中；全然違背　佛說能生五蘊之如來藏的實質。售價300元。

修習止觀坐禪法要講記：修學四禪八定之人，往往錯會禪定之修學知見，欲以無止盡之坐禪而證禪定境界，卻不知修除性障之行門才是修證四禪八定不可或缺之要素，故智者大師云「性障初禪」；性障不除，初禪永不現前，云何修證二禪等？又：行者學定，若唯知數息，而不解六妙門之方便善巧者，欲求一心入定，極難可得，智者大師名之爲「事障未來」：障礙未到地定之修證。又禪定之修證，不可違背二乘菩提及第一義法，否則縱使具足四禪八定，亦不能實證涅槃而出三界。此諸知見，智者大師於《修習止觀坐禪法要》中皆有闡釋。作者平實導師以其第一義之見地及禪定之實證證量，曾加以詳細解析。將俟正覺寺竣工啓用後重講，不限制聽講者資格；講後將以語體文整理出版。欲修習世間定及增上定之學者，宜細讀之。平實導師述著。

解深密經講記：本經係　世尊晚年第三轉法輪，宣說地上菩薩所應熏修之唯識正義經典，經中所說義理乃是大乘一切種智增上慧學，以阿陀那識—如來藏—阿賴耶識爲主體。禪宗之證悟者，若欲修證初地無生法忍乃至八地無生法忍者，必須修學《楞伽經、解深密經》所說之八識心王一切種智；此二經所說正法，方是眞正成佛之道；印順法師否定如來藏之後所說萬法緣起性空之法，是以誤會後之二乘解脫道取代大乘眞正成佛之道，亦已墮於斷滅見中，不可謂爲成佛之道也。平實導師曾於本會郭故理事長往生時，於喪宅中從初七至第十七，宣講圓滿，作爲郭老之往生佛事功德，迴向郭老早證八地、速返娑婆住持正法；茲爲今時後世學人故，將擇期重講《解深密經》，以淺顯之語句講畢後將會整理成文，用供證悟者進道；亦令諸方未悟者，據此經中佛語正義，修正邪見，依之速能入道。平實導師述著，全書輯數未定，每輯三百餘頁，將於未來重講完畢後逐輯出版。

佛法入門：學佛人往往修學二十年後仍不知如何入門，茫無所入漫無方向，不知如何實證佛法；更因不知三乘菩提的互異互同之處，導致越是久學者越覺茫然，都是肇因於尚未瞭解佛法的全貌所致。本書對於佛法的全貌提出明確的輪廓，並說明三乘菩提的異同處，讀後即可輕易瞭解佛法全貌，數日內即可明瞭三乘菩提入門方向與下手處。○○菩薩著 出版日期未定。

阿含講記—**小乘解脫道之修證**：數百年來，南傳佛法所說證果之不實，所說解脫道之虛妄，所弘解脫道法義之世俗化，皆已少人知之；從南洋傳入台灣與大陸之後，所說法義虛謬之事，亦復少人知之；今時台灣全島印順系統之法師居士，多不知南傳佛法數百年來所說解脫道之義理已然偏斜、已然世俗化、已非眞正之二乘解脫正道，猶極力推崇與弘揚。彼等南傳佛法近代所謂之證果者多非眞實證果者，譬如阿迦曼、葛印卡、帕奧禪師、一行禪師……等人，悉皆未斷我見故。近年更有台灣南部大願法師，高抬南傳佛法之二乘修證行門為「捷徑究竟解脫之道」者，然而南傳佛法縱使眞修實證，得成阿羅漢，至高唯是二乘菩提解脫之道，絕非究竟解脫，無餘涅槃中之實際尚未得證故，法界之實相尚未了知故，習氣種子待除故，一切種智未實證故，焉得謂為「究竟解脫」？即使南傳佛法近代眞有實證之阿羅漢，尚且不及三賢位中之七住明心菩薩本來自性清淨涅槃智慧境界，不知此賢位菩薩所證之無餘涅槃實際，仍非大乘佛法中之見道者，何況普未實證聲聞果乃至未斷我見之人？謬充證果已屬逾越，更何況是誤會二乘菩提之後，以未斷我見之凡夫知見所說之二乘菩提解脫偏斜法道，焉可高抬為「究竟解脫」？而且自稱「捷徑之道」？又妄言解脫之道即是成佛之道，完全否定般若實智、否定三乘菩提所依之如來藏心體，此理大大不通也！平實導師為令修學二乘菩提欲證解脫果者，普得迴入二乘菩提正見、正道中，是故選錄四阿含諸經中，對於二乘解脫道法義有具足圓滿說明之經典，預定未來十年內將會加以詳細講解，令學佛人得以了知二乘解脫道之修證理路與行門，庶免被人誤導之後，未證言證，干犯道禁，成大妄語，欲升反墮。本書首重斷除我見，以助行者斷除我見而實證初果為著眼之目標，若能根據此書內容，配合平實老師所著《識蘊眞義》《阿含正義》內涵而作實地觀行，實證初果為非為難事，行者可以藉此三書自行確認聲聞初果為實際可得現觀成就之事。此書中除依二乘經典所說加以宣示外，亦依斷除我見等之證量，及大乘法中道種智之證量，對於意識心之體性加以細述，令諸二乘學人必定得斷我見、常見，免除三縛結之繫縛。次則宣示斷除我執之理，欲令升進而得薄貪瞋痴，乃至斷五下分結…等。平實導師述，共二冊，每冊三百餘頁。每輯300元。

總經銷： 飛鴻 國際行銷股份有限公司
231 新北市新店市中正路 501 之 9 號 2 樓
Tel.02－82186688（五線代表號） Fax.02-82186458、82186459

零售：1.**全台連鎖經銷書局：**
三民書局、誠品書局、何嘉仁書店
敦煌書店、紀伊國屋、金石堂書局、建宏書局
2.**台北市：**佛化人生 羅斯福路 3 段 325 號 6 樓之 4　台電大樓對面
3.**新北市：**春大地書店 **蘆洲**中正路 117 號　明達書局 **三重**五華街 129 號
4.**桃園市縣：**誠品書局 **桃園市**中正路 20 號遠東百貨地下室一樓
金石堂 **桃園市**大同路 24 號　金石堂 **桃園**八德市介壽路 1 段 987 號
諾貝爾圖書城 **桃園市**中正路56號地下室　巧巧屋書局 **蘆竹**南崁路 263 號
墊腳石文化書店 **中壢市**中正路89號　來電書局 **大溪**慈湖路 30 號
御書堂 **龍潭**中正路 123 號
5.**新竹市縣：**大學書局 **新竹**建功路 10 號　誠品書局 **新竹**東區信義街 68 號
誠品書局 **新竹**東區中央路 229 號 5 樓　誠品書局 **新竹**東區力行二路 3 號
墊腳石文化書店 **新竹**中正路 38 號　金典文化 **竹北**中正西路 47 號
展書堂 **竹東**長春路 3 段 36 號
6.**苗栗市縣：**萬花筒書局**苗栗市**府東路 73 號　展書堂 **竹南**民權街 49-2 號
7.**台中市：** **瑞成**書局、各大連鎖書店。
詠春書局 **台中市**永春東路 884 號　文春書局 **霧峰**中正路 1087 號
8.**彰化市縣：**心泉佛教流通處 **彰化市**南瑤路 286 號
員林鎮：墊腳石圖書文化廣場 中山路 2 段 49 號（04-8338485）
9.**台南市：**博大書局 **新營**三民路 128 號
藝美書局 **善化**中山路 436 號　宏欣書局 **佳里**光復路 214 號
10.**高雄市：**各大連鎖書店、**瑞成**書局
政大書城 **三民區**明仁路 161 號　政大書城 **苓雅區**光華路 148-83 號
明儀書局 **三民區**明福街 2 號　明儀書局 三多四路 63 號
青年書局 青年一路 141 號
11.**宜蘭縣市：**金隆書局 宜蘭市中山路 3 段 43 號
宋太太梅鋪 羅東鎮中正北路 101 號（039-534909）
12.**台東市：**東普佛教文物流通處 台東市博愛路 282 號
13.**其餘鄉鎮市經銷書局：**請電詢總經銷**飛鴻**公司。
14.**大陸地區請洽：**
香港：樂文書店
旺角店 :香港九龍旺角西洋菜街 62 號 3 樓
電話 : (852) 2390 3723 email: luckwinbooks@gmail.com
銅鑼灣店 :香港銅鑼灣駱克道 506 號 2 樓
電話 : (852) 2881 1150 email: luckwinbs@gmail.com

廈門：廈門外圖臺灣書店有限公司

地址：廈門市思明區湖濱南路809號 廈門外圖書城3樓 郵編：361004

電話：0592-5061658（臺灣地區請撥打 86-592-5061658）

E-mail：JKB118@188.COM

15.**美國：世界日報圖書部：**紐約圖書部　電話 7187468889#6262

洛杉磯圖書部　電話 3232616972#202

16.**國內外地區網路購書：**

正智出版社 書香園地　http://books.enlighten.org.tw/

（書籍簡介、直接聯結下列網路書局購書）

三民 網路書局　http://www.Sanmin.com.tw

誠品 網路書局　http://www.eslitebooks.com

博客來 網路書局　http://www.books.com.tw

金石堂 網路書局　http://www.kingstone.com.tw

飛鴻 網路書局　http://fh6688.com.tw

附註：1.請儘量向各經銷書局購買：郵政劃撥需要十天才能寄到（本公司在您劃撥後第四天才能接到劃撥單，次日寄出後第四天您才能收到書籍，此八天中一定會遇到週休二日，是故共需十天才能收到書籍）若想要早日收到書籍者，請劃撥完畢後，將劃撥收據貼在紙上，旁邊寫上您的姓名、住址、郵區、電話、買書詳細內容，直接傳真到本公司 02-28344822，並來電 02-28316727、28327495 確認是否已收到您的傳眞，即可提前收到書籍。 2.因台灣每月皆有五十餘種宗教類書籍上架，書局書架空間有限，故唯有新書方有機會上架，通常每次只能有一本新書上架；本公司出版新書，大多上架不久便已售出，若書局未再叫貨補充者，書架上即無新書陳列，則請直接向書局櫃台訂購。 3.若書局不便代購時，可於晚上共修時間向正覺同修會各共修處請購（共修時間及地點，詳閱**共修現況表**。每年例行年假期間請勿前往請書，年假期間請見共修現況表）。 4.郵購：郵政劃撥帳號 19068241。 5.正覺同修會會員購書都以八折計價（戶籍台北市者為一般會員，外縣市為護持會員）都可獲得優待，欲一次購買全部書籍者，可以考慮入會，節省書費。入會費一千元（第一年初加入時才需要繳），年費二千元。**6.尚未出版之書籍，請勿預先郵寄書款與本公司，謝謝您！** 7.若欲一次購齊本公司書籍，或同時取得正覺同修會贈閱之全部書籍者，請於正覺同修會共修時間，親到各共修處請購及索取；**台北市讀者**請洽：103 台北市承德路三段 267 號 10 樓（捷運淡水線 圓山站旁）請書時間：週一至週五為 18.00~21.00，第一、三、五週週六為 10.00~21.00，雙週之週六為 10.00~18.00 請購處專線電話：25957295-分機 14（於請書時間方有人接聽）。

敬告大陸讀者：

大陸讀者購書、索書捷徑（尚未在大陸出版的書籍，以下二個途徑都可以購得，電子書另包括結緣書籍）：

1.廈門外國圖書公司：廈門市思明區湖濱南路 809 號 廈門外圖書城 3F
郵編：361004　電話：0592-5061658　網址：JKB118@188.COM

2.電子書：正智出版社有限公司及正覺同修會在台灣印行的各種局版書、結緣書，已有『**正覺電子書**』陸續上線中，提供讀者於手機、平板電腦上購書、下載、閱讀正智出版社、正覺同修會及正覺教育基金會所出版之電子書，詳細訊息敬請參閱『正覺電子書』專頁：http://books.enlighten.org.tw/ebook

關於平實導師的書訊，請上網查閱：

成佛之道　http://www.a202.idv.tw

正智出版社 書香園地　http://books.enlighten.org.tw/

中國網採訪佛教正覺同修會、正覺教育基金會訊息：

http://big5.china.com.cn/gate/big5/fangtan.china.com.cn/2014-06/19/content_32714638.htm

http://pinpai.china.com.cn/

★ 正智出版社有限公司售書之稅後盈餘，全部捐助財團法人正覺寺籌備處、佛教正覺同修會、正覺教育基金會，供作弘法及購建道場之用；懇請諸方大德支持，功德無量。

★ 聲　明 ★

本社於 2015/01/01 開始調整本目錄中部分書籍之售價，以因應各項成本的持續增加。

＊ 喇嘛教修外道雙身法、墮識陰境界，非佛教 ＊

＊ 弘揚如來藏他空見的覺囊派才是真正藏傳佛教 ＊

售後服務──換書啓事（免附回郵） 2012/09/24

《楞嚴經講記》第 14 輯初版首刷本免費調換新書啓事：本講記第 14 輯出版前因 平實導師諸事繁忙，未將之重新閱讀而只改正校對時發現的錯別字，故未能發覺十年前所說法義有部分錯誤，於第 15 輯付印前重閱時才發覺第 14 輯中有部分錯誤尚未改正。今已重新審閱修改並已重印完成，煩請所有讀者將以前所購第 14 輯初版首刷本，寄回本社免費換新（初版二刷本無錯誤），本社將於寄回新書時同時附上您寄書回來換新時所付的郵資，並在此向所有讀者致上最誠懇的歉意。

《心經密意》初版書免費調換二版新書啓事：本書係演講錄音整理成書，講時因時間所限，省略部分段落未講。後於再版時補寫增加 13 頁，維持原價流通之。茲爲顧及初版讀者權益，自 2003/9/30 開始免費調換新書，原有初版一刷、二刷書籍，皆可寄來本來公司換書。

《宗門法眼》已經增寫改版爲 464 頁新書，2008 年 6 月中旬出版。讀者原有初版之第一刷、第二刷書本，都可以寄回本社免費調換改版新書。改版後之公案及錯悟事例維持不變，但將內容加以增說，較改版前更具有廣度與深度，將更能助益讀者參究實相。

換書者免附回郵，亦無截止期限；舊書請寄：111 台北郵政 73-151 號信箱 或 103 台北市承德路三段 267 號 10 樓 正智出版社有限公司。舊書若有塗鴨、殘缺、破損者，仍可換取新書；但缺頁之舊書至少應仍有五分之三頁數，方可換書。所有讀者不必顧念本公司是否有盈餘之問題，都請踴躍寄來換書；本公司成立之目的不是營利，只要能眞實利益學人，即已達到成立及運作之目的。若以郵寄方式換書者，免附回郵；並於寄回新書時，由本社附上您寄來書籍時耗用的郵資。造成您不便之處，再次致上萬分的歉意。

正智出版社有限公司 啓

國家圖書館出版品預行編目資料

中觀金鑑：詳述應成派中觀的起源與其破法本質 / 孫正德著. -- 初版. -- [臺北市]：正智, 2014.09-2015.01
冊； 公分
ISBN 978-986-5655-01-3(上冊：平裝)
ISBN 978-986-5655-07-5(中冊：平裝)
ISBN 978-986-5655-17-4(下冊：平裝)
1. 中觀部

222.12 103018574

中觀金鑑
——詳述應成派中觀的起源與其破法本質——
中冊

作　者：孫正德 老師
校　對：正覺同修會 編譯組
出版者：**正智出版社**有限公司
電話：〇二 28327495 28316727（白天）
傳真：〇二 28344822
111 台北郵政 73-151 號信箱
郵政劃撥帳號：一九〇六八二四一
正覺講堂：總機〇二 25957295（夜間）
總經銷：飛鴻國際行銷股份有限公司
231 新北市新店區中正路 501-9 號 2 樓
電話：〇二 82186688（五線代表號）
傳真：〇二 82186458 82186459
初版首刷：公元二〇一四年十一月 二千冊
初版二刷：公元二〇一六年三月 二千冊
定　價：二五〇元